本书为国家社科基金重大项目"新时代完善干部担当作为的激励机制研究"（项目批准号：20ZDA024）的阶段性成果

深圳学派建设丛书
（第七辑）

政党治理的中国经验：

理论建构与案例观察

China's Experience in Party Governance:
Theory and Case Study

陈家喜 等著

中国社会科学出版社

图书在版编目（CIP）数据

政党治理的中国经验：理论建构与案例观察／陈家喜等著. —北京：中国社会科学出版社，2020. 9

（深圳学派建设丛书. 第七辑）

ISBN 978 – 7 – 5203 – 7280 – 0

I. ①政… II. ①陈… III. ①中国共产党—执政—党的建设—研究 IV. ①D25

中国版本图书馆 CIP 数据核字（2020）第 180238 号

出 版 人	赵剑英	
责任编辑	马　明	
责任校对	王福仓	
责任印制	王　超	

出　　版	中国社会科学出版社	
社　　址	北京鼓楼西大街甲 158 号	
邮　　编	100720	
网　　址	http://www.csspw.cn	
发 行 部	010 – 84083685	
门 市 部	010 – 84029450	
经　　销	新华书店及其他书店	

印　　刷	北京明恒达印务有限公司	
装　　订	廊坊市广阳区广增装订厂	
版　　次	2020 年 9 月第 1 版	
印　　次	2020 年 9 月第 1 次印刷	

开　　本	710 × 1000　1/16	
印　　张	16. 25	
字　　数	243 千字	
定　　价	95. 00 元	

总序：学派的魅力

王京生[*]

学派的星空

在世界学术思想史上，曾经出现过浩如繁星的学派，它们的光芒都不同程度地照亮人类思想的天空，像米利都学派、弗莱堡学派、法兰克福学派等，其人格精神、道德风范一直为后世所景仰，其学识与思想一直成为后人引以为据的经典。就中国学术史而言，不断崛起的学派连绵而成群山之势，并标志着不同时代的思想所能达到的高度。自晚明至晚清，是中国学术尤为昌盛的时代，而正是在这个时代，学派性的存在也尤为活跃，像陆王学派、吴学、皖学、扬州学派等。但是，学派辈出的时期还应该首推古希腊和春秋战国时期，古希腊出现的主要学派就有米利都学派、毕达哥拉斯学派、埃利亚学派、犬儒学派；而儒家学派、黄老学派、法家学派、墨家学派、稷下学派等，则是春秋战国时期学派鼎盛的表现，百家之中几乎每家就是一个学派。

综观世界学术思想史，学派一般都具有如下特征：

其一，有核心的代表人物，以及围绕着这些核心人物所形成的特定时空的学术思想群体。德国 19 世纪著名的历史学家兰克既是影响深远的兰克学派的创立者，也是该学派的精神领袖，他在柏林大学长期任教期间培养了大量的杰出学者，形成了声势浩大的学术势力，兰克本人也一度被尊为欧洲史学界的泰斗。

其二，拥有近似的学术精神与信仰，在此基础上形成某种特定的学术风气。清代的吴学、皖学、扬学等乾嘉诸派学术，以考据为

治学方法，继承古文经学的训诂方法而加以条理发明，用于古籍整理和语言文字研究，以客观求证、科学求真为旨归，这一学术风气也因此成为清代朴学最为基本的精神特征。

其三，由学术精神衍生出相应的学术方法，给人们提供了观照世界的新的视野和新的认知可能。产生于20世纪60年代、代表着一种新型文化研究范式的英国伯明翰学派，对当代文化、边缘文化、青年亚文化的关注，尤其是对影视、广告、报刊等大众文化的有力分析，对意识形态、阶级、种族、性别等关键词的深入阐释，无不为我们认识瞬息万变的世界提供了丰富的分析手段与观照角度。

其四，由上述三点所产生的经典理论文献，体现其核心主张的著作是一个学派所必需的构成因素。作为精神分析学派的创始人，弗洛伊德所写的《梦的解析》等，不仅成为精神分析理论的经典著作，而且影响广泛并波及人文社科研究的众多领域。

其五，学派一般都有一定的依托空间，或是某个地域，或是像大学这样的研究机构，甚至是有着自身学术传统的家族。

学派的历史呈现出交替嬗变的特征，形成了自身发展规律：

其一，学派出现往往暗合了一定时代的历史语境及其"要求"，其学术思想主张因而也具有非常明显的时代性特征。一旦历史条件发生变化，学派的内部分化甚至衰落将不可避免，尽管其思想遗产的影响还会存在相当长的时间。

其二，学派出现与不同学术群体的争论、抗衡及其所形成的思想张力紧密相关，它们之间的"势力"此消彼长，共同勾勒出人类思想史波澜壮阔的画面。某一学派在某一历史时段"得势"，完全可能在另一历史时段"失势"。各领风骚若干年，既是学派本身的宿命，也是人类思想史发展的"大幸"：只有新的学派不断涌现，人类思想才会不断获得更为丰富、多元的发展。

其三，某一学派的形成，其思想主张都不是空穴来风，而有其内在理路。例如，宋明时期陆王心学的出现是对程朱理学的反动，但其思想来源却正是前者；清代乾嘉学派主张朴学，是为了反对陆王心学的空疏无物，但二者之间也建立了内在关联。古希腊思想作为欧洲思想发展的源头，使后来西方思想史的演进，几乎都可看作对它的解释与演绎，"西方哲学史都是对柏拉图思想的演绎"的极端说法，却也说出了部分的真实。

其四，强调内在理路，并不意味着对学派出现的外部条件重要性的否定；恰恰相反，外部条件有时对于学派的出现是至关重要的。政治的开明、社会经济的发展、科学技术的进步、交通的发达、移民的会聚等，都是促成学派产生的重要因素。名噪一时的扬州学派，就直接得益于富甲一方的扬州经济与悠久而发达的文化传统。综观中国学派出现最多的明清时期，无论是程朱理学、陆王心学，还是清代的吴学、皖学、扬州学派、浙东学派，无一例外都是地处江南（尤其是江浙地区）经济、文化、交通异常发达之地，这构成了学术流派得以出现的外部环境。

学派有大小之分，一些大学派又分为许多派别。学派影响越大分支也就越多，使得派中有派，形成一个学派内部、学派之间相互切磋与抗衡的学术群落，这可以说是纷纭繁复的学派现象的一个基本特点。尽管学派有大小之分，但在人类文明进程中发挥的作用却各不相同，有积极作用，也有消极作用。例如，法国百科全书派破除中世纪以来的宗教迷信和教会黑暗势力的统治，成为启蒙主义的前沿阵地与坚强堡垒；罗马俱乐部提出的"增长的极限""零增长"等理论，对后来的可持续发展、协调发展、绿色发展等理论与实践，以及联合国通过的一些决议，都产生了积极影响；而德国人文地理学家弗里德里希·拉采尔所创立的人类地理学理论，宣称国家为了生存必须不断扩充地域、争夺生存空间，后来为法西斯主义所利用，起了相当大的消极作用。

学派的出现与繁荣，预示着一个国家进入思想活跃的文化大发展时期。被司马迁盛赞为"盛处士之游，壮学者之居"的稷下学宫，之所以能成为著名的稷下学派之诞生地、战国时期百家争鸣的主要场所与最负盛名的文化中心，重要原因就是众多学术流派都活跃在稷门之下，各自的理论背景和学术主张尽管各有不同，却相映成趣，从而造就了稷下学派思想多元化的格局。这种"百氏争鸣、九流并列、各尊所闻、各行所知"的包容、宽松、自由的学术气氛，不仅推动了社会文化的进步，而且也引发了后世学者争论不休的话题，中国古代思想在这里得到了极大发展，迎来了中国思想文化史上的黄金时代。而从秦朝的"焚书坑儒"到汉代的"独尊儒术"，百家争鸣局面便不复存在，思想禁锢必然导致学派衰落，国家文化发展也必将受到极大的制约与影响。

深圳的追求

在中国打破思想的禁锢和改革开放 30 多年这样的历史背景下，随着中国经济的高速发展以及在国际上的和平崛起，中华民族伟大复兴的中国梦正在进行。文化是立国之根本，伟大的复兴需要伟大的文化。树立高度的文化自觉，促进文化大发展大繁荣，加快建设文化强国，中华文化的伟大复兴梦想正在逐步实现。可以预期的是，中国的学术文化走向进一步繁荣的过程中，具有中国特色的学派也将出现在世界学术文化的舞台上。

从 20 世纪 70 年代末真理标准问题的大讨论，到人生观、文化观的大讨论，再到 90 年代以来的人文精神大讨论，以及近年来各种思潮的争论，凡此种种新思想、新文化，已然展现出这个时代在百家争鸣中的思想解放历程。在与日俱新的文化转型中，探索与矫正的交替进行和反复推进，使学风日盛、文化昌明，在很多学科领域都出现了彼此论争和公开对话，促成着各有特色的学术阵营的形成与发展。

一个文化强国的崛起离不开学术文化建设，一座高品位文化城市的打造同样也离不开学术文化的发展。学术文化是一座城市最内在的精神生活，是城市智慧的积淀，是城市理性发展的向导，是文化创造力的基础和源泉。学术是不是昌明和发达，决定了城市的定位、影响力和辐射力，甚至决定了城市的发展走向和后劲。城市因文化而有内涵，文化因学术而有品位，学术文化已成为现代城市智慧、思想和精神高度的标志和"灯塔"。

凡工商发达之处，必文化兴盛之地。深圳作为我国改革开放的"窗口"和"排头兵"，是一个商业极为发达、市场化程度很高的城市，移民社会特征突出、创新包容氛围浓厚、民主平等思想活跃、信息交流的"桥头堡"地位明显，是具有形成学派可能性的地区之一。在创造工业化、城市化、现代化发展奇迹的同时，深圳也创造了文化跨越式发展的奇迹。文化的发展既引领着深圳的改革开放和现代化进程，激励着特区建设者艰苦创业，也丰富了广大市民的生活，提升了城市品位。

如果说之前的城市文化还处于自发性的积累期，那么进入 21 世纪以来，深圳文化发展则日益进入文化自觉的新阶段：创新文化发展理念，实施"文化立市"战略，推动"文化强市"建设，提升文化软实力，争当全国文化改革发展"领头羊"。自 2003 年以来，深圳文化发展亮点纷呈、硕果累累：荣获联合国教科文组织"设计之都""全球全民阅读典范城市"称号，原创大型合唱交响乐《人文颂》在联合国教科文组织巴黎总部成功演出，被国际知识界评为"杰出的发展中的知识城市"，三次荣获"全国文明城市"称号，四次被评为"全国文化体制改革先进地区"，"深圳十大观念"影响全国，《走向复兴》《我们的信念》《中国之梦》《迎风飘扬的旗》《命运》等精品走向全国，深圳读书月、市民文化大讲堂、关爱行动、创意十二月等品牌引导市民追求真善美，图书馆之城、钢琴之城、设计之都等"两城一都"高品位文化城市正成为现实。

城市的最终意义在于文化。在特区发展中，"文化"的地位正发生着巨大而悄然的变化。这种变化首先还不在于大批文化设施的兴建、各类文化活动的开展与文化消费市场的繁荣，而在于整个城市文化地理和文化态度的改变，城市发展思路由"经济深圳"向"文化深圳"转变。这一切都源于文化自觉意识的逐渐苏醒与复活。文化自觉意味着文化上的成熟，未来深圳的发展，将因文化自觉意识的强化而获得新的发展路径与可能。

与国内外一些城市比起来，历史文化底蕴不够深厚、文化生态不够完善等仍是深圳文化发展中的弱点，特别是学术文化的滞后。近年来，深圳在学术文化上的反思与追求，从另一个层面构成了文化自觉的逻辑起点与外在表征。显然，文化自觉是学术反思的扩展与深化，从学术反思到文化自觉，再到文化自信、自强，无疑是文化主体意识不断深化乃至确立的过程。大到一个国家和小到一座城市的文化发展皆是如此。

　　从世界范围看，伦敦、巴黎、纽约等先进城市不仅云集大师级的学术人才，而且有活跃的学术机构、富有影响的学术成果和浓烈的学术氛围，正是学术文化的繁盛才使它们成为世界性文化中心。可以说，学术文化发达与否，是国际化城市不可或缺的指标，并将最终决定一个城市在全球化浪潮中的文化地位。城市发展必须在学术文化层面有所积累和突破，否则就缺少根基，缺少理念层面的影响，缺少自我反省的能力，就不会有强大的辐射力，即使有一定的辐射力，其影响也只是停留于表面。强大的学术文化，将最终确立一种文化类型的主导地位和城市的文化声誉。

　　近年来，深圳在实施"文化立市"战略、建设"文化强市"过程中鲜明提出：大力倡导和建设创新型、智慧型、力量型城市主流文化，并将其作为城市精神的主轴以及未来文化发展的明确导向和基本定位。其中，智慧型城市文化就是以追求知识和理性为旨归，人文气息浓郁，学术文化繁荣，智慧产出能力较强，学习型、知识型城市建设成效卓著。深圳要建成有国际影响力的智慧之城，提高文化软实力，学术文化建设是其最坚硬的内核。

　　经过30多年的积累，深圳学术文化建设初具气象，一批重要学科确立，大批学术成果问世，众多学科带头人涌现。在中国特色社会主义理论、经济特区研究、港澳台经济、文化发展、城市化等研究领域产生了一定影响；学术文化氛围已然形成，在国内较早创办以城市命名的"深圳学术年会"，举办了"世界知识城市峰会"等一系列理论研讨会。尤其是《深圳十大观念》等著作的出版，更是对城市人文精神的高度总结和提升，彰显和深化了深圳学术文化和理论创新的价值意义。

　　而"深圳学派"的鲜明提出，更是寄托了深圳学人的学术理想和学术追求。1996年最早提出"深圳学派"的构想；2010年《深圳市委市政府关于全面提升文化软实力的意见》将"推动'深圳学派'建设"载入官方文件；2012年《关于深入实施文化立市战略建设文化强市的决定》明确提出"积极打造'深圳学派'"；2013年出台实施《"深圳学派"建设推进方案》。一个开风气之先、引领思想潮流的"深圳学派"正在酝酿、构建之中，学术文化的春天正向这座城市走来。

"深圳学派"概念的提出，是中华文化伟大复兴和深圳高质量发展的重要组成部分。竖起这面旗帜，目的是激励深圳学人为自己的学术梦想而努力，昭示这座城市尊重学人、尊重学术创作的成果、尊重所有的文化创意。这是深圳30多年发展文化自觉和文化自信的表现，更是深圳文化流动的结果。因为只有各种文化充分流动碰撞，形成争鸣局面，才能形成丰富的思想土壤，为"深圳学派"的形成创造条件。

深圳学派的宗旨

构建"深圳学派"，表明深圳不甘于成为一般性城市，也不甘于仅在世俗文化层面上造成一点影响，而是要面向未来中华文明复兴的伟大理想，提升对中国文化转型的理论阐释能力。"深圳学派"从名称上看，是地域性的，体现城市个性和地缘特征；从内涵上看，是问题性的，反映深圳在前沿探索中遇到的主要问题；从来源上看，"深圳学派"没有明确的师承关系，易形成兼容并蓄、开放择优的学术风格。因而，"深圳学派"建设的宗旨是"全球视野，民族立场，时代精神，深圳表达"。它浓缩了深圳学术文化建设的时空定位，反映了对学界自身经纬坐标的全面审视和深入理解，体现了城市学术文化建设的总体要求和基本特色。

一是"全球视野"：反映了文化流动、文化选择的内在要求，体现了深圳学术文化的开放、流动、包容特色。它强调要树立世界眼光，尊重学术文化发展内在规律，贯彻学术文化转型、流动与选择辩证统一的内在要求，坚持"走出去"与"请进来"相结合，推动深圳与国内外先进学术文化不断交流、碰撞、融合，保持旺盛活力，构建开放、包容、创新的深圳学术文化。

文化的生命力在于流动，任何兴旺发达的城市和地区一定是流动文化最活跃、最激烈碰撞的地区，而没有流动文化或流动文化很少光顾的地区，一定是落后的地区。文化的流动不断催生着文化的分解和融合，推动着文化新旧形式的转换。在文化探索过程中，唯一需要坚持的就是敞开眼界、兼容并蓄、海纳百川，尊重不同文化的存在和发展，推动多元文化的融合发展。中国近现代史的经验反复证明，闭关锁国的文化是窒息的文化，对外开放的文化才是充满生机活力的文化。学术文化也是如此，只有体现"全球视野"，才能融入全球思想和话语体系。因此，"深圳学派"的研究对象不是局限于一国、一城、一地，而是在全球化背景下，密切关注国际学术前沿问题，并把中国尤其是深圳的改革发展置于人类社会变革和文化变迁的大背景下加以研究，具有宽广的国际视野和鲜明的民族特色，体现开放性甚至是国际化特色，也融合跨学科的交叉和开放。

　　二是"民族立场"：反映了深圳学术文化的代表性，体现了深圳在国家战略中的重要地位。它强调要从国家和民族未来发展的战略出发，树立深圳维护国家和民族文化主权的高度责任感、使命感、紧迫感。加快发展和繁荣学术文化，尽快使深圳在学术文化领域跻身全球先进城市行列，早日占领学术文化制高点，推动国家民族文化昌盛，助力中华民族早日实现伟大复兴。

　　任何一个大国的崛起，不仅伴随经济的强盛，而且伴随文化的昌盛。文化昌盛的一个核心就是学术思想的精彩绽放。学术的制高点，是民族尊严的标杆，是国家文化主权的脊梁；只有占领学术制高点，才能有效抵抗文化霸权。当前，中国的和平崛起已成为世界的最热门话题之一，中国已经成为世界第二大经济体，发展速度为世界刮目相看。但我们必须清醒地看到，在学术上，我们还远未进入世界前列，特别是还没有实现与第二大经济体相称的世界文化强国的地位。这样的学术境地不禁使我们扪心自问，如果思想学术得不到世界仰慕，中华民族何以实现伟大复兴？在这个意义上，深圳和全国其他地方一样，学术都是短板，与经济社会发展不相匹配。而深圳作为排头兵，肩负了为国家、为民族文化发展探路的光荣使命，尤感责任重大。深圳的学术立场不能仅限于一隅，而应站在全国、全民族的高度。

　　三是"时代精神"：反映了深圳学术文化的基本品格，体现了深圳学术发展的主要优势。它强调要发扬深圳一贯的"敢为天下先"的精神，突出创新性，强化学术攻关意识，按照解放思想、实事求是、求真务实、开拓创新的总要求，着眼人类发展重大前沿问题，特别是重大战略问题、复杂问题、疑难问题，着力创造学术文化新成果，以新思想、新观点、新理论、新方法、新体系引领时代学术文化思潮。

党的十八大提出了完整的社会主义核心价值观，这是当今中国时代精神的最权威、最凝练表达，是中华民族走向复兴的兴国之魂，是中国梦的核心和鲜明底色，也应该成为"深圳学派"进行研究和探索的价值准则和奋斗方向。其所熔铸的中华民族生生不息的家国情怀，无数仁人志士为之奋斗的伟大目标和每个中国人对幸福生活的向往，是"深圳学派"的思想之源和动力之源。

创新，是时代精神的集中表现，也是深圳这座先锋城市的第一标志。深圳的文化创新包含了观念创新，利用移民城市的优势，激发思想的力量，产生了一批引领时代发展的深圳观念；手段创新，通过技术手段创新文化发展模式，形成了"文化＋科技""文化＋金融""文化＋旅游""文化＋创意"等新型文化业态；内容创新，以"内容为王"提升文化产品和服务的价值，诞生了华强文化科技、腾讯、华侨城等一大批具有强大生命力的文化企业，形成了读书月等一大批文化品牌；制度创新，充分发挥市场的作用，不断创新体制机制，激发全社会的文化创造活力，从根本上提升城市文化的竞争力。"深圳学派"建设也应体现出强烈的时代精神，在学术课题、学术群体、学术资源、学术机制、学术环境方面迸发出崇尚创新、提倡包容、敢于担当的活力。"深圳学派"需要阐述和回答的是中国改革发展的现实问题，要为改革开放的伟大实践立论、立言，对时代发展作出富有特色的理论阐述。它以弘扬和表达时代精神为己任，以理论创新为基本追求，有着明确的文化理念和价值追求，不局限于某一学科领域的考据和论证，而要充分发挥深圳创新文化的客观优势，多视角、多维度、全方位地研究改革发展中的现实问题。

四是"深圳表达"：反映了深圳学术文化的个性和原创性，体现了深圳使命的文化担当。它强调关注现实需要和问题，立足深圳实际，着眼思想解放、提倡学术争鸣，注重学术个性、鼓励学术原创，不追求完美、不避讳瑕疵，敢于并善于用深圳视角研究重大前沿问题，用深圳话语表达原创性学术思想，用深圳体系发表个性化学术理论，构建具有深圳风格和气派的学术文化。

称为"学派"就必然有自己的个性、原创性，成一家之言，勇于创新、大胆超越，切忌人云亦云、没有反响。一般来说，学派的诞生都伴随着论争，在论争中学派的观点才能凸显出来，才能划出自己的阵营和边际，形成独此一家、与众不同的影响。"深圳学派"依托的是改革开放前沿，有着得天独厚的文化环境和文化氛围，因此不是一般地标新立异，也不会跟在别人后面，重复别人的研究课题和学术话语，而是要以改革创新实践中的现实问题研究作为理论创新的立足点，作出特色鲜明的理论表述，发出与众不同的声音，充分展现特区学者的理论勇气和思想活力。当然，"深圳学派"要把深圳的物质文明、精神文明和制度文明作为重要的研究对象，但不等于言必深圳，只围于深圳的格局。思想无禁区、学术无边界，"深圳学派"应以开放心态面对所有学人，严谨执着，放胆争鸣，穷通真理。

狭义的"深圳学派"属于学术派别，当然要以学术研究为重要内容；而广义的"深圳学派"可看成"文化派别"，体现深圳作为改革开放前沿阵地的地域文化特色，因此除了学术研究，还包含文学、美术、音乐、设计创意等各种流派。从这个意义上说，"深圳学派"尊重所有的学术创作成果，尊重所有的文化创意，不仅是哲学社会科学，还包括自然科学、文学艺术等。

"寄言燕雀莫相唣，自有云霄万里高。"学术文化是文化的核心，决定着文化的质量、厚度和发言权。我们坚信，在建设文化强国、实现文化复兴的进程中，植根于中华文明深厚沃土、立足于特区改革开放伟大实践、融汇于时代潮流的"深圳学派"，一定能早日结出硕果，绽放出盎然生机！

目　　录

上篇　理论建构

下篇　案例观察

导　　论

第一节　问题的提出

党的十八大以来展开的全面从严治党实践，是中国政治发展进程中的重大事件。从打虎拍蝇、猎狐套狼、强力反腐，到"八项规定"、"四风"整治，到反对形式主义，从群众路线教育、"三严三实"，到"两学一做"以及初心使命主题教育……全面从严治党纳入"四个全面"战略布局，执政党的"六项建设"即政治建设、思想建设、组织建设、作风建设、纪律建设、制度建设不断推进，形成了较为彻底的政党重塑运动，抓好党建成为各级党组织的"最大政绩"。

党的十九大确立全面从严治党的新布局，把全面从严治党提升到前所未有的新高度，提出五个重要的新论断：一是伟大工程的新定位：把党的建设上升到"伟大工程"的新高度，党的建设伟大工程是伟大斗争、伟大事业、伟大梦想的根本保障和核心支撑。二是执政风险的新判断：要深刻认识四大考验的"长期性和复杂性"，深刻认识四种危险的"尖锐性和严峻性"。三是长期执政能力的新主线：以加强党的长期执政能力建设、先进性和纯洁性建设为主线，全面推进党的建设。四是党的建设新维度：以党的政治建设为统领，以坚定理想信念宗旨为根基，以调动全党积极性、主动性、创造性为着力点，全面推进党的政治建设、思想建设、组织建设、作风建设、纪律建设，把制度建设贯穿其中。与以往党代会相比，除了提出政治建设和纪律建设的维度之外，还突出强调以政治建设为统领。五是执政本领的新概括：学习本领、政治领导本领、改革创新本领、科学发展本领、依法执政本领、群众工作本领、狠抓落实本领、驾驭风险本领。党的十九大关于全面从严治党所作出的战略布局，不仅对于执政党建设形成深远影响，也成为理论研究的重大命题。

党的十八大以来，习近平同志多次强调全面从严治党是"一个永恒课题""一贯要求和根本方针""永远在路上""必须持之以恒、毫不动摇""决心不能动摇、要求不能降低、力度不能减弱"。党的十九大期间，习近平同志更是用"三个不能有"告诫全党："在全面从严治党这个问题上，我们不能有差不多了，该松口气、歇歇脚的想法，不能有打好一仗就一劳永逸的想法，不能有初见成效就见好就收的想法。"① 党的十九大报告强调："坚持党要管党、全面从严治党……把党建设成为始终走在时代前列、人民衷心拥护、勇于自我革命、经得起各种风浪考验、朝气蓬勃的马克思主义执政党。"2019 年 6 月底，习近平同志在"不忘初心、牢记使命"主题教育工作会议上再次强调，"全面从严治党永远在路上"。我们党面临的"四大考验"是长期的、复杂的，面临的"四种危险"是尖锐的、严峻的，党内存在的思想不纯、政治不纯、组织不纯、作风不纯等突出问题尚未得到根本解决。② 习近平同志在党的十九届四中全会报告中再次强调，"完善全面从严治党制度。坚持党要管党、全面从严治党，增强忧患意识，不断推进党的自我革命，永葆党的先进性和纯洁性……不断增强党的创造力、凝聚力、战斗力，确保党始终成为中国特色社会主义事业的坚强领导核心"。不难看出，全面从严治党是中国共产党进行自我革命、回应危险挑战的重要行动。当前全面从严治党取得了阶段性成效，同时也进入纵深推进阶段，面临新的问题，呈现新的风险挑战。

---

① 《习近平在参加党的十九大贵州省代表团讨论时强调　万众一心开拓进取　把新时代中国特色社会主义推向前进》，《人民日报》2017 年 10 月 20 日第 1 版。

② 《习近平在"不忘初心、牢记使命"主题教育总结大会上强调　以主题教育为新的起点　持续推动全党不忘初心牢记使命》，《人民日报》2020 年 1 月 10 日第 1 版。

　　基于上述背景，本书关注的核心问题是"建设一个什么党，怎样建设党"的问题。全面从严治党归根结底是中国共产党对自身治理进行谋篇布局和顶层设计，进而实现其长期执政和历史使命的行动，因此也可以简化为"建设一个什么党，怎样建设党"的问题。对于"建设一个什么党"的问题，党的十九大报告给出了明确的回答："我们党要始终成为时代先锋、民族脊梁，始终成为马克思主义执政党。"这一定位集中体现了党的基本性质、根本宗旨、鲜明品格和精神风貌，体现了中国共产党作为使命党的历史担当。但是在"怎样建设党"的问题上，执政党只是提出了宏观性的框架，包括加强党的长期执政能力、先进性和纯洁性，全面推进党的各项建设，不断提高党的建设质量，加强党的制度建设，等等。为了深入解析全面从严治党的实践逻辑和理论基础，本书重点关注四个问题。

　　第一，从政党治理与国家治理的关系出发，关注全面从严治党的战略使命。中国共产党是居于领导地位的执政党，党的执政能力、领导风格、组织纪律以及干部作风等都与国家治理密切关联。治国必先治党，治党务必从严。习近平同志指出："如果管党不力、治党不严，人民群众反映强烈的党内突出问题得不到解决，那我们党迟早会失去执政资格，不可避免被历史淘汰。"① 面临执政环境的变化、执政风险的增加以及推进国家治理现代化的担当，执政党必须把内部治理的现代化作为治国理政的基本前提。国家治理体系与治理能力的现代化，不仅对执政党治国理政的能力提出了新的要求，也对执政党的内部治理提出了新的挑战。在一党执政的政治生态下，优化国家治理结构的前提是优化政党治理结构。通过党的治理体系改革，构建层次合理、权责一致、规范有序、高效便捷和运行顺畅的党内权力运行体系，推动横向治理与纵向治理结构的顺畅衔接，以执政党内部结构的现代化带动国家治理结构的现代化。

　　第二，从风险研判到有效回应的动态关系出发，理解全面从严

---

　　① 《习近平在庆祝中国共产党成立95周年大会上的讲话》，《人民日报》2016年7月2日第1版。

治党的深层逻辑。党的十八大报告中首次提出党所面临的"四大考验"和"四种危险"。党的十九大报告重申了这些考验和风险,并且强调当前考验的复杂性和危险的严峻性。报告指出,要深刻认识党面临的执政考验、改革开放考验、市场经济考验、外部环境考验的"长期性和复杂性",深刻认识党面临的精神懈怠危险、能力不足危险、脱离群众危险、消极腐败危险的"尖锐性和严峻性"。"四大考验"和"四种危险"可以看成是中国共产党从外部和内部两个方面对执政风险的深刻把握。"四大考验"的长期性和复杂性,体现了执政环境的显著变化。以领导革命起家的中国共产党,也成功地领导了改革开放和市场经济。反过来,对外开放和市场经济所引起的经济社会的巨大变化本身也对党执政提出了挑战,如何在对外开放背景下应对国际政治竞争的挑战,如何在多元经济结构中巩固党的经济基础,如何在复杂政治思潮背景下提升"四个自信",等等。上述变化要求党必须加强外部风险的驾驭能力,加强执政安全的感知能力,提升伟大斗争的应对能力。"四种危险"的尖锐性和严峻性,体现着党自身的问题不容忽视。党的十八大以来,全面从严治党显著地改变了管党治党宽松软的状况,党的建设科学化制度化规范化不断得到强化。但"四种危险"的持续存在,仍然警醒着全面从严治党仍然在路上。执政党必须始终保持战略定力,继续深入推进全面从严治党,克服精神上的懈怠,提高执政能力和领导水平,努力保持与人民群众的血肉联系,继续深入开展监督执纪,永立时代潮头,引领中华民族伟大事业不断前进。

第三,从全面从严治党到提升长期执政能力的关联关系出发,把握全面从严治党的目标指向。全面从严治党战略一定意义上将执政与治党做了区分,将治党看成执政的前提。由于中国共产党是中国唯一合法的长期执政党,肩负着领导国家政治和社会管理的繁重任务,所以要管理好国家事务,就必须首先加强自身建设,管理好党本身的事务,将党建成领导社会主义现代化和改革开放事业的坚强领导核心。全面从严治党战略在执政党组织体系内部的分解和实施,有赖于党建责任体系的构建。全面从严治党的实践展开具有问题导向,整治党内痼疾顽症、清除党内尘土杂质，强化组织机体的先进性和纯洁性，因此重心也放在了政党本身。但与此同时，基于巩固执政目标的治党体系，不能仅仅限于政党组织内部。实际上作为中国政治结构的核心主体和领导力量，党的自身治理需要与外部环境进行有效互动，应根据社会需求和人民期盼进行自我优化、自我完善和自我提升。一言以蔽之，政党治理需要与执政能力密切结合。

第四，从一般与特殊的对比关系出发，探讨中国共产党长期执政能力建设的路径选择。从比较政党政治的视角来看，包括印度国大党、墨西哥革命制度党、苏联共产党在内的许多长期执政大党老党的衰落垮塌反复证明，一个失去自我净化、自我革新的政党，最终只会走向消亡。而新加坡人民行动党持续执政的经验也说明，一个政党只要保持廉洁勤政、自我革新和自我提升，与时俱进地满足人民不断增长的期待，就可以持续保持政治活力和执政能力。作为一个在大国长期执政的大党，中国共产党面临的执政环境、执政使命、执政压力与他党有所不同。在一党长期执政过程中，中国共产党面临的外部政治竞争压力相对较小，这就更需要加强自身感知危险的能力、自我调适的能力、自我修复的能力、自我革新的能力和自我提高的能力。党的十九大报告提出，要坚持全面从严治党，不断增强党"自我净化、自我完善、自我革新、自我提高"的能力。长期执政能力建设是中国共产党顺利推进中国特色社会主义事业的基本前提，而长期执政能力建设又需要选择"四个自我"的实现机制加以实现。"自我净化"需要中国共产党拿出壮士断腕、刮骨疗毒的勇气，进行自我革命，清除党的肌体当中的有害病菌，始终保持党的纯洁性。"自我完善"要求党不断加强自身的政治建设、思想建设、组织建设、纪律建设和制度建设，不断提高政党治理的能力和水平，不断加强党的建设制度改革，打造一个现代化的执政党。"自我革新"要求党要能够破除陈旧思维，能够根据执政环境的变化而调整执政方略，满足人民群众日益增长的政治期待。"自我提高"是指党要克服骄傲自满盲目自大的情绪，要善于吸收借鉴世界政党先进的执政理念，不断改进执政方式，优化执政目标，提升执政能力。

第二节　研究文献的回溯

通过知网检索，自 2014 年至 2019 年 6 月，仅发表在期刊上的标题中含有"全面从严治党"的文章就有 4634 篇，如此文献量足以证明"全面从严治党"是近年来学术界的热点关注对象。基于以上文献梳理可以看出，既有研究已经覆盖围绕"全面从严治党"而展开的方方面面，包括但不限于以习近平总书记相关论述和全党努力实践为基础支撑的全面从严治党思想、理论、历程和战略等研究。

一　习近平总书记关于"全面从严治党"的重要论述研究

中央关于全面从严治党的战略部署，集中体现在习近平总书记的相关论述当中。2014 年 10 月 8 日，在党的群众路线教育实践活动总结大会上，习总书记首次提出要对"全面推进从严治党"进行部署，并且提出了八点要求；随着党的十八届三中、四中全会依次对"全面深化改革""全面推进依法治国"做出全新部署，习总书记于 2014 年 12 月在江苏调研时进一步强调要"协调推进全面建成小康社会、全面深化改革、全面依法治国、全面从严治党，推动改革开放和社会主义现代化建设迈上新台阶"，首次正式提出"全面从严治党"；2015 年 2 月 2 日，中央党校举办了省部级主要领导干部专题研讨班，习近平总书记首次将全面从严治党与全面建成小康社会、全面深化改革、全面依法治国并列，形成了"四个全面"的理论表述，重新定位了全面从严治党的推进轨迹及其在党和国家发展战略上的全新高度。至此，全面从严治党从整党治党行动，上升为党中央治国理政新方略的核心构成。因此，习近平同志关于全面从严治党相关论述或思想的形成背景、主要观点、内在逻辑、理论创新等成为许多研究者探讨和阐释的重点。

从习近平总书记关于全面从严治党思想的形成背景来看，周金堂等将其概括为新时期发生了变化的世情、国情和党情三个基本方面：一是国际金融危机和债务危机处于向纵深化发展期，国家间经济政治竞争压力加剧，为应对外部环境考验，维护改革、发展、稳定局面，提升党的执政能力的现实需要；二是中国正处于全面深化改革攻坚期、全面建成小康社会关键期，面临巩固执政、改革开放、市场经济和外部环境的四种考验的情势需要；三是现阶段党的建设面临精神懈怠、能力不足、脱离群众和消极腐败四种危险，面临形式主义、官僚主义、享乐主义和奢靡之风四种不良风气的形势影响。① 赵凌云和李景友提出，全面从严治党思想理论体系的基本形成，有着特殊的时代背景，全党面临着必须跨越的"腐败陷阱""质变陷阱""能力退化陷阱""中等收入陷阱"等。② 作为一项在特定时代条件下形成的整党治党战略规划，刘伟将全面从严治党的战略根据归结为三个方面：一是基于"现实起点"准确研判党的执政形势与执政考验；二是基于"历史逻辑"自觉省思党的执政基础与执政传统；三是基于"发展取向"科学把握党的执政理念和执政规律。③ 而就全面从严治党的战略布局和系统规划来看，刘红凛认为可具体体现在五大方面：一是对党的思想建设进行系统思考与科学规划；二是对党的作风建设进行系统思考，坚持不懈抓作风；三是以从严治吏与严肃党内政治生活为重点，抓党的组织建设；四是对反腐倡廉、加强权力监督与制约机制进行系统思考与顶层设计；五是深化党内制度改革，系统规划党内法规制度建设。④

　　从习近平全面从严治党思想的主要观点和内涵来看，张忠华、祝志男等主要围绕习近平"全面从严治党，核心是加强党的

① 周金堂、廖进球、舒前毅：《习近平全面从严治党思想形成的时代背景的"三个考量"》，《江西财经大学学报》2016年第1期。
② 赵凌云、李景友：《习近平全面从严治党思想的基本观点与时代意义》，《湖北社会科学》2015年第9期。
③ 刘伟：《习近平全面从严治党思想的战略深意与实践要求》，《社会主义研究》2017年第1期。
④ 刘红凛：《全面从严治党的基本格局与系统规划——兼论习近平党建思想的基本内容与内在逻辑》，《马克思主义研究》2017年第1期。

领导，基础在全面，关键在严，要害在治”这一表述进行阐释。齐卫平认为，全面从严治党思想可以从十个方面加以概括：群众路线是党的生命线，打铁还需自身硬，从严治党必须动真格，理想信念是共产党人的“精神之钙”，“赶考”永远在路上，把权力关进制度的笼子，必须高度重视和大力强化制度执行力，严明政治纪律和政治规矩，以“三严三实”加强高素质领导干部队伍建设，认真探索研究全面从严治党规律。① 商志晓认为，习近平总书记关于党的建设重要论述可以概括为十个方面：党处于关键地位并负有重大历史责任，党面临严峻考验和许多新情况新问题，落实党要管党、从严治党任务一刻不能松懈，补足理想信念的“精神之钙”，以好干部标准选好用好干部，以踏石留印、抓铁有痕的劲头抓作风建设，把权力关进制度的笼子，以高压态势、零容忍态度惩治腐败，严明党的纪律、维护党的团结统一，党员领导干部要严于律己、率先垂范等，上述论述体现了严谨的内在逻辑和鲜明的理论风格。

习近平关于全面从严治党的重要论述逻辑来看，舒隽认为，“人民性”是习近平全面从严治党思想的逻辑起点。② 魏伦、田克勤认为，习近平全面从严治党思想的内在逻辑可从三大战略举措中发现：一是将党的群众路线教育实践活动作为重要抓手；二是将“三严三实”专题教育作为根本遵循；三是将“两学一做”学习教育作为纵深推进。这些重大举措在逻辑上表现为从“关键少数”扩大到全体党员，从集中性教育延伸为经常性教育，从被动要求转变为主动实践。③ 张玮、刘西山认为，应把习近平关于全面从严治党的重要论述作为一个整体来认识，进而揭示出其深层次逻辑，包括时空逻辑、质量逻辑、知行逻辑、上下逻辑、内

① 齐卫平：《全面从严治党纳入“四个全面”战略布局的意义及实践要求》，《中国井冈山干部学院学报》2015年第5期。
② 舒隽：《人民性：习近平全面从严治党思想的逻辑起点与价值旨归》，《南通大学学报》2018年第4期。
③ 魏伦、田克勤：《习近平推进全面从严治党战略举措的内在逻辑》，《思想理论教育导刊》2017年第3期。

外逻辑等五重辩证逻辑维度。① 侯慧艳认为，习近平全面从严治党思想的内在逻辑包括马克思列宁主义党建理论同中国特色社会主义新实际相结合的理论逻辑、系统论的方法逻辑、问题导向的发生逻辑和坚持走群众路线的实践逻辑。② 蒯正明认为，以习近平同志为核心的党中央提出"全面从严治党"的思想，在体系上体现为四个逻辑要点：一是全面从严治党的根本路径是将思想建党和制度治党结合起来。思想建党构筑全面从严治党的思想防线，而制度建设则是规范党内权力运作和党员行为的保障，两者相互联系、相互作用。二是全面从严治党的关键在于治吏。党要管党，首先是管好干部；从严治党，关键是从严治吏。三是作风建设是全面从严治党的切入口和必须始终紧绷的一根弦。作风建设永远在路上，如果前热后冷、前紧后松，就会功亏一篑。四是落实管党治党政治责任是全面从严治党的重要保障。③ 从严治党，必须增强管党治党意识、落实管党治党责任，把抓好党建作为最大的政绩。

从习近平全面从严治党思想的理论创新来看，潘新喆、胡志远将其理论创新聚焦在把政治建设摆在首位、由"从严治党"到"全面从严治党"、把思想建党和制度治党相结合，以及"从严治党，关键是从严治吏"这四个方面。④ 魏晓文、徐广田从以习近平同志为核心的党中央深入阐明了全面从严治党的新战略、新课题、新举措、新要求来定义理论创新，具体来看这"四个新"依次指的是协调推进"四个全面"的新战略，规范党内政治生活、净化党内政治生态的新课题，通过完善党内法规体系来实现依规治党的新举措，纯洁性建设是中国共产党加强自身建设根本

---

① 张玮、刘西山：《习近平关于全面从严治党重要论述的五重辩证逻辑》，《广西社会科学》2018 年第 12 期。

② 侯慧艳：《习近平全面从严治党思想的内在逻辑和理论特色》，《科学社会主义》2017 年第 1 期。

③ 蒯正明：《习近平关于全面从严治党思想研究》，《中国特色社会主义研究》2015 年第 2 期。

④ 潘新喆、胡志远：《习近平新时代全面从严治党的理论创新及其价值意蕴》，《理论探讨》2018 年第 3 期。

要求的新要求。① 赵凌云和李景友认为，全面从严治党思想开启了党风廉政建设理论与实践的重大创新，将党风廉政建设与反腐败斗争推向制度反腐阶段，初步回答了长期执政条件下如何管党治党、跨越"腐败陷阱"的问题；开启了党的建设理论与实践的重大创新，将管党治党推向保证党的先进性和纯洁性为主的阶段，初步回答了长期执政条件下如何避免"变质陷阱"的问题；开启了党和国家发展战略布局的重大创新，将党的建设方略与治国理政方略有机结合起来，初步回答了新的历史条件下如何提升治国理政能力、避免"能力退化陷阱"的问题；开启了党领导现代化进程路径的重大创新，初步回答了新的历史阶段如何加快现代化、避免"中等收入陷阱"的问题。② 李红权认为，全面从严治党的理论创新具有四大特质：一是对马克思主义政党学说的丰富和发展；二是国家治理理论的中国创造；三是新时期全面推进党的建设伟大工程的指导思想；四是当前党风廉政建设和反腐败斗争的方法论依据。③

总体来看，国内研究者基于党建语言对习近平总书记关于全面从严治党的重要论述进行了较为系统的梳理与解读。这部分文献成果为本研究提供了较好的政策解读思路与视角，但数量较为庞大、内容较多重复、理论相对缺乏也使得这部分文献的质量参差不齐。对此，本书将在选择性借鉴这部分文献的政策解读思路的同时，更着重理论建构与话语创新，以更好地实现全面从严治党。

二　党的十八大以来"全面从严治党"的理论概括及发展脉络梳理

党的十八大以来，党内逐渐形成的全面从严治党方略不仅在

---

① 魏晓文、徐广田：《论习近平全面从严治党思想的理论创新》，《理论学刊》2017 年第 1 期。

② 赵凌云、李景友：《习近平全面从严治党思想的基本观点与时代意义》，《湖北社会科学》2015 年第 9 期。

③ 李红权：《全面从严治党的基本逻辑及理论解析》，《理论探讨》2016 年第 2 期。

党的建设实践中取得了显著成效，而且还引起了党史党建、马列科社、政治学甚至是社会学等学科理论界的高度关注。随着全面从严治党走向深入，研究者也逐渐形成对该治党方略及行动进行理论概括的学术自觉，这主要体现为两大方面的学术努力：一是关于包括全面从严治党在内的党建理论的发展脉络梳理；二是基于政治学基本原理对全面从严治党进行理论透视和学理概括。

一方面，从包括全面从严治党在内的党建理论的发展脉络梳理来看，既有研究主要聚焦全面从严治党的理论意涵及其对党建理论创新的贡献。刘红凛认为，从理论上把握党的十八大以来的全面从严治党，应看清其基本格局与系统规划，可将科学谋划党建工程、系统破解各项党建难题视为其基本格局，而在"四个全面"有机统一、治党理政相辅相成中审视全面从严治党则是其宏观格局。这两大格局有所区别、各有其内在逻辑，但又相辅相成、密切联系。前者是基础，体现了从严治党的针对性与深度；后者体现了从严治党的高度与全局视野。① 杨德山提出，准确把握全面从严治党的特征，需要准确认识全面从严治党在"四个全面"战略布局中的根本保证作用，从理论建构和实践表现看，它具有关键性与整体性相统一、重点性和全面性相结合、严肃性与规范化相协调、创造性与继承性相联系、开放性与自主性相协同等特征，揭示这些特征的目的是便于人们掌握全面从严治党的精神实质，增强实践的自觉性。② 韩久根认为，习近平总书记关于全面从严治党思想是一个系统的、开放的、发展的思想理论体系，具体而言：一是在思想建设上，强调共产党人要坚守正确的理想信念，把理想信念形象地比喻为共产党人精神上的"钙"。二是在组织建设上，把"敢于担当"作为好干部的一个重要检验标准，要求严格党内政治生活，把守纪律、讲规矩摆在更加重要

① 刘红凛：《十八大以来全面从严治党的战略规划与实践方略》，《南京政治学院学报》2017 年第 2 期。
② 杨德山：《准确把握全面从严治党的特征》，《中国特色社会主义研究》2015 年第 3 期。

的位置。三是在作风建设上，提出作风建设永远在路上，要以踏石留印、抓铁有痕的劲头抓，要在抓常、抓细、抓长上下功夫。四是在反腐倡廉建设上，坚持"老虎""苍蝇"一起打，坚持以零容忍态度惩治腐败，提出打铁还需自身硬。五是在制度建设上，提出制度治党的新理念，要把权力关进制度的笼子里，执行制度没有例外。① 赵付科和季正聚指出，全面从严治党理论蕴含了丰富的辩证思维，具体体现在：坚持思想建党与制度治党的辩证统一、坚持党委主体责任与纪委监督责任的辩证统一、坚持从严管理干部与发挥人民监督作用的辩证统一、坚持治标与治本的辩证统一、坚持发扬党内民主与严明党的纪律的辩证统一、坚持攻坚战与持久战的辩证统一等六个方面。这些辩证思想既包含了精神变物质、物质变精神、透过现象看本质的辩证法，又包含了内因与外因、重点与全面、主要矛盾与次要矛盾等内容。②

从"全面从严治党"对党建理论创新的角度看，中共中央文献研究室课题组提出，以习近平同志为核心的党中央围绕全面从严治党提出了一系列新思想新举措，丰富和发展了党的建设的理论与实践，包括：一是着眼于坚持和发展中国特色社会主义、实现中华民族伟大复兴的中国梦，作出全面从严治党的重大战略部署；二是着眼于保持党同人民群众的血肉联系，聚焦反对"四风"，持续深入改进党的作风；三是着眼于建设高素质的干部队伍，夯实党执政的组织基础，严格管理党员干部；四是着眼于干部清正、政府清廉、政治清明，坚定不移反腐败；五是着眼于国家治理体系和治理能力现代化，扎实推进党的建设制度化、规范化、程序化。杨德山认为，"全面从严治党"既是重大的战略部署，又是重要的实践活动，更是在党的建设理论上实现了全面的创新。从本质论上看，它进一步阐明"马克思主义执政党"和"中国特色社会主义事业的坚强领导核心"的深刻内涵；从主体

① 韩久根：《中国特色社会主义党建理论的重大发展——学习领会习近平总书记关于全面从严治党的重要论述》，《新视野》2015 年第 3 期。
② 赵付科、季正聚：《习近平全面从严治党思想的辩证统一性》，《中国特色社会主义研究》2015 年第 4 期。

论上看，它从政治高度阐明"党的建设"和"党的事业"的辩证关系，强调各级各部门党委（党组）必须"把抓好党建作为最大的政绩"；从方法论上看，它针对党建工作存在的实际问题，强调"思想建党"和"制度治党"同向发力、同时发力、互为过程；从整体论上看，它系统阐述了"全面"的基本要求。① 齐卫平认为，党的十八大以来全面从严治党的理论创新成果主要表现在十个方面：第一，丰富党的领导理论，把坚持党的领导提到党和国家事业发展的战略制高点。第二，突出强调科学思维对党的建设的重要性，注重全面提高党的建设科学化水平。第三，坚持思想建设和制度治党相结合，寻找坚定理想信念的制度保证新路径。第四，坚持党的建设全面推进和重点突破相结合，坚持标本兼治。第五，坚持依法治国和依规治党相结合，严明党的纪律和规矩。第六，强调把权力关进制度的笼子，发挥党内监督的利剑作用。第七，提出严肃党内政治生活、净化党内政治生态、加强马克思主义政党文化建设的新任务。第八，落实党的建设责任主体和主体责任，努力解决党的建设虚化、边缘化以及形式主义的问题。第九，以"赶考永远在路上"告诫全党，强化忧党兴党的责任担当。第十，提出不忘初心，传承共产党人的红色基因，永葆党的政治本色。② 张忠跃、穆艳杰认为，针对新形势下中国共产党面临的"四种危险"与"四大考验"，以习近平同志为核心的党中央从整体视角对治党理论进行系统概括，提出了全面从严治党的新方略，这既是新时期中国化马克思主义党建理论再生产的新成果，也是党的建设理论再生产持续运作的新基点。③

　　另一方面，从基于政治学基本原理对全面从严治党进行理论透视和学理概括的角度看，既有研究试图发现全面从严治党背后的政党与国家治理逻辑，考察其治理机制、治理手段、治理目

---

　　① 杨德山：《试论"全面从严治党"的理论价值》，《马克思主义研究》2017 年第 10 期。

　　② 齐卫平：《十八大以来党建理论创新的重大成就》，《人民论坛·学术前沿》2017 年第 21 期。

　　③ 张忠跃、穆艳杰：《全面从严治党背景下中国化的马克思主义党建理论再生产》，《北方论丛》2017 年第 5 期。

标、治理规范和治理成效。王浦劬提出，全面从严治党是中国特色治党机制的创新，它是激活和提升党的自我净化、自我完善、自我革新和自我提高能力，使得长期执政的中国共产党保持先进性和纯洁性、抵御风险和拒腐防变的逻辑必然。实施全面从严治党的总体思路，是思想建党与制度治党、弘扬信仰与制约权力、信任激励与严格监督、党内监督与外部监督有机结合起来，构建和形成全面从严治党的有效实施机制。① 陈家喜认为，提升自主性和加强制度化可以看成执政党全面从严治党的两大战略，如何加强这两个战略间的动态平衡和协同推进，是执政党治理改革的重要任务。全面从严治党体现了中央对于清除党内痼疾的坚定决心，也体现了中央决策层的高度自主性，通过自上而下的组织动员全面推进执政党的纯洁性建设。同时，执政党也强调制度化在全面从严治党中的重要作用，推进党的建设制度改革，实现思想建党和制度治党的结合，维护制度的严肃性和权威性，把权力关进制度的笼子，用制度治党、管权、治吏。② 吴桂韩基于政党治理维度提出，从政党治理的内在规律来看，全面从严治党的基本出发点是增强政党认同，内在要求是巩固政党权威，外在要求是树立政党形象。从政党治理的方位来看，全面从严治党必须具有鲜明的时代意识和问题意识，积极适应全球化和信息化两大新趋势，适应民主化和现代化社会发展新动向，坚持以保持先进性和纯洁性为总要求，不断提高拒腐防变和抵御风险的能力，提高党的领导水平和执政水平，在解决突出问题中增强全党的凝聚力和战斗力。从政党治理的经验教训来看，全面从严治党在制度路径上应健全保障从严治党实践的党内制度体系，在价值路径上应建设引领从严治党实践的党内先进文化，在教育路径上应建立推动从严治党实践的党内教育机制。③ 陈明明从战略目标与行动逻辑

① 王浦劬：《深化推进全面从严治党　创新中国特色治党机制》，《中国高等教育》2016 年第 22 期。

② 陈家喜：《构建自主性与制度化的平衡：执政党治理改革的新议程》，《社会科学研究》2016 年第 1 期。

③ 吴桂韩：《政党治理与全面从严治党思考》，《中国特色社会主义研究》2015 年第 2 期。

上讨论新时代的政党建设，他提出中国共产党是按照"先锋队型政党"来建设的，其与贤能政治共同形成了中国语境中"有根的政治"，这种特质是理解全面从严治党既回归"整风"又超越自我的重要依据，也是全面从严治党理论的逻辑基础。① 汪仕凯也从"先锋队型政党"的概念出发，透视全面从严治党的理论逻辑。他认为，先锋队性质是全面从严治党的内在根据，中国共产党从十八大以来所推行的严厉的政党治理措施，都能够从党的先锋队性质得到解释。全面从严治党将强化共产党的先锋队性质，并且能够改善党的领导方式与执政方式。先锋队性质、党的领导与执政、政治体制竞争之间的逻辑关系，就是中国共产党的政党治理逻辑所在。② 郭为桂从政党组织化的视角出发，认为全面从严治党就是因应改革开放以来体制层面局部"去组织化"而采取的党的"再组织化"战略调适，其要义是在多元分化的时代背景下锻造组织权威，维护并巩固党的全面领导地位。在中国社会主义现代化进入后半程的关节点上，"再组织化"战略抉择具有鲜明的制度化导向，不仅推动组织体自身的治理方式从周期性集中性向常态化制度化转变，而且由此强力开启了国家治理体系和治理能力现代化的进程。③

三　全面从严治党的推进过程

党的十八大是执政党建设的重要分水岭，全面从严治党对于既有的党建工作思路、方法、内容及成效均有较大幅度的改革和创新。对此，桑玉成提出应当从积极的意义上把握从严治党。党的十八大以来，从严治党的力度日益加大，党风政风也因此而出现了一些良好的势头。但是也有一些党组织以及党员领导干部尚没有能够从积极的意义上来把握从严治党的战略部署，面对党中

---

① 陈明明：《新时代的政党建设：战略目标与行动逻辑》，《治理研究》2018 年第 1 期。

② 汪仕凯：《先锋队政党的治理逻辑：全面从严治党的理论透视》，《政治学研究》2017 年第 1 期。

③ 郭为桂：《"再组织化"：全面从严治党的战略抉择及其制度化导向》，《经济社会体制比较》2019 年第 1 期。

央的一系列重大举措，他们往往以消极的态度应对之、"顺应之"，甚至是无奈地"服从之"。从严治党在其本质上并不仅仅是"高压线"，其背后寄托着历史的责任，是关涉到我们这个党能不能长期执政、稳定执政的生死攸关的重大问题。从积极的意义上把握从严治党，我们就能得出这样的结论，即从严治党不仅仅是一种告示、一种号召，而是一种行动；不是党组织以及党员领导干部不做这个不做那个，而是全党同志必须确立的那种激情和使命。① 李景治提出，党的十八大后党建工作的突出特点是集中解决一些领导干部作风不良尤其是贪污腐败的问题。围绕这一中心执政党抓理想信念教育，抓学习，抓党风廉政建设，加大防腐反腐力度，开展群众路线教育实践活动。这四个方面相互结合，环环相扣，形成了加强干部队伍和各级领导班子建设"五位一体"的整体思路。贯彻落实中央关于党建工作的方针政策，需要不断增强执行力，要建立健全对制度和方针政策的贯彻落实情况进行全程、同步监督检查的机制，要加强配套的具体制度建设，要建立健全反腐倡廉的新模式。② 刘红凛将党的十八大以来"党要管党、从严治党"的显著特征概括为：坚持科学治党与从严治党的有机统一，坚持严字当头、真抓实干、细致入微、有的放矢、以身作则、以上带下，坚持深化党的建设制度改革与政治体制改革协同推进，坚持依法治国与依规治党共同推进，"德治"与"法治"相辅相成。③ 赵付科、季正聚认为，党的十八大以来，全面从严治党成效显著，党的建设质量不断提高。其基本经验可概括为：只有高标准才有高质量，坚持高标准推进党的建设，是基本前提；将党的政治建设摆在首位，使党的建设质量沿着正确政治方向提高，是根本保障；坚持问题导向，发扬彻底的自我革命精神，是强大动力；深化对党的建设规律的认识和把

① 桑玉成：《全面从严治党与党的形象塑造》，《中国社会科学报》2016年12月9日。

② 李景治：《十八大后党建工作的新特点》，《学习论坛》2013年第6期。

③ 刘红凛：《十八大以来"党要管党、从严治党"的战略思路与显著特征》，《求实》2015年第5期。

握，坚持从严治党与科学治党相结合，是本质要求；切实增强管党治党的系统性和协同性，是推进路径。①

　　作为又一个重要分水岭，党的十九大明确提出"推动全面从严治党向纵深发展"的重要命题，宣告以全面从严治党为鲜明特征的党的建设将迈向新阶段和新高度。任晓伟提出，推动全面从严治党向纵深发展是历史必然，表现在：一是马克思主义政党的本质要求；二是内在于党的十八大后习近平关于全面从严治党战略思想之中；三是应对新征程新挑战和新任务的伟大斗争的迫切要求。② 关于如何进一步推进党的建设，齐卫平认为，将全面从严治党推向深入是新时代勇于自我革命的一场深刻实践，这场自我革命的深刻性超越以往的地方在于，它正视政治安全隐患的严峻性，直面党内存在的严重问题，刀刃向内深挖自身伤疤，利剑高悬割除自身毒瘤，以巨大勇气和魄力破解党的建设积压的老大难问题，解决了许多长期想解决而没有解决的难题，办成了许多过去想办而没有办成的大事。党的十九大在提出把全面从严治党推向深入的同时，还提出了"毫不动摇把党建设得更加坚强有力""不断提高党的建设质量"等重要命题，将"质量强党"作为全面从严治党的重要目标。③ 曾峻认为，质量强党是无产阶级政党先锋队性质的必然要求，是引领经济社会实现高质量发展的现实要求，是世界最大政党不断破解世界最难课题的迫切需要。质量强党不仅需要具体提升党的政治建设、思想建设、组织建设、作风建设、纪律建设、制度建设和反腐败斗争质量，还要着重解决作为统一的系统性工程的三个问题：一是全面强化质量意识；二是推进党建质量指标化、指数化；三是完善质量强党的支持体系。④

　　① 赵付科、季正聚：《十八大以来党的建设质量不断提高的基本经验》，《科学社会主义》2018 年第 6 期。
　　② 任晓伟：《新时代党的政治建设论析》，《中国特色社会主义研究》2018 年第 2 期。
　　③ 齐卫平：《论新时代党的自我革命与全面从严治党》，《思想理论教育》2019 年第 8 期。
　　④ 曾峻：《质量强党：意义、原则与实践要求》，《中共中央党校（国家行政学院）学报》2019 年第 1 期。

　　梳理全面从严治党的历程推进是本研究的必要环节。同时，将相关文献梳理范围拓展到对新中国成立 70 年以来党的建设发展的长时段历史政治过程，并充分关注新中国成立、改革开放、党的十八大、党的十九大等这几个重要党建实践和理论发展的时间节点，可以对整个党的建设以及全面从严治党在整个党建历程中所处的地位、所发挥的作用、所获得的历史功绩有全面系统的把握。

四　"全面从严治党" 面临的新形势与新布局

　　党的十八大以来，在以习近平为核心的党中央的坚强领导下，全面从严治党迎来新局面。齐卫平认为，该局面包括以践行党的群众路线，彰显党的先进性和纯洁性；以反"四风"为推进党风转变的抓手，促进了党的政治生态向健康状态发展；以高压态势惩治腐败，增强了人民群众对反腐败斗争的信心，又为维护社会公正公平增添了正能量；制度建设取得巨大成就；全面从严治党从"要求"提升为"战略"。① 全面从严治党取得的显著成效为推进其纵深发展创造了良好的局面，但形势依然严峻。如陈朋认为，意识形态领域的"杂音"仍然活跃、思想理论的"最后一公里"如何突破等问题依然严峻。从党自身发展来看，新时代党面临的执政环境仍然复杂，影响党的先进性、弱化党的纯洁性的因素也是复杂的。党内思想、组织和作风不纯的问题尚未得到根本解决，"四大考验"长期而复杂，"四种危险"持久而严峻。②

　　就全面从严治党的新布局而言，学者们主要从以下四个方面出发：首先，坚持"全面"原则。张荣臣认为，"全面"是指思想、组织、作风、制度和反腐倡廉等治党领域的全面涉及、治党对象的全面覆盖和治党周期的全过程。③ 其次，坚持"从严"原

---

　　① 齐卫平：《全面从严治党：续写"进京赶考"的新答案》，《江西社会科学》2015 年第 6 期。

　　② 陈朋：《全面从严治党中的思想建党：新场景与新使命》，《毛泽东邓小平理论研究》2016 年第 12 期。

　　③ 张荣臣：《关于全面从严治党内涵及对策的思考》，《人民论坛》2015 年第 21 期。

则。周敏凯、时晓建认为，党内一系列重要法规纪律制度的制定
颁布与一系列腐败案件的公布处理表明，党内反腐倡廉压倒性态
势正在形成，全面从严治党进入新常态，在"制度治党"统领
下，立章建规实现制度化、规范化；制度治党与思想建党并举；
更加关注从严执纪，抓早抓小，挺纪在先。① 如付子堂认为，形
成完善的党内法规体系，是全面推进依法治国的一项重要任务，
也是在制度建设层面贯彻"全面从严治党"的重要抓手和关键依
据。② 再次，加强党对立法工作的领导。王若磊从国家发展与法
治建设的协调性出发，认为政党主导下的法治模式本质上由法治
的政治性所决定，它要求后发法治国家在法治秩序建构中存在权
威作为动力机制和保障装置。③ 最后，建立党内法规与国家法律
的衔接机制。周望认为，党内法规与国家法律的衔接和协调，应
当以宪法为统帅，通过立法权限界分、立法规划、备案审查、法
规清理、立法后评估等制度机制加以保障。此外，学界还认为
"全面从严治党"新常态下党内民主建设必须以依规治党、法治
治党为方向，并且通过配套完备的党内法规制度体系、加强和改
进党对全面依法治国的领导、推动党内法规与国家法律的有效衔
接来加以实现。④

五　研究评介及进一步的空间

第一，关于习近平全面从严治党思想或理论概括的研究。这
部分研究可谓全面从严治党研究的基础，对习总书记全面从严治
党相关论述进行梳理、总结、解读构成是否能准确并深刻认识这
一治党行动的先决条件，因而也是深化相关学理研究的材料基
础。思想研究着重于本体论、认识论和方法论的总结归纳，具体
处理了思想源流、主要内涵、思维方法、战略布局和实践要求等

---

① 周敏凯、时晓建：《"全面从严治党"新常态阶段党建制度的创新及其特点》，
《学习与探索》2016 年第 5 期。
② 付子堂：《法治体系内的党内法规探析》，《中共中央党校学报》2015 年第 3 期。
③ 王若磊：《依规治党与依法治国的关系》，《法学研究》2016 年第 3 期。
④ 周望：《论党内法规与国家法律的关系》，《理论探索》2018 年第 1 期。

问题。与思想研究不同，理论研究主要站在党建理论的系统构成及其动态发展的层面，着重处理了形成背景、理论框架、要素意涵、逻辑关系及理论价值等问题。思想与理论研究在某种程度上是为全面从严治党方略提供更为坚实的话语创新基础的，既有研究也确实形成了一套独具特色的理论叙述，但要使得这样一种在中国政党政治实践中成绩卓著的治党策略与行动真正能够在世界政党政治实践中形成在场效应，仍需形成一套更为社会科学化的、能够与国际学术界接轨的理论叙述。

第二，关于全面从严治党的历程推进研究。任何一项政党治理行动，如果仅停留在某个时期，那将意味着它的"运动"意涵大于"制度"意涵。从党的建设整体历程及其不断完善的党建布局可以看出，党中央提出的战略规划都具有制度特征，因而它不仅与党的历史一脉相承，也将在持续的执政过程中继续保持。历程研究实际上帮助"全面从严治党"找回党的历史上从未丢失的基因，同时明确"治党"在整个党史中不同阶段的不同体现。既有历程研究对党的建设基本经验做了重要总结，也为纵深推进全面从严治党谋定好时代方位、提供了历史借鉴。然而，既有研究也囿于种种历史铺陈、政治宣传而未能真正凸显政治史研究的深层价值，比如揭示某种策略与实效之间的因果关系。

第三，关于全面从严治党的战略实践研究。这部分研究倾向于分析全面从严治党在具体实践中面临的问题，特别总结了党的政治建设、思想建设、组织建设、作风建设、纪律建设、制度建设和反腐败斗争取得的成效及仍然存在的问题。应该说，关于党的建设面临的问题挑战的研究是深化并推进治党方略的重要根据，但既有研究更多还是基于党中央的提法而做出的定性叠加，少有严肃扎实的社会调查实证研究。这一短板直接导致对策类研究常常显得大而空，易陷入无的放矢的境地。

综上而论，既有研究提供了党建理论发展与基于政治学原理透视全面从严治党方略及其政党治理意涵的基本视野。但关于政党治理目标变化升级与全面从严治党相应的动态发展之间的相关关系分析还相对欠缺，尤其是具体变量间关系的学理分析还存在不足，尚存在如下拓展空间。

一是党的十八大以来全面从严治党的宏大实践，需要进行系统性梳理和学理化总结。党的十八大以来开展的全面从严治党实践，是中国政治发展进程中的重大事件。全面从严治党不仅是整党治党措施，还是治国理政方略；不仅是一套理论体系，还是实践展开过程。对于全面从严治党战略布局的研究，不仅要关注其思想体系的内涵、特质和逻辑，还需要把握其实践进程演化的过程和进展。从目前来看，相关研究成果对后者的关注尚不充分。

二是新时代的"伟大工程"，面临新使命、新挑战、新斗争，需要新的规划布局。党的十九大报告构建了党建伟大工程的"宏伟蓝图"和逻辑体系，提出了伟大梦想、伟大斗争、伟大工程和伟大事业的战略任务及其相互关系。要实现中华民族伟大复兴的"伟大梦想"，必须要进行具有许多新的历史特点的"伟大斗争"，必须推进党的建设新的"伟大工程"，必须推进中国特色社会主义的"伟大事业"。"四个伟大"之间紧密联系、相互贯通、相互作用，其中起决定性作用的是党的建设新的伟大工程。党的建设新的伟大工程是实现其他"三个伟大"的根本保障和核心支撑。办好所有的事情，关键在党。党不仅是中国特色社会主义制度的政治核心，也是中国特色社会主义事业的领导核心。打铁还要自身硬，只有党的建设得到加强、巩固和提升，中国特色社会主义事业才有主心骨，才能在国内外复杂的斗争环境中取得一个又一个胜利，也才能最终实现中华民族伟大复兴的中国梦。从目前来看，如何准确解构党的十九大提出的党建新布局，如何从理论、实践和政策的角度综合分析全面从严治党的战略布局与实践逻辑，还是学术界有待完成的重要命题。

三是一党长期执政背景下政党治理的深化延伸。从比较意义上看，一党体制下的执政党，面临的首要问题是自我调适能力。全面从严治党作为中国政治发展进程中的重大实践，其理论提升和框架解析还较为欠缺。尽管全面从严治党本身已经蕴含了丰富的理论内涵，构建分析理论可能会陷入削足适履的境地。但从理论建构本身来说，基于政策话语的转换和提炼而构建可通约性的理论话语，对于比较政党研究以及进行学术累积和对话，具有十分重要的学术意义；同时也为深化和拓展政策研究提供了思路和启发。如何在比较政党视域下重新审视中国共产党进行的伟大工程，在应对执政风险的过程中增强自我调适能力，实现整党治党、长期执政和民族复兴的伟大使命，是中国政党政治研究的重大命题。

第三节　研究的视角与框架

全面从严治党是中国共产党进行政党治理的战略布局，这一布局既是基于巩固长期执政地位的诉求，更是基于强烈的使命担当，同时也是对内外部执政风险的及时回应。作为一项治党方略，科学有效地推动全面从严治党向纵深发展的前提是，首先建立一套能够对其进行全面深刻准确把握的认识框架，对党面临的问题、危险与挑战予以系统性的学理观照。

一　研究的视角

执政党、领导党和使命党的视角。从政党类型学的角度看，中国共产党不仅是长期处于执政地位的政党，还是对国家和社会事务进行全面领导的政党，党的组织与国家机构、社会组织高度嵌套和融合。同时，中国共产党又是一个具有高度使命感的政党，它将政党利益与国家利益、人民利益保持高度一致的方式，实现政党发展目标与国家发展目标、社会发展目标、中华民族发展目标有机衔接和融合。① 中国共产党是执政党、领导党和使命党，由此决定了全面从严治党要实现整党治党、长期执政和民族复兴三重目标。党的十九大报告也明确提出，要把党建设成为"始终走在时代前列、人民衷心拥护、勇于自我革命、经得起各种风浪考验、朝气蓬勃的马克思主义政党"。这一强烈的使命担

① 唐亚林：《使命—责任体制：中国共产党新型政治形态建构论纲》，《南京社会科学》2017 年第 7 期。

当既是中国共产党进行全面从严治党的终极目标，也是中国共产党加强政党治理的重要遵循。从这一意义上看，中国共产党开展全面从严治党行动超越了单纯的整党治党范畴，而是历史使命推动下的政党治理的整体性规划；它也超越了长期执政的单一诉求，从而把国家强盛、民族复兴作为宏大的历史担当。

政党治理的视角。政党治理是世界各国政党面临的共同任务。在竞争性选举体制下，西方发达国家政党更需要保持政党纲领的价值扩散性，以及巩固选民的社会渗透性，这是它们保持选举优势的基本保证。对于一些长期执政的党而言，在缺乏竞争性政党的监督和制衡背景下，它们更迫切需要的是找到组织稳定性与政党适应性的平衡，需要在不断变动的外部环境中强化自我变革的能力。从理论建构的维度出发，需要厘清政党治理的主体、目标、环境、方式等。通过建构政党治理的理论框架，从治理主体、治理目标、治理环境、治理方式等维度，为解析中国共产党推进全面从严治党实践提供分析视角和理论工具。

治党与治国的关系视角。中国共产党面临大党治理和大国执政的双重任务，治理政党是治理国家的前提和先导。现代社会中的政党扮演不同的政治角色，包括"选民中的政党""作为职业政治团体的政党""议会中的政党"以及"政府中的政党"，政党治理的主体和对象都是由政党组织及其内部成员构成。① 一党长期执政的背景下，政党领导国家推动现代化建设、领导人民建设现代国家，政党是中国政治生活的枢纽，是国家建设的主体。② 政党治理通过实现政党权力运作制度化规范化，提升政党执政能力，由政党完成整合社会、形成良治、增强活力的目标。从政党治理意义来看，中国共产党面临大党治理和大国执政的双重任务，治理政党是治理国家的前提和先导。从这一逻辑关系出发，中国共产党开展的全面从严治党行动，不仅要解决长期执政条件

---

① Vladimir Orlando Key, *Politics*, *Parties*, *and Pressure Groups*, Crowell Press, 1964, p. 164.

② 林尚立、赵宇峰：《政治建设的中国范式：论党建在中国发展中的重要政治作用》，《社会科学战线》2014 年第 1 期。

下的内部危险问题，还要解决治理国家过程中遇到的外部考验问题。

　　长期执政能力的视角。执政能力是连接政党治理与国家治理的中间变量，治理政党本身有助于提升执政能力，进而提升治理国家的能力。中国共产党在推进大党治理时面临内部治党风险，要求全面从严治党，统筹推进党的各方面建设；同时中国共产党在推进大国治理时面临外部执政挑战，要求提升各方面的执政能力和执政本领。从这一逻辑关系出发，中国共产党开展的全面从严治党行动，不仅要解决长期执政条件下的内部危险问题，还要解决治理国家过程中遇到的外部考验问题。一党执政条件下，党的执政能力的提升主要来自党自身的自我完善、自我净化和自我提升。全面从严治党可以看成是党的"自我治理"，是通过推进党的政治、思想、组织、作风、纪律和制度建设，提升党的先进性、纯洁性和适应性，进而提高党的政治领导能力、价值引领能力、组织整合能力、社会动员能力、组织净化能力等，提升国家治理的能力和水平。

二　研究的路径

　　把握精神阐释与经验研究的平衡，建构执政党研究的新路径。中央关于全面从严治党的战略布局是整党治党的号令，也是治国理政的方略，准确还原这一战略布局的原貌和实质是开展本研究的前提；但是同时学术贡献需要坚持问题导向和中立分析，需要基于现象的是非曲直和来龙去脉进行研究解析。本书力求实现学术与政治的有机结合，一方面通过梳理中央关于全面从严治党的重要精神和战略部署，把握这一实践的提出背景、演化脉络和重要价值；另一方面则对于全面从严治党的关键环节进行客观的实证调查和学理研究，把握全面从严治党所面临的实际问题、突出障碍及深层问题，进而为深化和推进全面从严治党的战略布局提供经验数据支撑。

　　把握普适性与特殊性的平衡，建构执政党研究的新话语。执政党研究话语与政策话语的交织，让研究者往往拘泥于政策层面的探讨，难以进行学术话语的生产和知识的累积。并且这些政策话语会随着政治情境的变化而变化。这些政策话语的考察维度和解释框架难以构建，受制于特定的政治原则要求，难以进行反向的讨论和是非对错的验证。尽管全面从严治党本身已经蕴含了丰富的理论内涵，构建分析理论可能会陷入削足适履的境地。但从理论建构本身来说，基于政策话语的转换和提炼而构建可通约性的理论话语，对于比较政党研究以及进行学术累积和对话，具有十分重要的学术意义；同时也为深化和拓展政策研究提供思路和启发。本书力求构建政党治理的分析框架，从主体、目标、环境和方式等多维度解析全面从严治党的重大实践；同时进行比较政党的分析，结合国外政党治理的一般规律的梳理，解析中国共产党推进政党治理的特殊模式及其理论价值。

把握理论研究和政策研究的平衡，强化研究成果的政策转化。党的十八大以来，中国共产党开启全面从严治党的雷霆行动，从"打虎拍蝇""猎狐套狼"，到"八项规定"、"四风"整治，从思想建党、制度治党到纪律强党，从群众路线实践教育、"三严三实"到"两学一做"、"不忘初心、牢记使命"主题教育……全面从严治党纳入"四个全面"战略布局，执政党六项党建领域不断推进。然而，推动全面从严治党不断向纵深发展，不仅需要党的建设单项推进，更需要顶层设计与科学谋划，不断增强全面从严治党的系统性、创造性、实效性，深化对全面从严治党特点和规律的认识。本书力图通过建构政党治理的分析框架，直指全面从严治党面临的作风建设、制度建设、反腐倡廉等方面的实践挑战，深入分析全面从严治党的深层问题，如思想建设与政治认同的建构、作风建设与干群关系的巩固、反腐败与党内制度体系的建构等问题，提出推进执政党治理优化以及提升长期执政能力建设的政策建议。

三　研究的框架

本书共包括导论、理论建构、案例观察和结论四个板块，共十二章。各章主要内容如下。

　　导论部分阐释了本书写作的缘起和初衷，回顾了近年来的相关研究成果，提出本书的视角和路径。导论强调了本书关注的核心问题是"建设一个什么党，怎样建设党"的问题，并重点关注四对关系：从政党治理与国家治理的关系出发，关注全面从严治党的战略使命；从风险研判到有效回应的动态关系出发，理解全面从严治党的深层逻辑；从全面从严治党到提升长期执政能力的关联关系出发，把握全面从严治党的目标指向；从一般与特殊的对比关系出发，探讨中国共产党长期执政能力建设的路径选择。

　　第一章"政党治理的理论建构与中国情境"，提出通过建构政党治理的理论框架，从治理主体、治理目标、治理环境、治理方式等维度，解析党的十八大以来全面从严治党的战略布局与实践过程。当前全面从严治党的开展背景是回应长期执政条件的危机和风险。执政党通过确立党建政绩观和党建责任制，开展作风建设、思想建设和整治腐败来提升有效执政的能力。随着全面从严治党战略布局的深入推进，还需要解决政党治理的三个深层问题，即如何把握单项推进的整党措施与一体化的治理体系的关系，如何把握运动式推进方式与制度化建构目标的关系，如何把握党的内部整治行动与外部社会有效回应的关系。

　　第二章"自主性与制度化：政党治理改革的新议程"，提出在执政党全面推进从严治党的过程中，强化自主性和加强制度化是两个重要的战略部署。从"打虎拍蝇"的反腐败运动，到整治作风的群众路线教育运动，再到强化思想建党的"三严三实"，执政党从廉政、组织、作风、思想等多层面强化整党治党的力度，体现出较强的自主性。与此同时，执政党也强调制度化对于全面从严治党的重要意义，要求全方位扎紧制度笼子，用制度治党、管权、治吏，坚决维护制度的严肃性和权威性。如何加强这两个战略间的动态平衡和协同推进，是执政党治理改革的重要任务。

　　第三章"增强回应性：从党建责任制到责任型政党"，提出党建责任制是在党内落实全面从严治党的重要机制保障，它通过构建任务下派、责任传递和对上负责的运行机制，旨在提升党员干部的政党认同，强化其党员意识和党性观念。然而，党建责任制只是在执政党组织体系内部构建了负责机制，缺乏对外部环境和社会公众的有效回应，容易使党建工作脱离群众需求和工作实际，陷于形式主义境地。因此，从推进党建责任制转向建设责任型政党，强化基层党组织的社会回应能力，密切党群干群关系，巩固党的执政基础，是深入推进全面从严治党的一项新任务。

第四章"强化渗透性：社会组织党建的困境及方向"，提出加强新社会组织党建不仅是提升中国共产党社会整合能力的必然要求，也是扩大新社会组织体制内表达的有效渠道。当前新社会组织党建存在内部排斥、组织空转、多头管理以及保障缺失等现象，建议从提升政治认同、创新党建方式、健全保障机制和改进活动方式等方面着手，重构党与新社会组织之间的良性互动关系。

第五章"提升适应性：信息化背景下执政党在线能力建设"，提出互联网的兴起不仅影响了社会交往、商业模式和价值观念，也影响了政治沟通、结社参与和权力运行。互联网成为影响党群关系的关键变量，成为政治参与的新型平台，成为舆论交锋的重要场域，成为政治风险的触发动力，进而对党的执政形成了新的考验。"过不了互联网这一关，就过不了长期执政这一关。"执政党要有效回应这一考验，就必须提升信息化背景下的政党适应性，把握互联网政治的内在规律，加强执政党网络形象建设，提升网上群众工作能力，深化网络政治舆情分析，重视网络危机的疏导和化解。

第六章"政党适应性与在线党务服务的中国实践"，提出政党网站建设是政党现代化的重要标志。通过对全国334个地级市的组织部、宣传部、纪委、政法委、统战部网站建设情况的统计分析，可以发现：全国地级市党务网站覆盖率普遍较高，栏目设置体现了部门工作特性，域名登记较为规范，学习功能较为突出，但同时也存在网站覆盖率部门和地域差异较大、更新频率不高、互动交流能力弱、电子办公功能缺失等问题。面对互联网浪潮所带来的挑战，执政党需要充分发掘党务网站的潜在价值，加强理念引导和技术革新，强化党务网站与社交媒体的融合，实现线上与线下的互动，增进网站的吸引力、关注度和互动性。

第七章"扎根社会与社区党委书记队伍建设"，提出城市社区党委书记是影响社区治理绩效的至关重要的因素。对 S 市 637 个社区普查数据的实证分析结果表明：城市社区党委书记队伍的性别结构、年龄结构和文化结构都比较合理，来源渠道比较广泛，工资待遇有所提升。但城市社区党委书记队伍建设也存在后备队伍断层、权力运行不畅、培训效果不佳、工作任务重、工作压力大、管理监督不完善、晋升退出渠道不通畅等问题。加强城市社区党委书记队伍建设，应从选拔与培养、履职与保障、管理与监督、晋升与退出等方面采取有效措施，实现城市社区党委书记队伍的健康发展。

第八章"权力监督制度化与'一把手'体制的重塑"，提出当前腐败的重灾区是党委"一把手"的腐败。由于拥有对于人事、财务和决策领域的广泛裁量权，且缺乏有效的权力约束机制，党委"一把手"腐败案件频频发生。通过对近年来 S 市区和街道党委"一把手"的腐败案例分析，可以发现：从腐败发生概率上看，经济发达区域的党委"一把手"容易因腐败落马；从腐败发生的领域来看，土地、项目、工程是其腐败的重要缘由；从腐败发生的方式上看，买官卖官、官商勾结是其腐败的重要途径。根治党委"一把手"腐败，必须从配权、分权、督权三个维度，构建严密的权力监督体系。

第九章"政党引领与社区协商体系的建构"，提出长期以来中国城市社区治理存在着自治与管治之争，本质上则是关于城市社区属性的争论。深圳市南山区通过党内民主共治、社区协商自治、社区虚拟参与、居民自助互助、社情民意诉求五个协商平台，建立起协商合作、协同互动、协作共建的"一核多元"城市协商治理模式。协商治理在城市社区治理的有效实践，源于中国城市社区的复合属性。中国的城市社区自成立之初就非自下而上、自发形成的居住共同体，而是经国家规划和建构下的治理单元。而基于横向到边、纵向到底的执政理念，执政党也将城市社区看成基层组织必须覆盖的执政空间，党的组织应当在其中发挥政治核心和宣传引导功能。

第十章"基层党建引领社会治理的案例解构"，提出城市社会是党的执政空间，街道社区党组织是党在城市社会的工作基础，是城市社会治理中的核心主体。棚户区改造是社会治理的焦点难点工作，由于其涉及主体广、利益协调难度大、拆迁安置成本高、积存问题调处难，处置不当极易引发利益冲突，影响城市稳定及社会安全。深圳市罗湖区东晓街道在棚户区改造工作中，实施"四个一线"基层党建工作法，最大限度地维护了群众利益，同时有力地锻炼了基层党员干部的群众工作本领和驾驭风险本领，极大地提升了基层党组织的组织力，探索出基层党建引领社会治理的创新路径。

结论部分"中国情境下政党研究的话语建构"，提出学术与政治的张力是中国政党研究的突出困境。不论从学科构建、理论贡献还是比较研究出发，加快建构中国政党研究话语体系都是十分必要的。中国政党研究的话语建构，需要兼顾中国政党问题的一般性与特殊性、政治性与学理性、普适性与国别性等关系，既要能够找到平衡，又能够解构现实。具体而言，一方面需要充分观照中国政党的特殊性，包括制度传统、政党规模、执政机制与执政环境；另一方面也要注重吸收比较政党的通约性理论框架，比如政党中心论、政党适应性、政党自主性、政党制度化等，突出对中国政党问题的理论解构。

上　篇

理论建构

第一章

政党治理的理论建构与中国情境

　　全面从严治党是中国共产党一次"找回政党"的行动，这一行动明确将治党确定为执政的前提和基础。本章拟通过建构政党治理的理论框架，从治理主体、治理目标、治理环境、治理方式等维度，解析党的十八大以来全面从严治党的战略布局与实践过程。当前全面从严治党的开展背景是回应长期执政条件的危机和风险。执政党通过确立党建政绩观和党建责任制，开展作风建设、思想建设和整治腐败来提升有效执政的能力。随着全面从严治党战略布局的深入推进，还需要解决政党治理的三个深层问题，即如何把握单项推进的整党措施与一体化的治理体系的关系，如何把握运动式推进方式与制度化建构目标的关系，如何把握党的内部整治行动与外部社会有效回应的关系。上述问题的解决对于推进执政党进行制度化治理有着至关重要的意义。

第一节　政党治理话语的理论检视

　　尽管在比较政党研究的理论范畴当中并没有政党治理的专门术语，但是对于政党能力建设和讨论的学术文献却不胜枚举，并集中体现在政党制度化、政党适应性、政党根植社会等方面。

　　政党制度化理论可以看成是新制度主义在政党研究中的应用。新制度主义被认为有两大理论基石：一是制度至关重要，它影响规则、概念、行为，进而决定着结果。二是制度是内生的，它们的构成与作用发挥又受制于其生成的环境。[①] 政党制度化理论也将制度作为分析的中心，同时又拓展了制度的外延，制度化被分解为内部与外部、结构与价值、稳定性与适应性等多个维度。从一般意义上理解，政党制度化是一个政党获得内部认同与外部支持的整体性过程；这一过程往往伴随着内部的组织体制化与价值扩散性，也伴随着外部的政党自主性和社会渗透性。[②] 一党执政条件下其重心不在于政党竞争关系的制度化问题，而在于执政党内部运行的程序化和体制化问题。

政党适应性理论是指现代社会中的政党通过保持与社会的有机联系和有效沟通，用以汲取社会成员的政治支持和政治认同。这一点不仅体现为西方大选期间的选举动员，还体现为选举周期内党籍议员走访选民以及政党纲领聚合社会利益。政党适应性即强调一个政党能够根据外部社会政治环境的变化进行组织与策略的调整，进而获得更多资源、信息以及政治支持的过程。[③] 现代政党的政治生命在于获得社会公众的政治认同和广泛支持。强化与社会的沟通、关联与互动，提升政党对社会的适应和回应能力，是现代政党着力追求的目标。

政党根植社会的能力也常常作为政党适应性的另一表述。[④] 在竞争性民主体制下，政党年龄及政党支持率是衡量政党根植社会能力的主要指标。在一党长期执政条件下，由于缺乏有效的政党竞争压力，执政党更依赖于对外部环境变化的自我感知。执政党既需要通过政策纲领的调整来主动适应执政环境的变化，也需

①　Adam Przeworski, "Institutions Matter?", *Government and Opposition*, Vol. 39, No. 2, 2004, pp. 527 - 540.

②　Vicky Randall & Lars Svåsand, "Party Institutionalization in New Democracies", *Party Politics*, Vol. 8, No. 1, 2002, pp. 5 - 29.

③　Steven Levitsky, "Organization and Labor-Based Party Adaptation: The Transformation of Argentine Peronism in Comparative Perspective", *World Politics*, Vol. 54, No. 1, 2001, pp. 27 - 56.

④　Matthias Basedau & Alexander Stroh, "Measuring Party Institutionalization in Developing Countries: A New Research Instrument Applied to 28 African Political Parties", GIGA Working Paper, 69, Hamburg: GIGA German Institute of Global and Area Studies, www. giga - hamburg. de/workingpapers.

要通过基层组织的行动及时回应普通群众的诉求。在中国政治情境下，政党适应性不仅体现在中央对执政风险的回应，还体现在党的基层组织扎根基层社会，对于群众需求的回应。所谓责任制政党就是指通过构建吸纳社会诉求和群众期待的制度渠道，及时回应这些诉求和期待，并加以转化用于政策输出的政党。

长期以来，国内研究者习惯使用治国理政、执政能力、党的建设等替代对于政党治理的认识，进而无法建构有效的分析话语和进行持续的知识累积。随着国家治理、政府治理及社会治理等相关概念的提出，一些研究者也开始探讨政党治理的内涵与外延，及其与执政能力、党的建设的关联与区别。罗峰提出，政党治理不限于政党自身的管理，而是以政党为主导的多元治理主体，以国家、社会和政党（执政党）内为场域的三元活动空间，以及以政党能力提升为目标的政党权力运作的理性化过程，其又可以分为党内治理、党际治理和党外治理。① 刘建军提出，中国共产党是世界上最大发展中国家的执政党，其自身的治理不仅具有政党意义，也具有国家意义，同时具有世界意义。然而其国家意义与世界意义的彰显，都系于中国共产党自身政党治理之一身。政党治理融合于国家治理的各个方面，从严治党是国家治理的缩小，而国家治理是从严治党的放大。②

全面从严治党作为党的十八大以来中国社会政治生活中的重要事件，也引起了理论界的广泛关注。研究者更多地关注到这一事件背后的政党治理逻辑，考察其治理机制、治理手段、治理目标、治理规范和治理成效。王浦劬提出，全面从严治党是中国特色治党机制的创新。它是激活和提升党的自我净化、自我完善、自我革新和自我提高能力，使得长期执政的中国共产党保持先进性和纯洁性、抵御风险和拒腐防变的逻辑必然。实施全面从严治党的总体思路，是思想建党与制度治党、弘扬信仰与制约权力、信任激励与严格监督、党内监督与外部监督有机结合起来，构建

---

① 罗峰：《转型期中国的政党治理：生成、资源与框架》，《毛泽东邓小平理论研究》2014 年第 5 期。

② 刘建军：《政党治理的中国方案》，《南京社会科学》2017 年第 1 期。

和形成全面从严治党的有效实施机制。① 汪仕凯从"先锋队政党"的概念出发，透视全面从严治党的理论逻辑。他认为，先锋队性质是全面从严治党的内在根据，中国共产党从十八大以来所推行的严厉的政党治理措施，都能够从党的先锋队性质中得到解释。全面从严治党将强化共产党的先锋队性质，并且能够改善党的领导方式与执政方式。先锋队性质、党的领导与执政、政治体制竞争之间的逻辑关系，就是中国共产党的政党治理逻辑所在。② 许耀桐提出，全面从严治党将党的建设工作提到了新的历史高度，具有十分鲜明的特色。第一，全覆盖、一体化。中国共产党上上下下的所有组织，没有任何的特殊和例外，都要贯彻实施全面从严治党，实现全覆盖。第二，全过程、长时期。全面从严治党的每一项工作，都要重在细节、重在过程，必须防止前热后冷、前紧后松，出现兴头败尾、半途而废的现象。第三，高标准、严要求。第四，强落实、重成效。全面从严治党要一股韧劲，真抓实干，抓铁有痕、踏石留印。③ 赵付科和季正聚指出，习近平全面从严治党思想蕴含了丰富的辩证思维：坚持思想建党与制度治党的辩证统一、坚持党委主体责任与纪委监督责任的辩证统一、坚持从严管理干部与发挥人民监督作用的辩证统一、坚持治标与治本的辩证统一、坚持发扬党内民主与严明党的纪律的辩证统一、坚持攻坚战与持久战的辩证统一等。④ 上述研究将政党与政府、政党与政党、政党与社会的关系也纳入政党治理的范畴，显然超越了政党治理的基本边界。

---

① 王浦劬：《深化推进全面从严治党　创新中国特色治党机制》，《中国高等教育》2016 年第 22 期。

② 汪仕凯：《先锋队政党的治理逻辑：全面从严治党的理论透视》，《政治学研究》2017 年第 1 期。

③ 许耀桐：《全面从严治党论析》，《毛泽东思想研究》2015 年第 6 期。

④ 赵付科、季正聚：《习近平全面从严治党思想的辩证统一性》，《中国特色社会主义研究》2015 年第 4 期。

第二节 政党治理的理论建构

　　笔者认为，政党治理应与国家治理、政府治理和社会治理区分开来，是指一个政党对于党内精英、政党组织和党员的管理，用以提升政治生命和政治活力，进而实现有效执政的各项活动。政党治理体系包括治理主体、治理环境、治理方式与治理目标等具体维度，详见图 1 - 1。

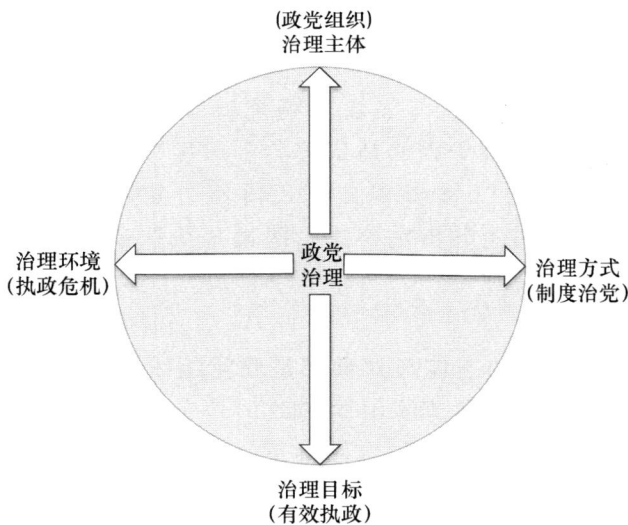

图 1 - 1　政党治理框架结构

一　政党治理的目标是通过内部治理争取和巩固执政权力

　　接近、获取和巩固权力是政党的生命，也是实现政党纲领与目标的前提。从广义上看，西方国家政党拥有影响公共政策的能力、在议会获得席位、争夺组阁权力，都可以看成接近公共权力。谢茨施耐德认为，政党是一个企图争取权力的组织；[1] 安东尼·唐斯则将政党看成是一个通过合法选举控制政府统治机构的团体；[2] 利昂·D. 爱泼斯坦认为，政党是任何一个团体，不管它是多么松散的组织，只要能够给予候选人在一个共同的标签之下从事竞选，追求政府职位，便是政党。[3] 比较政党研究显示，不论是竞争性体制下还是非竞争性体制下，获取执政权力都是政党的核心使命，而强化内部治理、促进力量整合又是获得执政的基本前提。在竞争性选举体制下，各政党为了在周期性的选举中赢得胜利，往往注重加强政党精英的遴选，扩大政党纲领的包容性，密切党与基层选民的互动。在非竞争性政党体制中，执政党则注重构建制度化的利益吸纳机制，包括构建统合主义的利益表达机制，如墨西哥革命制度党执政期间的职团组织；建立和巩固多族群的政治联盟，如马来西亚巫统就是以马来人为主体的政党，该政党通过吸收华族的马华公会、印度族的国大党以及民政党、进步党等其他 11 个党组成国民阵线（BN）这一政党联盟。巫统执政即是通过主导国民阵线、国民阵线执掌国家政权的方式加以实现。

二　政党治理的主体与对象都是政党组织自身

现代社会中的政党扮演不同的政治角色，包括选民中的政党（party-in-the-electorate），作为职业政治团体的政党（the professional political group），议会中的政党（party-in-the-legislature），以及政府中的政党（party-in-the-government）。[4] 在组织构成上，政党由精英、骨干和党员，以及将他们连接在一起的组织形态构成。在政党外围还有选民、支持者和政党积极分子；在政党内

---

① Elmer Eric Schattschneider, *Party Government*, Holt Rinehart and Winston Press, 1942, p. 35.

② Anthony Downs, *An Economic Theory of Democracy*, Harper Press, 1957, pp. 24 – 25.

③ Leon D. Epstein, *Political Parties in Western Democracies*, Transaction Books, 1980, p. 9.

④ Vladimir Orlando Key, *Politics*, *Parties*, *and Pressure Groups*, Crowell Press, 1964, p. 164.

部，由低到高则分布着党小组、支部、地区分部以及中央组织。①
政党治理的主体和对象都是政党组织及其内部构成。党纪维护是
政党治理的重要机制。在西方竞争性政党体制下，政党纪律的最
初含义是保证党员不违背本党的意志自行其是，或者避免政党精
英破坏本党形象有损政党利益。在自由竞争的选举压力下，各政
党的核心利益是在选举中获胜或者争得尽可能多的选民支持，从
而左右或影响公共政策的制定。因此，如何确保党内精英（本党
议员）贯彻落实党的意志，就成为党内纪律的重点内容。听从政党
领袖的指挥，确保本党提出的政策、纲领、方案在议会中顺利通过，
或者步调一致地反对政治对手的提案，都是党纪监督的重要内容。②

三　制度化是衡量政党治理能力的重要维度

在比较政党理论中，政党制度化特指一个政党获得内部党员
认同与外部社会支持的整体性过程。这一过程包含了四个维度，
即内部的组织体制化（structural systemness）与价值扩散性（value
infusion），也伴随着外部的政党自主性（party autonomy）和社会
渗透性（reification）。③从狭义上界定政党制度化，又可以简化为
组织体制化的过程，也就是政党组织内部运行的程序化和常态化
问题。现代政党治理的方式多种多样，可以使用刚性的法规和制
度，可以依赖超凡魅力的精英和领袖，也可以遵循道德教化或者
意识形态宣传。高度制度化的政党具有更强的组织稳定性，具有
更高的政治合法性，政党与民众联系更为频繁密切，普通党员对
政党纲领和意识形态的认同度也更高，具有更强的政治归属感。④
弱制度化的政党更容易出现党内纷争、精英分裂、思想分化、组

---

①　Maurice Duverger, *Political Parties: Their Organization and Activity in the Modern State*,
Methuen Press, 1954, pp. 90 – 116.

②　陈家喜:《西方一些发达国家党纪监督的做法及其启示》,《当代世界与社会主义》
2014 年第 1 期。

③　Matthias Basedau & Alexander Stroh, "Measuring Party Institutionalization in Developing
Countries: A New Research Instrument Applied to 28 African Political Parties", *German Institute
of Global and Area Studies Working Paper*, No. 6, 2008.

④　Vicky Randall & Lars Svåsand, "Party Institutionalization in New Democracies", *Party
Politics*, Vol. 8, No. 1, 2002, pp. 5 – 29.

织离散，党员被利益所诱才参与组织活动，此类政党也更容易被外部环境和国际干预所冲击。

四　政党需要提升适应性以应对外部的风险和挑战

任何政党都需要与外部环境进行资源和信息的交换，进行信息的输入和政策的输出。若是这一交换过程发生障碍和梗阻，政党既不能有效吸纳和消弭外部行动者的挑战，也无法化解内在的失序，则会造成执政危机。[①] 在竞争性选举体制下，选举环境和经济环境是两个最大的影响要素。那些不能适应外部环境变化的政党往往会出现党员流失、资源匮乏以及选举支持率下降等后果。比如 2011 年新加坡大选中人民行动党得票率创新低，一个重要的原因是越来越"傲慢、自恋、自傲、自满"，对于社会底层民众关心的物价飞涨、交通拥堵、申请组屋延迟等民生问题反应相对迟缓。[②] 在非竞争性条件下，执政风险的化解有赖于执政党自我感知和自我调适。比较显示，苏联、东欧共产党政权旁落很大程度上源于其丧失了应对危机的自我调适能力，它们无法适应自己发起的政治改革，如引入竞争性选举办法、开放政治参与渠道、允许自由言论、让党外群众参与党内事务等，进而降低了民众对执政党的支持，民众开始使用新获得的选举权利来惩罚执政党的候选人。而市场经济改革也进一步削弱了执政党控制资源的能力。[③]

第三节　全面从严治党与政党治理的新布局

中央关于全面从严治党的战略布局是对执政风险的有效回

①　Angelo Panebianco, *Political Parties: Organization and Power*, Cambridge University Press, 1988, p. 55.

②　黄卫平、陈家喜、陈文：《从新加坡大选看执政党建设的新理念》，《领导科学》2011 年第 22 期。

③　Stathis N. Kalyvas, "The Decay and Breakdown of Communist One-Party Systems", *Annual Review of Politics Science*, Vol. 2, No. 1, 1999, pp. 323 - 343.

应。面对长期执政条件下的风险和挑战，中国共产党开展了史无前例的整党治党行动，作为巩固执政地位的重要步骤。统计显示，从 1949 年 10 月到 2012 年 10 月的 63 年间，因涉嫌腐败犯罪或严重违纪违法落马的省部级以上高官为 145 名，平均每年2.3 名高官被查落马；从党的十八大召开至 2015 年 12 月，全国共有 133 名省部级以上官员落马，平均每年被查处官员 44.3名。① 党的十九大之后反腐力度不减，2018 年 1—9 月，全国纪检监察机关共接受信访举报 259.9 万件次，处置问题线索 117.6万件，谈话函询 24.2 万件次，立案 46.4 万件，处分 40.6 万人。处分省部级及以上干部 39 人，厅局级干部 2500 余人，县处级干部 1.7 万人，乡科级干部 6.1 万人，一般干部 7.5 万人，农村、企业等其他人员 25.1 万人。② 除了强力整治腐败，执政党还从作风建设、思想建设、制度建设等全方位推进政党重塑运动。全面从严治党作为"四个全面"战略布局的构成支柱，也上升至治国方略的政治高度，而抓好党建也成为各级党员领导干部的主体责任和"最大政绩"。

　　党的十八大以来展开的全面从严治党，可以看成是中国共产党全面布局政党治理的行动。中央关于全面从严治党的战略布局，集中体现在习近平总书记的相关论述当中。2014 年 10 月 8日，在党的群众路线教育实践活动总结大会上，习近平同志首次提出全面推进从严治党，并且在部署全面从严治党工作时又提出了八点要求；③ 2014 年 12 月，习近平总书记在江苏调研时强调指出："全面从严治党是推进党的建设新的伟大工程的必然要求……从严治党是全党的共同任务。"④ 2015 年 2 月 2 日，中央

---

　　① 《十八大以来反腐大事记：查处省部级以上官员 133 名》，网易新闻（http：//news.163.com/15/1120/16/B8SLDBHL00014AEE.html）。

　　② 《持续保持惩治腐败高压态势——党的十九大以来全面从严治党成果巡礼之一》，《人民日报》2019 年 1 月 7 日。

　　③ 习近平：《在党的群众路线教育实践活动总结大会上的讲话》，《人民日报》2014 年 10 月 9 日第 1 版。

　　④ 《主动把握和积极适应经济发展新常态　推动改革开放和现代化建设迈上新台阶》，《人民日报》2014 年 12 月 15 日第 1 版。

党校举办了省部级主要领导干部专题研讨班，习近平总书记首次把"四个全面"定位为战略布局，将全面从严治党与全面建成小康社会、全面深化改革、全面依法治国并列，形成完整的理论体系。① 至此，全面从严治党从整党治党行动，成为中央治国理政的新方略。党的十八大以来，加强党的建设、推进从严治党成为中国政治的新常态。

从政党治理的视角认识全面从严治党的战略布局可以发现，当前执政党面临严峻的执政风险与危机，从严治党成为新的环境下巩固执政权力的必然选择。

一　回应危机与确立党建政绩观

与竞争性政党体制相比，一党执政背景下的中国共产党对危机的认识更多地来自自我感知，而非反对党的竞争。革命时期，中国共产党长期处于残酷的革命军事斗争之中，生死存亡往往悬于一线，危机与风险意识自不待言。早在新中国成立前夕，毛泽东就深刻地警醒全党："夺取全国胜利，这只是万里长征走完了第一步……革命以后的路程更长，工作更伟大，更艰苦……务必使同志们继续地保持谦虚、谨慎、不骄、不躁的作风，务必使同志们继续地保持艰苦奋斗的作风。"② 改革开放时期，普通党员的执政危机意识一定程度上出现下降，执政风险也随之产生。党的十六届四中全会明确提出，"党的执政地位不是与生俱来的，也不是一劳永逸的。我们必须居安思危，增强忧患意识……始终为人民执好政、掌好权"。2011 年，胡锦涛同志提出执政党面临"执政考验、改革开放考验、市场经济考验、外部环境考验……精神懈怠的危险，能力不足的危险，脱离群众的危险，消极腐败的危险"。这四大考验和四种危险是对新时期执政党危机意识的全面总结。中国共产党也保持强烈的执政危机意识，集中体现在对于四大考验和四种危险的认识和总结上，即"执政考验、改革开放

---

① 《领导干部要做尊法学法守法用法的模范　带动全党全国共同全面推进依法治国》，《人民日报》2015 年 2 月 3 日第 1 版。
② 《毛泽东选集》第 4 卷，人民出版社 1991 年版，第 1438—1439 页。

考验、市场经济考验、外部环境考验……精神懈怠的危险，能力不足的危险，脱离群众的危险，消极腐败的危险"①。

刘昀献概括了当前党面临的十大执政风险，包括：动摇党的基本路线，淡化党的意识形态，党内民主不健全、权力过分集中，精神懈怠、意志衰退，故步自封、能力不足，背离党的宗旨、官僚主义盛行，忽视社会公正、动摇执政基础，等等。② 其中，考验主要来自外部，而危险来自执政党自身。郑永年指出执政党可能面临的十大"颠覆性错误"，包括：意识形态的回归，党权和政府权力的严重失衡，党内民主制度得不到确立，不同利益难以调和，反腐败始终处于运动过程中，改革方案不能有效实施或者流产，整体官僚体制的不作为甚至消极抵制，寡头经济转型成为寡头政治，社会改革失败、少数人垄断发展成果，社会大动乱或者发生"廉价革命"。③

美国乔治·华盛顿大学沈大伟指出，尽管党内腐败、"关系"文化、地方党委阳奉阴违、意识形态影响力的下降等看起来对中国共产党造成巨大挑战，但中国政治改革具有渐进性的特征，执政党自身会进行自我收缩和调适，从而克服危机。④ 同为乔治·华盛顿大学的布鲁斯·迪克森也使用政党适应性来表述中国共产党应对危机的能力。他指出，伴随着中国经济不断发展和社会繁荣，中产阶级日益壮大，乡镇都市化以及加快融入国际社会，这些变化势必对党的执政地位形成挑战。但事实证明，中国共产党有效地进行了"调适"的努力，从而化解了由于改革所带来的执政挑战。⑤

党建政绩观的确立与党建责任制的推行，可以视为执政党回应执政危机的具体行动。只有居安思危、勇于进取，党才能始终

① 胡锦涛：《在庆祝中国共产党成立90周年大会上的讲话》，《求是》2011年第13期。

② 刘昀献：《中国共产党在当代面临的十大执政风险》，《中国浦东干部学院学报》2012年第2期。

③ 郑永年：《中国十大可能的"颠覆性错误"》，《领导文萃》2015年8月23日。

④ David Shambaugh, *China's Communist Party: Atrophy and Adaptation*, Berkeley, CA: University of California Press, 2008.

⑤ Bruce J. Dickson, "Integrating Wealth and Power in China: The Communist Party's Embrace of the Private Sector", *The China Quarterly*, Vol. 192, 2007, pp. 827 – 854.

走在时代前列。党的十八大以来，中央从巩固执政地位的角度强调从严治党的重要意义，更聚焦于通过内部治理强化外部执政。"如果管党不力、治党不严，人民群众反映强烈的党内突出问题得不到解决，那我们党迟早会失去执政资格，不可避免被历史淘汰。"① 习近平同志在党的十九大报告中更深刻地指出，党面临的"四大考验"的长期性和复杂性，"四种危险"的尖锐性和严峻性，要推动全面从严治党向纵深发展。在 2014 年 10 月召开的党的群众路线教育实践活动总结大会上，习近平同志更为明确地提出了"党建政绩观"，要求各级领导干部把党建工作作为最大的政绩加以重视和落实，"坚持从巩固党的执政地位的大局看问题，把抓好党建作为最大的政绩。如果我们党弱了、散了、垮了，其他政绩又有什么意义呢？"② 随后，党建责任制成为落实党建责任的具体行动，中央把从严治党作为全党上下的统一行动，从中央到地方，从上级到下级，党建工作要求和中心工作一起谋划、一起部署、一起考核，防止出现"一手硬、一手软"的局面。一些地方政府如江苏、安徽、广东、湖北纷纷出台贯彻落实全面从严治党要求的实施意见。通过自上而下的强力动员，党建工作的责任下沉，监督考核体制的跟进，自下而上的负责回应，形成了覆盖全党上下从严治党的高压态势。

二　作风建设与提升政党回应性

巩固执政基础、强化执政能力，是政党治理的重要使命。而通过改善党员领导干部的工作作风，密切党群关系干群关系，提升对社会变化的回应能力，是巩固执政基础的基本手段。郁建兴和李琳认为，群众路线的本质就是民主政治路线。群众路线不仅仅是一种工作方法，更是一条民主政治路线，它要求我们将政府治理与人民群众的权利及需求紧密联系起来，即实现民主治理民

---

① 习近平：《在全国组织工作会议上的讲话》（2013 年 6 月 28 日），载《十八大以来重要文献选编》（上），中央文献出版社 2014 年版，第 349—350 页。

② 习近平：《在党的群众路线教育实践活动总结大会上的讲话》，《人民日报》2014 年 10 月 9 日第 1 版。

主目的性价值。① 刘红凛也提出了类似的看法。他指出，群众路线作为党的生命线，既是党和国家的根本政治路线与组织路线，也是基本工作原则与工作方式，还是一条民主路线。充分认识群众路线的民主价值，变传统的"群众路线"话语体系为"民主路线"话语体系，将群众路线全面贯彻到治国理政、民主政治的各个环节。②

与革命时期"鱼水式"的党群关系相比，长期执政条件背景下基层党组织科层化日趋明显，政党和群众的相互依赖性减弱，党员干部密切联系群众的主动性下降；甚至一些党员干部开始滋生官僚主义、形式主义，出现脱离群众、侵害群众利益等的现象，党群关系日趋呈现复杂化、疏离化甚至冲突化的局面。党的作风建设的突出问题集中体现在脱离群众，"任其发展下去，就会像一堵无形的墙把我们党和人民群众隔开，我们党就会失去根基、失去血脉、失去力量"③。

党的十八大以来，中央推进作风建设，出台了八项规定，提出了反对"四风"、"三严三实"、"五个坚持"等一系列重要部署，严肃党员干部日常行为规范。党的十八大后，党中央制定了《中共中央政治局关于改进工作作风、密切联系群众的八项规定》；2013 年，中央又出台了《中共中央关于在全党深入开展党的群众路线教育实践活动的意见》；2015 年 4 月，中央又印发《关于在县处级以上领导干部中开展"三严三实"专题教育方案》，在县处级以上领导干部当中开展"三严三实"专题教育，按照"严以修身、严以用权、严以律己、谋事要实、创业要实、做人要实"，解决作风建设中的突出问题。

党的十八大以来，中央部门也相应出台了多部约束党政机关工作人员各项行为的制度规定。根据中央纪委公布的数据，从中

---

① 郁建兴、李琳：《论群众路线与民主治理的一致性》，《中国高等教育》2014 年第 Z3 期。

② 刘红凛：《党群关系的态势变化与时代要求》，《江西师范大学学报》2015 年第 5 期。

③ 《更加科学有效地防治腐败　坚定不移把反腐倡廉建设引向深入》，《人民日报》2013 年 1 月 23 日。

央"八项规定"开始实施至 2015 年 12 月底,全国累计查处违反"八项规定"精神的问题 114517 件,处理 151676 人,给予党纪政纪处分 65304 人。① 这一力度并不随着时间推移而减弱,2016 年全国查处违反"八项规定"精神的问题为 40827 件,处理 57727 人,给予党纪政纪处分 42466 人;2017 年的对应数据为 51008 件、71644 人和 50069 人;2018 年为 65033 件、92215 人和 65558 人(见表 1-1)。② 执政党将作风建设视为全面从严治党的重要构成部分,作风建设也从党员干部的个体行为规范上升到巩固执政基础、强化政党回应性的政治高度。

表 1-1　　党的十八大以来至 2018 年底以来"八项规定"执行及处理情况

类别	"八项规定"实施至 2013 年底	2014 年	2015 年	2016 年	2017 年	2018 年	总计
查处问题数	24521	53085	36911	40827	51008	65033	271385
处理人数	30420	71748	49508	57727	71644	92215	373262
给予党纪政纪处分人数	7692	23646	33966	42466	50069	65558	223397
总计	62633	148479	120385	141020	172721	222806	

资料来源:根据相关新闻报道自制。

三　治理腐败与推进执政党建设制度化

党的十八大以来,中央一方面以"猛药去疴、重典治乱"的决心强力整治腐败,有腐必反,有案必查。2013 年 11 月至 2015 年 11 月,全国先后查处 133 名副省级和军级以上官员,其中党的十八

---

① 《2015 年 12 月全国查处违反中央八项规定精神问题 4785 件》,《中国纪检监察报》2016 年 1 月 13 日;《全国查处违反中央八项规定精神问题汇总表》,《中国纪检监察报》2015 年 1 月 5 日。

② 《数说·落实中央八项规定精神六周年》,中纪委国家监委网站(http://www.ccdi.gov.cn/toutiao/201812/t20181203_184437.html);《2018 年 12 月全国查处违反中央八项规定精神问题 9350 起》,中纪委国家监委网站(http://www.ccdi.gov.cn/toutiao/201901/t20190116_187197.html)。

大至 2013 年底查处省部级官员 20 名，2014 年查处 39 名，2015 年查处 29 名；党的十八大后被宣布查处的军级以上军官为 45 名。① 2016 年 1 月至 11 月，全国纪检监察机关共立案 36 万件，处分 33.7 万人，其中中管干部 29 人；② 2017 年，39 名省部级以上高官落马，近 20 名中管干部被中央纪委立案审查，"百名红通人员"已到案 51 人；③ 2018 年，23 名中管干部"落马"，审判 19 名省部级及以上高官，"百名红通人员"已归案 56 人。④ 执政党通过大力惩处腐败，对腐败零容忍，保持组织肌体的净化和干部队伍的纯洁性。

另一方面，如何让执政党的制度成为管党、治吏、用权的最高准则，避免出现制度被随意更改、被空置虚化、随领导人的意志转移而转移的情况，是执政党推进制度化的关键环节。在强力反腐的同时，中央分步骤构建反腐败的制度体系。一是以落实中央八项规定精神、整治"四风"、规范"三公"消费等为重点，出台一系列的禁令和规定，如《改进工作作风密切联系群众八项规定》《建立健全惩治和预防腐败体系 2013—2017 年工作规划》《党政机关厉行节约反对浪费条例》《党政机关国内公务接待管理规定》等，有效规范了领导干部的从政行为，大大压缩了官员的特权利益，净化了官场生态。二是中央审议通过的《党的纪律检查体制改革实施方案》，修订《关于新形势下党内政治生活的若干准则》《中国共产党廉洁自律准则》《中国共产党纪律处分条例》《中国共产党巡视工作条例》，印发《中央巡视工作规划（2018—2022 年）》《中央纪委国家监委派驻机构改革方案》《关于深化中央纪委国家监委派驻机构改革的意见》《中国共产党纪律检查机关监督执纪工作规则》等，推进反腐改革措施的具体化、制度化、程序化，更是体现了强力治

---

① 《2015 年 12 月全国查处违反中央八项规定精神问题 4785 件》，《中国纪检监察报》2016 年 1 月 13 日；《全国查处违反中央八项规定精神问题汇总表》，《中国纪检监察报》2015 年 1 月 5 日。

② 师长青：《在坚持和深化中砥砺前行——2016 年全面从严治党、深入正风反腐综述》，《中国纪检监察》2017 年第 1 期。

③ 姜洪：《2017 反腐成绩单释放强烈信号：力度不减　节奏不变》，《检察日报》2017 年 12 月 26 日。

④ 《2018 年反腐成绩单：呈现六大"新气象"　创造多个"之最"》，正义网（http://news.jcrb.com/jxsw/201812/t20181230_1948197.html）。

标下的有力治本。在北京、山西、浙江三省市前期试点基础之上，2017 年国家监察体制改革试点在全国各地推行。三是《中共中央关于全面推进依法治国若干重大问题的决定》，提出"加快推进反腐败国家立法""完善惩治贪污贿赂犯罪法律制度"，被视为制度反腐的治本之策。此外，党的十八大之后，执政党进一步健全了防止利益冲突、领导干部报告个人有关事项、任职回避等法律法规，实施新提任领导干部有关事项公开制度；同时进一步加强民主监督、法律监督、舆论监督等，从多维度构建反腐败的制度框架。

四　强化认同与扩大思想渗透力

加强思想意识领域的改革，增强价值渗透和政党认同，是提升执政有效性的基础性工作。价值的渗透性体现为党的纲领、口号、政策得到党员和民众的广泛认同，这一认同并非建立在个体利益或者功能目标基础上，而是内在的心理认同。价值渗透性也是衡量一个政党执政合法性的重要指标。价值渗透性强的政党也往往是一个合法性高的政党，同时也是执政成本较低的政党。改革以来，执政环境的变化对执政党提出了新的考验，也带来了新的危险，其中表现在思想意识领域便是精神懈怠的危险，并可能引发一系列连锁反应，如思想僵化、理论停滞、道德滑坡、意识形态坍塌、奋斗精神泯灭等，最终可能导致执政党丧失先进性、群众基础和社会基础，进而失去执政地位。①

中国共产党对于思想建党的强调，源于马克思主义政党的鲜明属性，即它不仅要求要有铁一般的纪律保持党组织的团结统一，还要求有鲜明的意识形态纲领统一党员干部思想，武装普通党员群众。马克思曾经指出："哲学把无产阶级当作自己的物质武器，同样，无产阶级也把哲学当作自己的精神武器。"② 更具体地说，思想建党在内涵上分为两个层面：一是不断进行思想理论的生成和创造，将马克思主义经典作家的思想与中国特色社会主义的实践有机结合，不断形成富有国情特色的中国特色社会主义思想的理论成

---

① 廖言：《高度警惕精神懈怠的危险》，《光明日报》2011 年 10 月 2 日。
② 《马克思恩格斯全集》第 3 卷，人民出版社 2002 年版，第 214 页。

果，用以指导实践。二是不断进行思想理论的宣传和灌输，将中国特色社会主义思想通过理论学习、政治宣传、主题教育、专题教育、学习教育、"三会一课"……各种形式，传递到每一位领导干部和普通党员当中，形成思想观念上的统一共识。因此，思想建党既包括思想理论的生产和创造，也包括思想理论的传播和灌输，这是马克思主义政党的基本属性所要求的。思想建党的最终目标不仅是提升党员干部的马克思主义理论素养，更是为了增强党员的归属感和群众的认同感。"批判的武器当然不能代替武器的批判，物质力量只能用物质力量来摧毁……理论只要说服人〔ad hominem〕，就能掌握群众；而理论只要彻底，就能说服人〔ad hominem〕。"①

　　党的十八大以来，中央进一步加强了思想建党的进程，在党员干部当中深入开展学习习近平总书记系列重要讲话精神的活动，加深对习近平总书记系列重要讲话科学内涵、精神实质的认识和理解；深入开展理想信念教育，把理想信念教育作为党校、行政学院和干部学院教学培训的重要内容，纳入干部学习培训的必修课程。②同时，中国共产党先后开展了四次主题教育活动：一是 2013 年开展"党的群众路线实践教育活动"，与八项规定和"四风"整治配套开展，先从中央开始，以上率下，以县处级以上领导机关、领导班子和领导干部为重点，聚焦党员干部作风建设和反腐败领域。二是 2014 年开展的"三严三实"专题教育，作为群众路线实践教育活动的延伸，聚焦党员干部自身修养方面。三是 2016 年开展的"两学一做"学习教育，实现从"关键少数"向广大党员拓展，从集中性教育向经常性教育延伸，围绕做合格共产党员而开展的学习教育活动。四是 2019 年开展的"不忘初心、牢记使命"主题教育，主要对象是县处级以上领导干部，用习近平新时代中国特色社会主义思想和党的十九大精神武装头脑、指导实践、推动工作。这四次主题教育活动都可以看成是新时代中国共产党推进思想建党的重要步骤，是坚定全党理想信念，统一党员认识观念，推进思想指导实

---

　　①　《马克思恩格斯选集》第 1 卷，人民出版社 1995 年版，第 9 页。
　　②　《十八大以来全面从严治党的主要措施及成效》，《中国青年报》2015 年 10 月 14 日。

践的具体行动。① 当然，它们相互之间也有着一定的区分，比如在对象上分为领导干部和全体党员，在学习形式上分为实践教育、作风建设、专题学习和主题教育，等等。

第四节　深化政党治理面临的新任务

党的十八大以来，习近平同志多次强调全面从严治党是"一个永恒课题""一贯要求和根本方针""永远在路上""必须持之以恒、毫不动摇""决心不能动摇、要求不能降低、力度不能减弱"。党的十九大期间，习近平同志更是用"三个不能有"告诫全党："在全面从严治党这个问题上，我们不能有差不多了，该松口气、歇歇脚的想法，不能有打好一仗就一劳永逸的想法，不能有初见成效就见好就收的想法。"党的十九大报告强调："坚持党要管党、全面从严治党……把党建设成为始终走在时代前列、人民衷心拥护、勇于自我革命、经得起各种风浪考验、朝气蓬勃的马克思主义执政党。"2019 年 6 月底，习近平同志在"不忘初心、牢记使命"主题教育工作会议上再次强调，"全面从严治党永远在路上"。我们党面临的"四大考验"是长期的、复杂的，面临的"四种危险"是尖锐的、严峻的，党内存在的思想不纯、政治不纯、组织不纯、作风不纯等突出问题尚未得到根本解决。

不难看出，全面从严治党是中国共产党进行自我革命、回应危险挑战的重要行动。当前全面从严治党取得了阶段性成效，同时也进入纵深推进阶段，面临新的问题和新的风险挑战，仍然存在政策上的深化和理论上的困惑，包括全面从严治党的内在维度及其逻辑关联，全面从严治党的实施步骤与路径选择，思想建党与制度治党的逻辑关系，全面从严治党的目标指向与推进路径，全面从严治党与其余三个全面的关系，等等。其中有待解答的三个关键性问题如下。

---

① 陈家喜：《从思想建党的维度认识"不忘初心、牢记使命"》，《特区实践与理论》2019 年第 4 期。

一　将单项推进的整党治党措施上升到一体化的治理体系，形成政党治理的整体合力

党的十八大以来，中央实施了一系列整党治党的举措，包括：从转变作风入手，集中解决形式主义、官僚主义、享乐主义和奢靡之风"四风"问题，落实改进工作作风、密切联系群众的八项规定，开展八项规定和"四风"整治的集中行动；注重思想建党，开展习近平总书记系列重要讲话精神的学习培训、加强理想信念教育和党性党风党纪教育，开展群众路线教育实践、"三严三实"的专题教育活动、"两学一做"学习教育以及"不忘初心、牢记使命"主题教育；改革干部选拔制度，破除唯票、唯分、唯 GDP、唯年龄倾向，确立"政治忠诚、做人干净、敢于担当"标准；强力推进反腐，把纪律和规矩挺在前面，查处严重违纪违法案件，构建不敢腐、不能腐、不想腐的机制，并初步实现反腐败压倒性胜利的格局。

习近平同志在十八届中央纪委七次全会上强调，全面从严治党取得显著成效，但仍然任重道远，要"不断增强全面从严治党的系统性、创造性、实效性"①。可以看出，从党的十八大至今，全面从严治党取得阶段性成果并进入纵深阶段：全面从严治党的意识和责任体系已经确立，全面从严治党的格局已经构建，反腐败取得压倒性胜利，等等。推动全面从严治党不断向纵深发展，不仅需要党的建设单项推进，更需要顶层设计与科学谋划，需要解决的问题是如何从顶层设计和宏观布局的角度，强化上述行动之间的有效协同和体系推进，进而形成政党治理的整体合力。

二　将运动式的整党行动转化为制度化的治党规范，实现执政党治理的常态运行

党的十八大以来，中央在对执政风险深刻认识的基础上，将从严治党作为提升政党治理能力的重要战略，采取运动式的推进方

---

① 《习近平在十八届中央纪委七次全会上发表重要讲话强调　全面贯彻落实党的十八届六中全会精神　增强全面从严治党系统性创造性实效性》，《中国纪检监察》2017年第 2 期。

式，自上而下推进改革的顶层设计、反腐败运动、干部作风建设、净化意识形态作风，体现出高度的自主性。同时，执政党也不断强化制度治党建设的步伐，党的十八大以来中央共制定修订 140 多部法规，约占 220 多部现行有效中央党内法规的 60%；此外中央部委和地方党委也加强党内法规建设，现行有效部委党内法规约 240 部，现行有效地方党内法规约 3700 部，党内法规制度建设实现了上下贯通、一体推进。① 2018 年中央印发《中央党内法规制定工作第二个五年规划（2018—2022 年）》，提出坚持依法治国和依规治党有机统一，坚持思想建党和制度治党同向发力，以改革创新精神加快补齐党内法规制度短板，为 5 年党内法规制度建设提供了任务书、时间表和路线图。2019 年中央印发《关于加强党内法规制度建设的意见》提出，到建党 100 周年时，形成比较完善的党内法规制度体系、高效的党内法规制度实施体系、有力的党内法规制度建设保障体系，党依据党内法规管党治党的能力和水平显著提高。

习近平同志在十八届中央纪委三次全会上指出，要切实执行组织纪律，不能搞特殊、有例外，各级党组织要敢抓敢管，使纪律真正成为带电的高压线；要有纪必执，有违必查，不能把纪律作为一个软约束或是束之高阁的一纸空文。② 制度化不是"党的制度建设"的简单重复，也不单纯是党内制度的增减修补，而是将制度贯穿于政党治理的全过程，涉及制度体系的优化、制度贯彻执行以及制度文化建构等一系列问题。由于制度对于行动者的行为和预期具有形塑作用，制度化不仅要重视正式制度的设计，更需要关注制度的执行情况和制度的持续性。③ 高度制度化政党的共同特征体现为制度体系的严密性和衔接性、制度执行的严肃性和公正性，以及制度文化的至上性和普遍性。推进政党治理的制度化转向，需要把党政一把手的权力监督作为重点，实现干部作风建设的常态化以及政党认

---

① 宋功德：《全方位推进党内法规制度体系建设》，《人民日报》2018 年 9 月 27 日第 7 版。

② 《强化反腐败体制机制创新和制度保障　深入推进党风廉政建设和反腐败斗争》，《人民日报》2014 年 1 月 15 日第 1 版。

③ Steven Levitsky & Maria Victoria Murillo, " Variation in Institutional Strength", *Annual Review of Political Science*, Vol. 12, No. 2, 2009, pp. 115 – 133.

同的程序化。从目前来看，执政党推进制度化过程尚未完成，制度执行的刚性原则和制度遵从的社会氛围尚未完全形成。

三　将党内的自我净化转化为党与社会的有效互动，增强政党对社会的回应性和有效执政能力

从当前来看，全面从严治党体现为强烈的"内向性"特征，突出执政党在推进治党上的主体支配地位；在党内进行自上而下的党建责任分解和考核评价，"一级抓一级，层层抓落实"；把惩处党员干部的违纪违法违规作为重点，强化理想信念和意识形态安全，等等。然而，由此引发的问题是如何通过整党治党行为有效回应外部环境的挑战。比如思想建党如何有效吸纳不断分化和多元化的社会思潮，作风建设如何强化党员干部对人民群众利益的关切，反腐败运动如何提升人民群众对民主执政和依法执政的期盼，等等。关键问题是如何处理党内治理自主性和党外回应性的关系。

习近平同志在"不忘初心、牢记使命"主题教育工作会议上讲话时指出："守初心，就是要牢记全心全意为人民服务的根本宗旨，以坚定的理想信念坚守初心，牢记人民对美好生活的向往就是我们的奋斗目标，时刻不忘我们党来自人民、根植人民，永远不能脱离群众、轻视群众、漠视群众疾苦。"① 中国共产党推进全面从严治党的战略布局，首先需要解决的是党自身的疾患问题，通过各项从严治党的举措和行动实现自我净化、自我完善、自我提升和自我超越。然而，客观地看，党内从严治理不能与党和社会的互动割裂开来。如何将从严治党行动与增强党对执政环境的回应性结合起来，将党的组织、干部、作风、反腐和思想建设，转化为提升党的价值扩散、组织整合、社会渗透、外部适应等方面的执政能力，是推进全面从严治党行动有待解答的关键问题。

全面从严治党是中国共产党在新时期进行自我改造、自我净化和自我革新的重大布局，它对于促进全党思想凝聚、清除党内腐败、严明纪律规矩、巩固中央权威发挥了积极作用。全面从严治党

---

① 习近平：《在"不忘初心、牢记使命"主题教育工作会议上的讲话》，《求是》2019年第13期。

的展开也再次表明，执政党在面对外部危机和挑战时首选进行内部治理，把治党作为治国的前提，"打铁还需自身硬"。在推进全面从严治党的过程之中，执政党确立党建政绩观和党建责任制，从作风建设、思想建设和惩治腐败等方面推进具体工作的落实。然而，从政党治理的分析框架来看，执政党在提升政党制度化和政党适应性方面还有待进一步加强，具体而言就是如何将运动式的整党方式转换为制度化的治党规范，推进政党治理的常态化运转；如何将党内的自我净化转化为党与社会的有效互动；如何实现治党与治国的协同推进。

第二章

自主性与制度化：政党治理
改革的新议程

在执政党全面推进从严治党的过程中，强化自主性和加强制度化是两个重要的战略部署。从"打虎拍蝇"的反腐败运动，到整治作风的群众路线教育运动，再到强化思想建党的"三严三实"，执政党从廉政、组织、作风、思想等多层面强化整党治党的力度，体现出较强的自主性。与此同时，执政党也强调制度化对于全面从严治党的重要意义，要求全方位扎紧制度笼子，用制度治党、管权、治吏，坚决维护制度的严肃性和权威性。如何加强这两个战略间的动态平衡和协同推进，是执政党治理改革的重要任务。

党的十八大以来，执政党治理进入了一个"全面从严"的阶段。从"打虎拍蝇"到"猎狐套狼"，从"八项规定"到"四风"整治，从反腐风暴到作风建设，执政党从廉政、作风、组织和思想等全方位从严推进党的建设，抓好党建成为"最大的政绩"。上述行动体现了中央对于清除党内痼疾的坚定决心，也体现了中央决策层的高度自主性，通过自上而下的组织动员全面推进执政党改革。与此同时，执政党也强调制度化在全面从严治党中的重要作用，推进党的建设制度改革，实现思想建党和制度治党的结合，维护制度的严肃性和权威性，把权力关进制度的笼子，用制度治党、管权、治吏。因此，提升自主性和加强制度化可以看成执政党全面从严治党的两大战略，如何加强这两个战略间的动态平衡和协同推进，是执政党治理改革的重要任务。

第一节　理解政党自主性与政党制度化

探讨政党与制度的关系存在词义逻辑冲突的风险，源于政党所具有的组织特性，以及政党体制本身所体现的制度属性，换言之，探讨"制度"的制度存在一定的逻辑悖论。然而，以政党与制度关系为核心的制度化理论，确是比较政党研究当中独树一帜的理论脉络。它在吸收制度主义的理论资源基础上建构框架体系与分析维度，侧重从宏观上解构不同国家的政党特征。这一理论体系为比较政党研究提供了重要的解释框架，特别是引入新制度主义的制度概念，超越了单纯的文本规范、组织制度与结构框架，进而关注到价值与态度、制度与环境的互动、制度主体与制度变迁等问题。然而，这一理论脉络内部却充满不同的主张和分歧，不仅体现为政党制度化与政党体制制度化的区分度不够，也体现为政党制度化的具体维度和指标体系上的显著分歧，几乎每一个研究者都提出自己一套逻辑自洽的理论主张。甚至，还有研究者秉持西方中心主义的固见，将制度化程度的高低作为界分发达国家与发展中国家政党体制差异的关键指标。

一　制度与政党制度化

一般来说，对于制度的界定可以区分为狭义和广义两个层面。狭义上看，制度是结构、规则和标准操作程序的集合，创造了秩序和可预测性。经济学家诺斯更为简洁明了地提出，"制度是游戏规则，组织是其中的玩家"①。制度通过确保某些事情被认为是既定的，从而简化了政治生活。当政治行为者在适当行动的逻辑范围内

---

① Douglas C. North, *Institutions, Institutional Change and Economic Performance*, Cambridge: Cambridge University Press, 1990, p. 12.

行事时，他们就塑造、支持和约束政治行为者。① 广义上看待制度，则会允许在制度概念下包含特定组织，但组织不一定是制度，随着时间的推移组织可能会制度化，制度也可以具有组织方面的特征并在组织背景下发展。更具体地说，政党是组织，但它们可能不会发展成为制度。②

尽管制度化的概念被广泛应用于政党研究文献当中，但通常很难界定或者模糊不清。制度经济学认为，制度化既是一个过程也是一个属性变量；既指随着时间而发生的过程，又指已达到某种状态的一套社会安排。制度化的实现机制有三个：增加收益、增加认同、不断强化。③ 比较政治学者列维斯基提出，政治组织文献中的制度有着各种定义，包括正式规则到信仰、神话、知识和文化等多重内涵；制度化又与官僚化、组织和选举稳定性、理性化、价值输入、社会互动的模式化等多种现象有关。④ 一般认为，政党制度化概念的创始人当属塞缪尔·亨廷顿。他将其理解为"组织和程序获得价值和稳定性的过程"，并确定了制度化的四个维度：适应性、复杂性、自主性和一体性。适应性可以从政党生命力推断而来，包括第一代领导者生存的能力；组织复杂性由子单元的数量来衡量；自主性是指与其他社会团体和行为方式的区别程度；一体性是指组织内部在其职能边界上的共识程度以及解决在这些边界内争议的程序化水平。⑤ 虽然理论上自主性和一体性是独立的特征，但在实践中它们往往是相互依存的。

美国学者潘尼比艾科充分借鉴了亨廷顿的观点，并特别关注民

---

① James G. March & Johan P. Olsen, "Elaborating the 'New Institutionalism'", in Roderick A. W. Rhodes, Sarah A. Binder, and Bert A. Rockman (eds.), *The Oxford Handbook of Political Institutions*, Oxford: Oxford University Press, 2006, pp. 3 – 20.

② Vicky Randall, *Party Institutionalization and Its Implications for Democracy*, Paper for Session on Political Parties and Democratization at the IPSA Congress, July, 1999, pp. 9 – 13.

③ Scott W. Richard, *Institutions and Organizations Ideas and Interests*, CA: Sage, Thousand Oaks, 1995, pp. 144 – 149.

④ Steven Levitsky, "Institutionalization and Peronism: The Concept, the Case and the Case for Unpacking the Concept", *Party Politics*, Vol. 4, No. 4, 1998, pp. 77 – 92.

⑤ ［美］塞缪尔·P. 亨廷顿：《变化社会中的政治秩序》，王冠华、刘为等译，上海人民出版社 2013 年版，第 10—19 页。

主体制下的政党制度化。他将制度化与组织固化紧密联系在一起，制度化就是政党组织慢慢失去其作为工具特征的过程：它本身变得有价值，其目标与组织紧密融合，无法区分。通过这种方式，政党的存续本身成为其支持者的"目标"。[①] 为了实现这一目标，政党需要制定一系列内部激励措施，包括实行选择性激励以吸纳那些对领导职位感兴趣的人，实行集体激励以培养更多对党有忠诚感的人。他区分了制度化程度的两个主要衡量标准：自主性和内部"系统性"，或者说党内不同部门间的相互依赖性。这一标准与亨廷顿的观点多有重叠，但潘尼比艾科排除了适应性，可能认为适应性会与高度的制度化相抵牾。

　　制度及制度化在比较政党研究当中具有十分重要的价值。政党制度化理论带有强烈的新制度主义色彩，它将制度主义的理论与方法更直接地应用于政党研究，并且形成了较为丰富的理论脉络和知识框架。这一理论对于政党政治的宏观研究特别是国别比较，具有十分重要的意义。它超越了萨托利式的理论框架，即政党数量和意识形态的标准，把适应性、复杂性、一体性、价值输入等加入分析维度。不可否认的是，这一理论脉络也存在严重的内部分歧，在具体的分析维度和内涵界定上飘忽不定，理论上的共识难以达成。比如，亨廷顿因其制度化四维模型中的因果关系就被广为批评，因为该模型存在同义反复以及内在张力。正如莫尼诺的观察所发现的，"一种同时显示最大适应性和复杂性的制度化形式，最大的连贯性和自主性似乎几乎是不可能的"。[②] 并且，政党制度化与政党体制制度化也存在界定不清的情况，在分析维度、概念运用以及理论建构方面存在混淆和模糊地带。而仅从字面理解就可以发现，分析一个国家政党体制的制度化程度与分析一个政党的制度化程度，显然有着泾渭分明的区别，它们之间不仅仅体现为多与一的关系，还体现为多个政党如何处理相互之间的关系问题。

---

　　① Angelo Panebianco, *Political Parties*: *Organization and Power*, Cambridge：Cambridge University Press, 1988, pp. 49 – 53.

　　② Leonardo Morlino, *Democracy Between Consolidation and Crisis*: *Parties, Groups and Citizens in Southern Europe*, Oxford：Oxford University Press, 1998, p. 23.

二　政党自主性与政党制度化

在政党制度化的理论脉络中，政党组织的体制化和外部的自主性是两个重要的分析维度。政党制度化的过程首先是政党获得组织规范化和运行程序化的过程，是党内精英和普通党员对于党内规则、制度、程序、规范的普遍认同，也就是体制化的过程。亨廷顿认为，政党制度化就是组织和程序获得价值和稳定性的过程，能够得到党内成员普遍认可的过程。[①] 兰德和萨维德也认为，政党制度化是政党根据行为、概念和文化的整合模式的建立过程。这一过程伴随着体制化的过程，即提高各政党互动的规模、频率和规律性的过程。[②] 列维斯基引述泽里尼克的观点，认为制度的本源意义是为日常生活提供结构进而减少不确定性。社会制度类似于竞争性团体运动中的游戏规则，因为它们通过规则和非正式代码的组合来规范行为。在列维斯基看来，制度化是一个过程，行动者的期望在这些规则和实践中得到固化。制度化需要行为的固化或常规化，当规则、程序、角色或其他行为模式制度化时，它们会被重复并被视为理所当然，并且围绕它们形成稳定的期望。制度化的规则和行为模式被个体行动者视为永久性结构。这种行为和期望模式的正规化被认为对于市场、政党制度和民主国家等制度的有效运作至关重要。[③] 列维斯基提出，制度化的内涵之一是行为的稳定性和程序化，政党的规则、程序、角色和其他行为规范被制度化之后，它们就会重复出现并被视为理所当然，进而被个体行动者视为恒定的结构。[④] 综上不难看出，政党制度化的基本含义是政党组织程序上保持稳定性，而不再是一个相对松散的利益集团，或者类似于暂时性的政治

---

① Samuel P. Huntington, *Political Order in Changing Societies*, New Haven: Yale University Press, 1968, p. 12.

② Vicky Randall & Lars Svåsand, "Party Institutionalization in New Democracies", *Party Politics*, Vol. 8, No. 1, 2002, pp. 5 – 29.

③ Philip Selznick, *Leadership in Administration: A Sociological Interpretation*, New York: Harper & Row, 1957, pp. 17 – 21.

④ Steven Levitsky, "Institutionalization and Peronism: The Concept, the Case and the Case for Unpacking the Concept", *Party Politics*, Vol. 4, No. 1, 1998, pp. 77 – 92.

运动组织。因此政党制度化还被看作衡量一个政党能力大小、先进与落后的重要标志。

　　广义的制度化还包括政党面对外部环境变化的自主性和调适性。亨廷顿将自主性理解为政党与其他社会组织和行为模式的区分程度。① 潘尼比艾科认为，自主性是相对于政党所处的外部环境而言的，由于政党需要与外部环境进行物质和人力资源的交换，因而也需要给予外部支持者激励，自主性就是指政党组织可以直接控制与外部环境的交换关系，用于满足自身需求的能力。② 利维斯基使用调适性来表述政党与外部环境的关系。他指出，政党行为离开环境要素无法得到解释，那些对外部环境变化无动于衷的政党往往会出现党员流失、资源匮乏以及选举支持率下降的后果。在外部环境中，选举环境和经济环境是两个最大的影响要素。但他同时也提出，成功的政党调适性，取决于政党领袖选择适宜的战略，并且赢得党内外的支持来推动战略的实施。③ 兰德认为，自主性体现为政党与外部组织之间的关系，体现为政党对于外部行动者的独立性。外部行动者对于政党的支持可能会弱化政党制度化，因为政党领导层的合法性和政党成员的忠诚度会由于外部赞助的出现而转向政党外部。由于任何政党都需要与其他社会团体、基层组织发生关联，因此重心不是强调自主性本身，而是强调政党可以超脱外部的过度干预从而可以从容地进行关键性战略决策的能力。④ 在政党制度化的理论体系中，政党自主性（或者调适性）着重强调一个政党应对外部环境的资源汲取和对于社会组织的驾驭能力。也就是说，在西方政党制度化理论脉络中，政党自主性只关注政党相对于外部环境的自主性，并不承认政党精英和决策层超脱于政党组织和党员的自

①　Samuel P. Huntington, *Political Order in Changing Societies*, New Haven: Yale University Press, 1968, p. 12.

②　Angelo Panebianco, *Political Parties: Organization and Power*, Cambridge: Cambridge University Press, 1988, p. 55.

③　Steven Levitsky, "Organization and Labor-Based Party Adaptation: The Transformation of Argentine Peronism in Comparative Perspective", *World Politics*, Vol. 54, No. 1, 2001, pp. 27 – 56.

④　Vicky Randall, *Party Institutionalization and Its Implications for Democracy*, Paper for Session on Political Parties and Democratization at the IPSA Congress, July, 1999, pp. 9 – 13.

主性。

　　尽管政党制度化理论试图摆脱西方中心主义的理论色彩，构建更具解释力和包容性的理论框架，应用于发展中国家的政党分析，[①]但事实上，这一理论不可避免地带有理论生成的地域限制。比如，曼沃林和德科直接将制度化程度的高低作为区分发达国家与发展中国家政党体制的重要依据，并直接将发展中国家归入低度制度化的行列。他们认为，萨托利只关注政党数量和意识形态作为政党分类标准的重要性，但却忽略了发达国家与发展中国家政党体制的差异性，包括选举稳定性、政党与选民的联系纽带，以及候选人与投票人的关系，等等；并且政党制度化的内在维度并不是十分紧密，甚至存在一定的冲突关系，如自主性与体制化、政党制度化与政党体制的制度化等。

三　中国情境下的政党自主性与政党制度化

　　在中国情境下理解政党自主性与政党制度化，不仅需要将二者做适度的区分，而且还应当做出语义上的重新界定。就政党自主性而言，主要是指执政党组织内部自上而下的独立性，可以从中央推进党内改革的统筹驾驭和决断执行能力上加以衡量。苏联解体、东欧剧变的研究显示，共产党执政权力的旁落大多是由于内部衰变而非外部压力，如民主集中制逐渐演变成领袖个人专断与个人崇拜，党内冲突演化为党内清洗，公共权力演变为干部特权，党员干部也演变成权贵阶层，干部选拔制度蜕变为任人唯亲与裙带关系，以及派系林立直至党内分裂等。[②]最终执政的共产党失去了内部的活力和改革的动力，导致内在意识形态、组织、制度的异化，丧失了人

---

　　① Robert H. Dix, "Democratization and the Institutionalization of Latin American Political Parties", *Comparative Political Studies*, Vol. 24, No. 4, 1992, pp. 488 – 521; Staffan I. Lindberg, "Institutionalization of Party Systems? Stability and Fluidity among Legislative Parties in Africa's Democracies", *Government and Opposition*, Vol. 42, No. 2, 2007, pp. 215 – 241; Matthias Basedau and Alexander Stroh, "Measuring Party Institutionalization in Developing Countries: A New Research Instrument Applied to 28 African Political Parties", *German Institute of Global and Area Studies Working Paper*, No. 69, February 2008.
　　② 王长江：《苏共：一个大党衰落的启示》，河南人民出版社 2002 年版。

民的信任、领导国家和社会前进的能力。因此，在一党执政体制下，政党自主性的重心不是政党对外部环境的回应性，而是克服自身沉疴旧疾的自觉性和超脱性。

就政党制度化而言，一党执政条件下其重心不在于政党竞争关系的制度化问题，而在于执政党内部运行的程序化和体制化问题。就中国共产党而言，组织的严密性和运行的弱制度化形成一定的吊诡关系，加强政党制度化的任务也更为突出。中国共产党坚持列宁主义的建党要求，遵循民主集中制的组织原则，并强调用严格的组织纪律要求党员干部。长期以来，执政党也将制度作为自身建设的重要维度。"文革"结束初期，领导人权力过于集中以及制度约束乏力，曾经被作为造成重大决策失误的深刻教训加以认识，"领导制度、组织制度问题更带有根本性、全局性、稳定性和长期性……关系到党和国家是否改变颜色，必须引起全党的高度重视"①。改革开放时期，强化制度建设被作为治理腐败的重要工具。最近一个时期以来，制度又被上升到政党治理的重要形式，通过制度治党克服人治化运行的各种弊端，把制度建设贯穿党的思想建设、组织建设、作风建设和反腐倡廉建设之中，形成内容协调、程序严密、配套完备、有效管用的制度体系；增强党内生活和党的建设制度的严密性和科学性；坚持思想建党和制度治党紧密结合，全方位扎紧制度笼子，更多用制度治党、管权、治吏。②

然而，与此形成鲜明对照的是，党内运行机制的个人化和非制度化现象却屡屡发生。一是党内潜规则的盛行将党章法规架空，导致制度执行不认真，有令不行、有禁不止，上有政策、下有对策；不是按制度办事，而习惯于按领导"指示"办事；制度"写在纸上挂在墙上，却不落实到行动上"；违反和规避制度的行为缺乏严肃追究问责。一方面是制度体系纷繁庞杂，制度内容密密麻麻；另一方面是"严格立法，普遍违法，选择执法，谁也没法"，制度流于形式、人治强于法治的现象屡见不鲜。二是党的"一把手"权力约束过低，往往成为带头破坏制度的关键少数，导致腐败高发频发。

---

① 《邓小平文选》第 2 卷，人民出版社 1994 年版，第 333 页。
② 唐任伍：《习近平制度建设思想梳理分析》，《学术前沿》2015 年第 2 期（上）。

中纪委统计显示，党的十八大以来受过纪律处分的党政机关县处级以上干部，一把手占了 30% 以上。在 35 位省部级落马高官中，超过 60% 的人担任过党政领导干部正职。[①] 2014 年 400 起涉嫌严重违纪的案件中，有近四成属于"一把手"违纪。[②] 由于"一把手"的任性使用权力，制度被随意更改、人治代替制度，制度被象征性执行、消极性执行、替代性执行、选择性执行、抗拒不执行的现象屡屡发生。正如习近平同志所指出的，党的主要领导人权力过大约束过低，成为违反党纪国法的关键少数，有法不依、执法不严甚至徇私枉法等问题，影响了党和国家的形象和威信。[③] 执政党的制度化建设仍然任重道远。

第二节　提升自主性：全面从严治党背景下的政党治理

党的十八大以来，政党治理被提到前所未有的高度，从极速的反腐败运动，到整治作风的群众路线教育运动，再到强化思想建党的"三严三实"，执政党进入了全面从严治党的新常态。而从严治党的战略又来自党对执政风险的自我感知和自我防范，这一点与当年苏东国家的共产党形成鲜明对比。早在新中国成立前夕，面对即将到来的革命胜利和执政使命，毛泽东就深刻地警醒全党："夺取全国胜利，这只是万里长征走完了第一步……革命以后的路程更长，工作更伟大，更艰苦……务必使同志们继续地保持谦虚、谨慎、不骄、不躁的作风，务必使同志们继续地保持艰苦奋斗的作风。"[④] 党的十六届四中全会明确提出："党的执政地位不是与生俱来的，也不是一劳永逸的。我们必须居安思危，增强忧患意识，深

---

① 雨默：《一把手屡涉贪腐案敲响监管警钟》，2014 年 7 月 24 日，新华网。
② 张磊：《省区市反腐也是蛮拼的》，《中国纪检监察报》2015 年 4 月 4 日。
③ 习近平：《领导干部要做尊法学法守法用法的模范　带动全党全国共同全面推进依法治国》，《人民日报》2015 年 2 月 3 日。
④ 《毛泽东选集》第 4 卷，人民出版社 1991 年版，第 1438—1439 页。

刻汲取世界上一些执政党兴衰成败的经验教训，更加自觉地加强执
政能力建设，始终为人民执好政、掌好权。"① 2011 年，胡锦涛同
志更为深刻地提出执政党面临"执政考验、改革开放考验、市场经
济考验、外部环境考验……精神懈怠的危险，能力不足的危险，脱
离群众的危险，消极腐败的危险"。这四大考验和四种危险是对新
时期执政党危机意识的全面总结。

党的十八大以来，在对执政风险深刻把握的基础上，中央把从
严治党作为提升政党治理能力的重要战略。习近平同志提出："如
果管党不力、治党不严，人民群众反映强烈的党内突出问题得不到
解决，那我们党迟早会失去执政资格，不可避免被历史淘汰。"② 在
应对执政风险提升执政能力的从严治党过程中，中央采取自上而下
的政治动员，推进改革的顶层设计、反腐败运动、干部作风建设、
净化意识形态作风，体现出高度的自主性。

其一，强化执政党改革的顶层设计。"中央党的建设工作小组"
于 1988 年 7 月成立，1992 年更名为"中央党的建设工作领导小
组"。作为党建工作的议事协调机构，该机构的秘书组挂靠在中央
政策研究室。它由主管党建工作的中央政治局常委、分管有关党务
工作的中央政治局委员、书记处书记和党务机构部长等成员组成，
负责对党建工作领域的重大问题作出决策。2012 年 12 月，换届完
成的中央党的建设工作领导小组，明确了其在推进党建工作中的重
要使命，包括：研究党的十八大关于党的建设部署和任务的分解落
实，研究党的建设工作贯彻落实中央政治局关于改进工作作风、密
切联系群众"八项规定"的措施办法。

其二，加速推进反腐败运动，净化党的组织肌体。党的十八大
以来，执政党反腐败运动进入了前所未有的轨道，从数量、层级、
幅度以及影响等方面都成为新中国成立以来最剧烈的时期。2013

---

　　① 胡锦涛：《在庆祝中国共产党成立 90 周年大会上的讲话》，《求是》2011 年第 13
期。

　　② 习近平：《在全国组织工作会议上的讲话》（2013 年 6 月 28 日），载《十八大以
来重要文献选编》（上），中央文献出版社 2014 年版，第 349—350 页。

年，全国有 18 万以上的党员干部因违法违纪受处分；[①] 2014 年，全国查处涉嫌职务犯罪人数达 51306 人，其中厅局级 253 人、省部级 8 人；审结官员贪污贿赂、渎职侵权犯罪案件 2.9 万件，判处罪犯 3.1 万人。[②] 截至 2014 年 11 月 17 日，"猎狐 2014" 专项行动从 56 个国家和地区抓获在逃经济犯罪嫌疑人 288 名，缉捕数远超 2013 年全年的数据。[③]

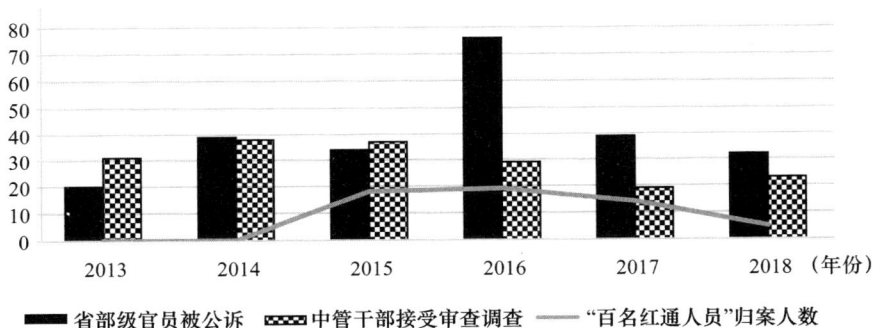

图 2 - 1　2013—2018 年省部级官员和中管干部处分情况及
"百名红通人员"归案情况

资料来源：根据相关新闻报道自制。

除"打虎""拍蝇""猎狐""套狼"等暴风骤雨的反腐运动，中纪委还进行体制机制的改革创新，加强执纪办案部门的设置，强化执纪力量的投入，回归主业和主责，强化纪检监察机关的相对独立性，推进财产申报、述职述廉、主体责任与监督责任等措施，强调纪严于法，把执纪作为防范重大腐败的前置手段。

其三，持续开展作风建设，密切党群干群关系。密切联系群众是党的优良传统，也是革命时期的重要遗产。随着执政环境的转

①　王璐：《十八大后"打虎拍蝇"超 18 万人落马　法治反腐将成新常态》，《经济参考报》2014 年 10 月 22 日。
②　《回顾：解读 2014 两高报告：开列"打虎拍蝇"成绩单》，新华网（http://news. xinhuanet. com/politics/2014 – 03/10/c_119697544. htm）。
③　莘岚、景珂：《揭秘中纪委打虎拍蝇、猎狐套狼的"八大绝招"》，人民论坛网（http://www. rmlt. com. cn/2015/0217/373447. shtm）。

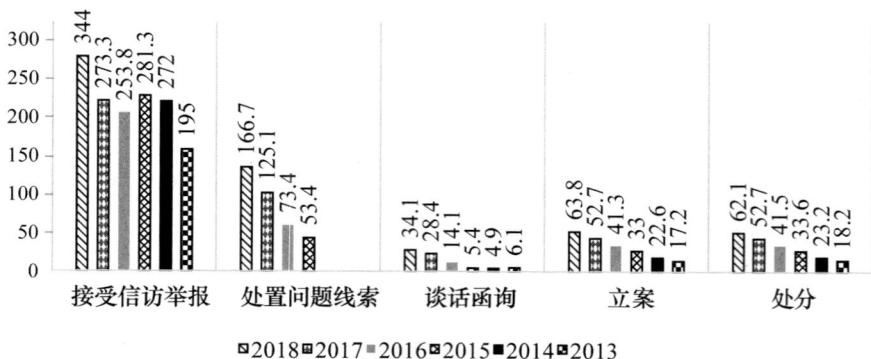

图 2 - 2　2013—2018 年全国纪检监察机关数据（单位：万人次）

注：2013—2014 年处置问题线索数据缺失。

资料来源：根据相关新闻报道自制。

变，阶层结构、利益关系、社会构成和价值观念也发生了深刻变化，党群关系出现复杂化、疏离化甚至冲突化的现象。党群相互依赖性减弱，党员干部密切联系群众的主动性下降，一些党员干部滋生官僚主义、形式主义，出现脱离群众、侵害群众利益等不良现象。① 基于这一现实，执政党重启作风建设，2012 年 12 月中央出台《关于改进工作作风密切联系群众的八项规定》，以良好党风带动政风民风，要求切实解决群众反映强烈的问题，始终保持同人民群众的血肉联系。"八项规定"实施以来，全国共查处违反中央"八项规定"精神的问题 73332 起，处理党员干部 96788 人，其中，给予党纪政纪处分 29026 人。② 2013 年 4 月以来，中央又开展了"党的群众路线教育实践活动"，着力解决人民群众反映强烈的突出问题，提高做好新形势下群众工作的能力，保持党同人民群众的血肉联系，发挥党密切联系群众的优势。

其四，加强思想建党，突出党员干部的信念教育。从思想上建

---

① 全国党的建设研究会：《始终保持党同人民群众的血肉联系》，《求是》2013 年第 12 期。

② 《十八大后中国反腐败策略转变：公开宣战　有腐必反》，中国网（http：//news. china. com. cn/politics/2015 - 01/09/content_34514833. htm）。

设党是马克思主义建党学说的重要原则。作为政治色彩鲜明的政党，共产党历来强调保持马克思主义在意识形态领域的主导地位，保证党员的思想纯洁性和政治坚定性。面对市场经济和长期执政所带来的观念冲击，中央把思想建党重新提上重要的议事日程。"坚持思想建党和制度治党紧密结合……加强党性和道德教育，引导党员、干部坚定理想信念，坚守共产党人精神追求。"① 2015 年 4 月开始，中央办公厅印发《关于在县处级以上领导干部中开展"三严三实"专题教育方案》，要求县处级以上领导干部对照"严以修身、严以用权、严以律己，谋事要实、创业要实、做人要实"的要求，着力解决理想信念动摇、精神迷失、宗旨意识淡薄、党性修养缺失等问题；着力解决滥用权力、设租寻租、不敢担当、顶风违纪等问题；着力解决无视党的政治纪律和政治规矩，对党不忠诚、心中无党纪、眼里无国法等问题。习近平同志强调指出："践行'三严三实'，要立根固本，挺起精神脊梁……我们共产党人的根本，就是对马克思主义的信仰，对共产主义和社会主义的信念，对党和人民的忠诚。"②

中央在对执政风险深入把握的基础上，明确了全面从严治党的总目标，开展一系列整党治党的新举措，对于打破固化的利益格局、清除日趋恶化的党内腐败、密切干群关系以及提振意识形态，具有十分积极的意义。从比较苏东共产党应对危机的行动来看，上述行动也充分展现了党应对执政风险的自主性，它能够通过自上而下的组织动员、挺纪于前的反腐运动、持续不断的作风建设，以及注重严实的思想建设，不断强化党建工作责任制，凸显党建作为最大政绩的重要性。

① 《习近平在党的群众路线教育实践活动总结大会上的讲话》，《人民日报》2014 年 10 月 9 日第 1 版。
② 《时时铭记事事坚持处处上心　以严和实的精神做好各项工作》，《人民日报》2015 年 9 月 13 日。

第三节　制度缺失与执行不力：政党治理的实践困境

长期以来，我们对于制度建设的认识局限于"制度供给"层面，强调要构建内容科学、程序严密、配套完备、运行有效的党内法规制度体系，强调不断进行制度改革和制度创新，而忽略甚至漠视制度执行和制度意识层面，结果执政党的制度建设出现令人吊诡的现象：一方面制度体系纷繁庞杂，制度内容密密麻麻；另一方面"严格立法，普遍违法，选择执法，谁也没法"，制度流于形式、人治强于法治的现象十分普遍。从政党治理现代化的高度重新审视制度治党的重要意义，要求把制度体系的严密性和衔接性、制度执行的严肃性和公正性，以及制度文化的至上性和普遍性结合起来，构建具有高度制度化的现代化政党。

在全面从严治党的政治背景下，制度治党是中国共产党进行政党治理现代化的必然选择，是实现国家治理现代化的基本前提。面临执政环境的变化、执政风险的增加以及推进国家治理现代化的担当，执政党必须增强自我净化、自我完善、自我革新、自我提高的能力，把内部治理的现代化作为治国理政的基本前提。习近平同志指出："如果管党不力、治党不严，人民群众反映强烈的党内突出问题得不到解决，那我们党迟早会失去执政资格，不可避免被历史淘汰。"① 政党治理现代化是现代政党建设的基本目标，是建设具有现代化意识和组织能力的政党。党的制度具有调整党内关系、指导党内生活、规范党员行为、解决党内问题、维护党内秩序、集中并实现党的意志等重大作用。通过制度治党构建高度制度化的执政党，使用制度手段规范党的领袖、组织和党员行为，是党自身发展成熟的重要标志，是实现政党治理现代化的重要标志。因此，制度治党不能局限于修修补补具体的制度漏洞，也不是单纯地出台法规

① 习近平：《在庆祝中国共产党成立95周年大会上的讲话》，《人民日报》2016年7月2日第2版。

文件、制定制度条例，而是在全面深化改革的历史方位上进行执政党自我重塑，建设具有制度稳定性、制度适应性和制度先进性的现代化政党。

然而，现实中制度执行和遵从却不尽如人意。制度运行中的空置悬浮，制度被随意更改，人治代替制度，制度被象征性执行、消极性执行、替代性执行、选择性执行、抗拒不执行的现象屡见不鲜，政党制度化建设仍然任重道远。究其原因，主要在如下方面。

其一，"一把手"用任性的权力破坏制度。党的"一把手"对其他党员干部的行为具有示范作用，形成一种上行下效的影响力。"一把手"是否遵守党纪法规很大程度上影响了党和国家的命运，制度治党关键在于用制度管制党的"一把手"。党的"一把手"的制度之笼是否完善、坚固和科学有效，是否愿意行走在制度的红线之内至关重要。根据中纪委统计，党的十八大以来受过纪律处分的党政机关县处级以上干部，"一把手"占了30%以上。在35位省部级落马高官中，超过60%的人担任过党政领导干部正职。① 2014年厅级落马官员密集，2014年平均有2—3位厅级干部被查，公布的400起因涉嫌严重违纪的案件中，有近四成属于"一把手"违纪。② "一把手"破坏制度的另一个现象是以制度形态存在的人治现象。制度的制定与废止凭个人喜好，有的干脆将制度生成作为一种政绩，致使制度不断生成又不断失效，"制度随人走"的现象较为突出。这种粗放式的制度管理，制度的不可持续性和不严密性不言而喻。甚至部分领导干部特别是"一把手"的纪律观念不强，制度意识淡薄，搞"家长制""一言堂"，把个人凌驾于组织之上，动辄以个人意见代替制度。

其二，党内潜规则的运行腐蚀制度。党内潜规则是与党章相违背的具有隐蔽性、功利性、排他性、实用性特征"存在党内"实际应用于党内生活的非正式制度。它的实质是权力意志规则，表现为暗箱操作、办事托关系、唯上不唯下、上有政策下有对策、任人唯

---

① 雨默：《一把手屡涉贪腐案敲响监管警钟》，2014年7月24日，新华网。
② 张磊：《省区市反腐也是蛮拼的》，《中国纪检监察报》2015年4月4日。

亲、政绩好不如和领导关系好等。① 在 2012 年 12 月至 2015 年 3 月，全国共查处违反中央"八项规定"精神问题 82693 起，处理党员干部 109047 人，给予党纪政纪处分 35456 人。② 部分党员干部不仅无视党纪法规，甚至热衷于按潜规则行事，严重破坏了党内政治生态。党内潜规则的盛行将党章法规架空，导致对制度执行不认真，有令不行、有禁不止，上有政策、下有对策；不是按制度办事，而是习惯于按领导"指示"办事；制度被"写在纸上、挂在墙上，却不落实到行动上"；违反和规避制度的行为，缺乏严肃追究问责，产生"破窗效应"，制度沦为"稻草人""纸老虎"；党的制度被象征性执行、消极性执行、替代性执行、选择性执行、抗拒不执行等屡见不鲜。

其三，约束权力的制度框架存在漏洞。制度得不到执行的原因或是源于制度本身的缺陷，或是源于制度抽象笼统，原则多、可供操作的少，在实践中很难贯彻；或是制度缺乏配套制度，没有形成制度的运行机制，使制度难以发挥应有的功能。2012 年 6 月，中央首次集中清理党内法规和规范性文件，在 2.3 万件中央出台的文件中有 1178 件党内法规和规范性文件；1178 件中又有 322 件党内法规和规范性文件被废止，369 件被宣告失效；剩余继续有效的 487 件还有 42 件需要进行适当修改。③ 从某种意义上看，当前党内不是制度太少，而是制度太多，"制度浪费"现象比较突出。在党的建设制度演绎的过程中，一个制度出了问题，就再制定另外一个制度来进行弥补和解决，"头痛医头，脚痛医脚"，结果制度越来越多，往往造成前后矛盾、执行困难，反而失去效率与效力。此外，党内法规体系缺乏整体性、协调性、稳定性，体现为"三多三少"，即应急性、临时性的规定多，注重长效治本的规定少；正面规范行为的规定多，违反规定的处置追究措施少；一般性的规定多，具体可

---

① 周敬青：《破除党内潜规则要靠制度》，《中共天津市委党校学报》2014 年第 2 期。

② 黄树贤：《全国共查处违反八项规定精神问题 82693 起》，2015 年 4 月 23 日，中纪委网站（http://www.ccdi.gor.cn/content/f5/13/2870.html）。

③ 《中央党内法规和规范性文件集中清理工作全部完成》，《人民日报》2014 年 11 月 18 日。

操作的程序性规定少等。

其四，党内制度执行刚性不足。制定制度是基础，执行制度是关键。制度治党的核心是制度在党内得到不打折的贯彻和执行。制度的力量来自两个层面：一是制度是相对稳定的，变动不居的制度是难以得到遵守和执行的。二是制度必须得到不折不扣的、公正的、不偏不倚的、一视同仁的执行。某些具体制度运行不规范、执行不严格导致刚性不足。从党内生活观察，党的思想教育、组织建设、作风建设、反腐倡廉建设等目前就呈现出了一些制度不健全、制度运行不规范、制度执行不严格等问题。在党内政治生活中，经常发现党员干部因为贪污受贿受到惩处，却极少听到有谁因为违反了党内程序规范受到处理，这就必然纵容一些党员干部违反党内制度规范，尤其是在一些程序性规定上任意变通，把党内程序规范当成橡皮筋任意伸缩。如何让执政党的制度成为管党、治吏、用权的最高规范，避免出现制度被随意更改、制度被空置虚置、制度流于形式、制度随领导人的意志转移而转移的情况？就是将制度执行和制度遵从作为制度治党的重心。

第四节　推进制度化：执政党治理改革的新方向

在执政党全面推进从严治党的过程中，强化自主性和加强制度化是两个重要的战略部署。如果说提升政党自主性是化解执政危机和风险的需要，那么推进制度化则是实现从严治党常态化的保障。"全面从严治党……关键是要抓住领导干部这个'关键少数'，全方位扎紧制度笼子，更多用制度治党、管权、治吏……制度面前人人平等、执行制度没有例外，不留'暗门'、不开'天窗'，坚决维护制度的严肃性和权威性。"①

然而，提升自主性和加强制度化之间存在一定的张力。从理论上看，政党制度化的价值在于通过加强组织运行的程序化，强调制

---

① 习近平：《在党的群众路线教育实践活动总结大会上的讲话》，《人民日报》2014年10月9日第1版。

度规则不随意更改变动，成为政党上下包括党的领导层共同遵从的行为规范，进而确保政党治理的稳定性。政党自主性解决的是危机与风险问题，通过自上而下的强力动员，短时间内涤荡党内的陈规陋习、尘土杂质，提升政党的适应性和生命力。如果说增强中央全面从严治党的自主性，通过自上而下的动员方式解决党内腐败、干部作风、思想意识形态等问题，具有充分的合理性和必要性；那么推进政党治理的制度化转向，构建反腐败的长效机制，实现干部作风建设的常态化以及政党认同的程序化，则难以通过自主性的动员方式加以实现。

政党制度化的水平是检验政党生命力的重要指标。高度制度化的政党具有更强的组织稳定性和政治合法性、与民众联系更为紧密，党员对党的意识形态的认同度也更高。弱制度化的政党更容易出现领袖争端、内部冲突、党内分裂，也更容易被外部环境所冲击。推进全面从严治党的进程需要把握自主性与制度化的平衡，适时推进从动员式治理向制度化治党的转型，真正建立制度治党的框架体系、原则要求和组织氛围。

治国必先治党，治党务必从严，从严必有法度。在全面从严治党的背景下，制度治党是中国共产党进行政党治理现代化的必然选择，是实现国家治理现代化的基本前提。制度治党的提出有别于传统意义上的党的制度建设，后者的着眼点在于党内制度缺失所导致的非制度化现象，通过制定党内法规和增设制度规章来实现党的活动规范化运行；制度治党着重点不是制度的供给问题，而是制度体系的衔接匹配、制度规则的严格执行以及制度文化的孕育建构问题。制度治党是政党运用制度手段对党的组织、精英和普通党员进行管理和约束的治理形态。制度治党有别于传统意义上的党的制度建设，着重点不是制度的供给问题，而是制度体系的衔接匹配，制度规则的严格执行以及制度文化的孕育建构问题。

一　推进制度体系的建构过程

从西方政党党纪监督的经验来看，党的纪律监督十分注重和制度建设结合起来。通过制度化的党内法规，构建党纪监督的框架，明晰违纪的情形及惩处的方式，做到有章可循、有法可依、违章必究。①

首先，党内生活制度化的前提是建立一套成熟配套的制度规范体系，而非变动性大的指示和文件。这就要求执政党首先善于将从严治党的成熟做法制度化，包括将反腐败的经验做法上升为党的纪律，将作风建设固化为党员干部的行为规范，将党建责任分解为各级党组织的职责，将思想建设上升到党内法规，进而实现自主性向制度化的转向。此外，党的法规制度重塑属于顶层设计层面，是推进制度治党的基本前提，因此要有清晰的路线图和规划案。好的法规制度一定是对客观规律的把握，一定是科学立法和民主立法的结果，一定是系统而严谨的，一定是适用而简便的。每一项制度的出台，把民主、平等、系统、科学的理念贯彻到制度设计的每一个环节，必须考虑其是否符合客观实际和党的组织机构、党的活动和党的肌体的运转规律，保证制度设计的质量和水平。

其次，执政党要善于把基本制度、具体制度与实施细则协调起来，达到彼此契合、互为补充、运转协调的效果。习近平同志指出："最根本的是严格遵循执政党建设规律进行制度建设，不断增强党内生活和党的建设制度的严密性和科学性，既要有实体性制度，又要有程序性制度，既要明确规定应该怎么办，又要明确规定违反规定怎么处理，减少制度执行的自由裁量空间，推进党的建设的科学化、制度化、规范化。"② 注重党内各项制度的配套衔接，要把每项制度放在整个制度体系中去规划与把握，遵循逻辑一致的原则，使各项制度相互衔接、环环相扣，真正发挥法规制度的整体合力。通过增强制度设计的严密性、科学性，把制度的合法性和有效性结合起来，确保每一个党内法规都能成为"良法"，使党内制度能够做到内容完备、结构合理、功能齐全，为制度的贯彻执行奠定可操作的基础。

---

① 陈家喜、黄卫平：《西方一些发达国家党纪监督的做法及其启示》，《当代世界与社会主义》2014 年第 1 期。
② 习近平：《加强和改进新形势下党的建设的纲领性文献》，《人民日报》2009 年 10 月 9 日第 3 版。

最后，还要加强党的制度与国家法律的衔接与遵从，让党的制度与国家法律相互促进、相互强化而非相互抵牾、相互消解。中国共产党是居于领导地位的执政党，党的执政能力、领导风格、组织纪律以及干部作风等都与国家治理密切关联。治国必先治党，治党务必从严。国家治理体系与治理能力的现代化，不仅对执政党治国理政的能力提出了新的要求，也对执政党的内部治理提出了新的挑战。制度治党就是要构成有利于推动全面深化改革的党内制度环境，要把党的自身建设作为主攻方向，加强和改善党的领导，提高党的领导水平和执政水平。执政党应当善于将自己的执政纲领、战略与理念转换为具体的法律。这样既确保党在国家法律制度内运行，又确保党的依法执政和依法执纪的行动。

二　落实制度执行的刚性原则

制度的刚性要求制度没有例外，不能允许政党组织中的任何人越红线，开天窗，留后门。强化刚性执行，把科学的制度设计、严格的制度执行、有力的检查惩处结合起来，坚持制度面前人人平等、执行制度没有例外，切实维护制度的严肃性、权威性。这就要求把握两个关键：一方面，严格"一把手"的制度监督。研究显示，党内"一把手"位居领导班子的首位，享有最终拍板权（决定权和选择权）、对同级班子成员的支配权，以及对班子集体或整体权力负总责。[1]　这一制度设计也形成了"一把手"高度集中的权力，在用人上易"一言九鼎"，"程序空转"让用人制度形同虚设；在决策上易"一锤定音"，"一把手""想管多少管多少，想管多深管多深"，制度在他们面前成了"橡皮泥"。[2]　制度的生命力在于执行，从中央到地方各级党的领导干部要主动遵守制度、带头执行制度。要构建制度监督的封闭循环，即每一层级党组织和组织中的每一个党员都处于监督和被监督的地位，确保位于"关键少数"的"一把手"也处于被监督的行列，把"一把手"的权力关进制度的笼子。

---

[1]　陈冬生：《中国政治的民主抉择——党内民主与政治文明》，江西高校出版社2004年版，第108—109页。

[2]　盛若蔚：《盯紧"一把手"权力是关键》，《人民日报》2011年2月15日。

另一方面，把科学的制度设计、严格的制度执行、有力的检查惩处结合起来，坚持制度面前人人平等、执行制度没有例外，切实维护制度的严肃性权威性。一般而言，一个严重问题的发生，必然起源于微小的祸端，由于不作为而不断扩大，成为责任的"传花鼓"，一发不可收拾。强化刚性执行，要求严格控制制度执行中的自由裁量空间，违者严惩，小错重罚，遏制违反制度的行为。

三　培育制度遵从的规则意识

如何让执政党的制度成为管党、治吏、用权的最高规范，避免出现制度被随意更改、制度被空置虚置、制度流于形式、制度随领导人的意志转移而转移的情况，是实现政党制度化的关键环节，也是难点环节。政党制度化理论认为，政党制度化的水平是检验政党生命力的重要指标。高度制度化的政党具有更强的组织稳定性和政治合法性，与民众联系更为紧密，党员对党的意识形态的认同度也更高。弱制度化的政党更容易出现领袖争端、内部冲突、党内分裂，也更容易被外部环境所冲击。制度规则意识的确立至少要做到：一是有赖于党内自上而下的垂范动员。从政党的组织构成来看，一个政党通常由政党领袖和精英、党的组织层级以及普通党员构成。因此，制度治党可以分解为政党精英的权力约束、政党组织的制度运行以及普通党员的党纪执行等维度。制度规则意识的确立先从中央到地方，再从"一把手"到党员干部再到普通党员，逐级要求逐级约束，最终形成上下一体的遵守制度规则的党内氛围。二是压缩党内潜规则和隐规则的运行空间。党内制度不仅包括正式制度，也包括非正式制度，一些不成文但行之有效的规则，也包括实际运行中的破坏正式制度的潜规则。要消除潜规则对正式制度的破坏作用，让制度成为整党治党的基本规范。三是形成严格的、刚性的制度执行氛围。制度规则意识的形成需要较长的时间周期，甚至还需要与党外社会规则形成相互促进强化的效应。为此，在执行党内纪律时，要强化对细微违反制度行为的严厉处分，让制度规则深入人心，内化为党员干部的道德自律和行为规范。要保持较长的从严治党、从严执纪行为，要让制度规则深入人心，形成制度运行的自我强化，最终形成遵从制度的政党文化。

　　党的十八大以来，在对执政风险和执政危机深刻把握的基础上，执政党进入了全面从严治党的新常态。从反腐运动到作风建设，从思想建党到制度治党，抓好党建也成为高于其他各项工作的"最大政绩"。执政党在短时间内通过动员式的方式推进领导、组织、作风、思想、制度等各项建设，在处置风险和革除痼疾上体现出高度的自主性。这一政党自主性有别于竞争性政党体制下的外部自主性，即对外部环境的适应能力和驾驭能力；而更侧重于长期执政条件下的内部自主性，即党对于执政风险的自我识别和克服风险的自我纠错、自我诊治和自我修复的能力。

　　治党务必从严，从严有赖法度。政党制度化的要义之一是政党内部运行的程序化和体制化。从这一内涵出发，政党制度化也是执政党推进全面从严治党的重要部署；借助制度的力量来治党、管权、治吏，实现政党治理的规范化和程序化，这必然要求适时地实现动员式治党向制度化治党的转型。相对于动员式治党而言，政党制度化的过程任重道远。要实现这一目标，当下需要解决三个任务：首先要加强处于"关键少数"的"一把手"权力监督，构建约束权力的封闭制度体系，防范其带头破坏制度；其次要确保制度的有效贯彻执行，而非潜规则和非正式制度替代执行；最后是培育制度遵从的组织气氛，不因领导人的改变而改变，也不因领导人的注意力改变而改变，让刚性的制度成为全党上下遵从的普遍规则。因此，如何构建自主性与制度化之间的平衡，是执政党推进自身改革的重要议题。

第三章

增强回应性：从党建责任制到 责任型政党

在 2014 年 10 月 8 日召开的党的群众路线教育实践活动总结大会上，习近平总书记更为直接地提出"治党三问"："是不是各级党委、各部门党委（党组）都做到了聚精会神抓党建？是不是各级党委书记、各部门党委（党组）书记都成为了从严治党的书记？是不是各级各部门党委（党组）成员都履行了分管领域从严治党责任？"① 这一讲话精神成为党内开启党建责任制的新号令，中央借助于高度组织化动员和目标责任制考核，将从严治党责任分解和落实下去。

推进全面从严治党面临的难题之一是，如何保持自上而下党建责任落实的同时又能避免陷入形式主义负责制的陷阱？全面从严治党是中国共产党在新时期进行自我改造、自我净化和自我革新的重大布局，它在凝聚全党思想、清除党内腐败、严明纪律规矩、巩固中央权威方面发挥了积极作用。执政党通过党建责任制推动全面从严治党战略布局在组织上下的贯彻实施。在制度设计上，党建责任制强调执政党组织体系特别是各级党组织"一把手"的治党责任，形成责任分解和层层落实的负责机制。但是，目前来看这一内部责任体系与外部责任体系即执政党对社会的有效回应还未能有机结合，进而导致党建责任落实工作中出现形式化和庸俗化的趋向。

基于上述认识，本章提出执政党在推进全面从严治党战略的过程中，要从构建党建责任制走向建设责任型政党，注重构建两个责

---

① 习近平：《在党的群众路线教育实践活动总结大会上的讲话》，《人民日报》2014 年 10 月 9 日第 1 版。

任体系：一是构建执政党组织体系内部自上而下的责任体系，强化党组织和党员的政党认同；二是构建执政党对外部社会环境的责任体系，强化基层党组织对社会公众的有效回应能力，巩固党执政的社会基础。从目前来看，执政党建构外部责任体系，提升社会回应性的任务更为紧迫和必要。

第一节　落实从严治党与党建责任制的建构

现代社会中的政党通过保持与社会的有机联系和有效沟通，用以汲取社会成员的政治支持和政治认同。这一点不仅体现为西方国家大选期间的选举动员，还体现为选举周期内党籍议员走访选民以及政党纲领聚合社会利益。政党适应性即强调一个政党能够根据外部社会政治环境的变化进行组织与策略的调整，进而获得更多资源、信息以及政治支持的过程。① 若是这一调适过程发生障碍和梗阻，政党既不能有效吸纳和消弭外部行动者的挑战，也无法化解内在的失序，则会造成政治危机。② 在竞争性选举体制下，选举环境和经济环境是两大影响要素。一个政党在竞选中如何有效响应选民的需求，在执政期内如何提升经济绩效，对于获取和巩固执政权力影响巨大。那些对外部环境变化无动于衷的政党往往会出现党员流失、资源匮乏以及选举支持率下降的严重后果。③ 在一党长期执政条件下，由于缺乏有效的政党竞争压力，执政党更依赖于对外部环境变化的自我感知。④ 执政党既需要通过政策纲领的调整来主动适应执政环境的变化，也需要通过基

---

① Angelo Panebianco, *Political Parties: Organization and Power*, Cambridge: Cambridge University Press, 1988, p. 55.

② Steven Levitsky, "Crisis, Party Adaptation and Regime Stability in Argentina: The Case of Peronism, 1989 – 1995", *Party Politics*, Vol. 4, No. 4, 1998, pp. 445 – 470.

③ Steven Levitsky, "Organization and Labor-Based Party Adaptation: The Transformation of Argentine Peronism in Comparative Perspective", *World Politics*, Vol. 54, No. 1, 2001, pp. 27 – 56.

④ Bruce J. Dickson, "Cooptation and Corporatism in China: The Logic of Party Adaptation", *Political Science Quarterly*, Vol. 115, No. 4, 2000, p. 537; David Shambaugh, *China's Communist Party: Atrophy & Adaptation*, University of California Press, 2008.

层组织的行动来及时回应普通群众的诉求。

全面从严治党的战略部署可以看成是中央对于执政风险的回应。中国共产党面临大国执政与大党治理的双重使命，既要治理 13 亿人口的大国，还要治理 9000 多万党员的大党。打铁还需自身硬，有效执政的前提是从严治党，党的自身治理尤为重要和关键。习近平总书记提出："如果管党不力、治党不严，人民群众反映强烈的党内突出问题得不到解决，那我们党迟早会失去执政资格，不可避免被历史淘汰。这决不是危言耸听。"① 从这一意义上看，全面从严治党是执政党将外部危机和风险转化为党内治理的行动，是自我净化、自我完善、自我革新进而有效提升执政能力的战略布局。除了打虎拍蝇、猎狐套狼、强力反腐，执政党还从"八项规定"到"四风"整治，从红脸出汗到咬耳扯袖，从思想建党到制度治党，全方位地推进从严整党治党运动。

全面从严治党战略一定意义上将执政与治党做了区分，将治党看成执政的前提。全面从严治党战略在执政党组织体系内部的分解和实施，有赖于党建责任体系的构建。早在 2006 年中央即已颁布抓基层党建工作责任制的文件，明确地方党委、部门党组（党委）抓基层党建工作的责任，要求加强和改进党的基层组织建设，提高党的执政能力，巩固党的执政地位。② 随着党的十八大以来全面从严治党战略布局的确立和展开，党建责任制成为执政党在组织内部落实这一战略布局的保障机制。在 2014 年 10 月 8 日召开的党的群众路线教育实践活动总结大会上，习近平总书记更为直接地提出"治党三问"："是不是各级党委、各部门党委（党组）都做到了聚精会神抓党建？是不是各级党委书记、各部门党委（党组）书记都成为了从严治党的书记？是不是各级各部门党委（党组）成员都履行了分管领域从严治党责任？"③ 这一讲话精神成为党内开启党建责

---

① 习近平：《在全国组织工作会议上的讲话》（2013 年 6 月 28 日），载《十八大以来重要文献选编》（上），中央文献出版社 2014 年版，第 349—350 页。

② 《关于建立健全地方党委、部门党组（党委）抓基层党建工作责任制的意见》，《新华月报》2006 年第 16 期。

③ 习近平：《在党的群众路线教育实践活动总结大会上的讲话》，《人民日报》2014 年 10 月 9 日第 1 版。

任制的新号令，中央借助高度组织化动员和目标责任制考核，将从严治党责任分解和落实下去。中组部随后下发《关于开展市县乡党委书记抓基层党建工作述职评议考核的通知》，要求全国各地在突出履行党建第一责任人职责、整顿软弱涣散基层党组织、加强基层服务型党组织建设、严格党员教育管理、加大基层党建工作投入等方面开展述职评议考核。此后，从中央到地方，从上级到下级，从严治党成为各级党组织的一项重要工作，党建工作要求和中心工作一起谋划、一起部署、一起考核，形成一次全党范围的整党治党行动。

各级党组织在具体推进党建责任制的过程中，形成了从设置责任清单到实现责任分解再到强化考核评价的一整套工作机制。具体而言就是：

一是设置责任清单，细化党建责任。受政府权责清单的启发，开列责任清单也成为各级党组织推进党建责任制的重要形式。从既有的党建责任清单来看，党建工作的责任得到细化分解，包括思想建设、政治生活、组织建设、干部队伍建设、作风建设、反腐败与廉政建设等。很多地方党建责任体系还进行进一步的指标化细分，如将思想建设细分为理想信念教育、理论学习落实、学习型党组织建设等。报道显示，广东将党建工作的主体责任按党委（党组）领导班子责任、党委（党组）书记责任、领导班子成员责任3种责任类别，细化为15个方面60项责任清单；江苏南京市对各项责任提出量化要求，细化为主体责任清单、领导责任清单等"五项清单"，实现一级一清单、一人一清单，进一步厘清责任边界；四川列出了党委领导班子、党委主要负责人、党委领导班子成员、纪委4个方面共22项责任清单；重庆出台《落实全面从严治党责任实施办法（试行）》，对党委班子及其成员划定24项责任清单，列出20条具体追责情形，将主体责任量化为可操作的一项项工作。①

二是突出责任联动，实现责任分解。党建责任制旨在让全党上下确立在党言党、在党忧党、在党为党的角色意识和政治担当，强

① 赵兵：《用问责助推主体责任落地生威》，《人民日报》2017年4月11日第17版。

化各级党员干部落实从严治党战略布局的自觉意识。地方党委（党组）认真履行管党治党主体责任，以上率下，层层传导压力，把党建工作和中心工作同谋划、同部署、同考核。各级党委（党组）书记认真履行第一责任，把党的建设作为主责主业，带头抓点示范，带头指导推动；各级党委（党组）班子成员认真履行"一岗双责"，抓好分管领域党建工作，把党建工作融入分管领域日常业务工作，做到抓党建与抓业务相促进、管事与管人相统一。① 一些地方强化党委班子全体成员落实从严治党的责任，而不限于书记的第一责任，还包括副书记的分管责任，组织部长（委员）的直接责任，其他班子成员承担各自分管领域的具体责任。一些地方党委要求"工程化"推进党建工作，像抓经济工作一样，实行年初定目标承诺、每月抓跟踪问效、岁末严考核评价，促使各级党委（党组）守好"主阵地"、各级党组织书记种好"责任田"、党委其他同志管好"分担区"。②

　　三是实施党建考核，强化问责监督。《中国共产党问责条例》规定了 6 种问责情形，既包括对全面从严治党不力等问责情形的规定，也包括"党的理论和路线方针政策、党中央的决策部署没有得到有效贯彻落实，在推进政治建设、经济建设、社会建设、文化建设、生态文明建设中，或者在处置本地区本部门本单位发生的重大问题中领导不力，出现重大失误，给党的事业和人民利益造成严重损失，产生恶劣影响的"等问责情形。党建责任制被纳入各级党员领导干部的政绩评价和监督问责体系。调查显示，重庆实行党建问题责任倒查机制，既追究当事人责任，又追究相关领导责任。湖南在市县乡三级党委年度综合目标考核中，把农村基层党建权重分别提高到 10%、20% 和 30%，并加大问责追责力度。天津加大基层党建工作在党委年度考核中的权重，同时纳入党群、政府机关领导班子年度考核和绩效考评。河北对落实党建责任不力的党委领导

---

　　① 孟祥夫：《以最大力度抓最大政绩》，《人民日报》2017 年 10 月 13 日第 6 版。
　　② 张英涛：《在落实党建责任中推进"全面从严治党"》，《光明日报》2015 年 4 月 7 日。

人，实行约谈、建档、反馈、问责、通报、函询等"六条追责办法"。① 四川出台问责办法，对认定为抓党建工作失职失责的有关党委书记严肃问责，并将问责决定装入个人档案。山西建立约谈、函询制度，对不重视党建、工作不落实的约谈提醒。不少地方出台落实全面从严治党责任实施办法，实行党建问题责任倒查制、"一案双查"制，既追究当事人责任，又追究相关领导责任。② 2016 年，北京对失职失责的 28 个党组织、341 人实施问责，给予纪律处分 163 人。2016 年，安徽因落实主体责任不力被问责 711 人（次），因落实监督责任不力被问责 94 人（次）。③ 此外，许多地方还将党建责任考评结果、党建责任履行情况与干部提拔任用结合起来，形成抓好党建工作的倒逼压力。

第二节　单向度的负责制：解构党建责任制的运行特征

一　党建责任制与基层党建工作的强化

党的各级组织既是从严治党的实施者和推动者，又是从严治党的目标和对象。党建责任制的构建和运行带有单向负责制的特征，即在中央的号召动员之下，从中央到地方及基层，从机关到企业事业单位，纷纷出台从严治党的制度规范，党建工作责任得到层层分解和落实，各级党的"一把手"发挥主体责任，"书记抓、抓书记，一级抓一级，层层抓落实"，形成自上而下的部署动员和自下而上的负责机制。单向负责制是民主集中制原则在从严治党行动中的具体运用，它体现了从中央到地方及基层组织的命令服从机制，是执政党组织体系内部的上下负责制。

---

① 仲组轩：《一些地方实行责任清单制度　压实基层党建责任》，《中国组织人事报》2015 年 12 月 2 日；《2015 年组织工作盘点·基层党建篇：谋远固本　夯实基础》，《中国组织人事报》2016 年 1 月 15 日。

② 孟祥夫：《以最大力度抓最大政绩》，《人民日报》2017 年 10 月 13 日第 6 版。

③ 赵兵：《用问责助推主体责任落地生威》，《人民日报》2017 年 4 月 11 日第 17 版。

　　从推行效果来看，党建工作责任制一定程度上改善了党建工作边缘化的现象。长期以来，在以经济发展为重心的政绩导向下，党建工作在一些党组织书记心目中"说起来重要，干起来次要，忙起来不要，出了问题才想到，后悔之后又忘掉"。党建工作存在上头重视、中间传达、基层应付的现象，存在"书记重、成员轻""难量化、易虚化"等问题。部分基层党组织负责人没有聚精会神抓党建，"重业务、轻党建"不同程度存在。他们把主要精力放在政务工作、经济发展、城市建设等方面；对党建重言表、轻行动，主动抓得少、被动应付多。一些部门班子成员落实分管领域从严治党责任浮在表面，错误地认为党建是"虚功"，是"软件"，是"后台"工作，不是"前台"工作，是"潜绩"，不是"显绩"。①

　　党建责任制的推行进一步强化了各级党组织和党员干部的党性教育，以及做好党建工作的责任和使命。一方面，党建责任制成为落实从严治党的制度保障，党内政治生活、组织生活、理想信念教育、批评与自我批评等由虚转实，红脸出汗、咬耳扯袖成为常态；"三会一课"、党员活动日、警示教育等成为制度。全党上下开展从严治党，解决了部分党员干部理想信念动摇、宗旨意识淡薄、党员意识淡化、责任意识和担当精神缺失、不廉不公不实等问题。另一方面，党建责任制还进一步分解和明晰了各级党组织的党建职责，抓好党建上升到各级党委的主业、职责和"最大的政绩"，党建工作也被与经济工作、民生工作等中心工作并列同谋划共部署。各级党的"一把手"和班子成员成为开展好党建工作的责任人，他们要做到"一岗双责"，既要履行岗位工作职责，又要履行好分管领域和部门党建工作的领导责任，不抓党建是失职，抓不好党建是不称职。通过自上而下的强力动员，党建工作的责任下沉，监督考核体制的跟进，形成了覆盖全党上下从严治党的高压态势。

二　单项党建责任制与形式化的责任落实

　　党建责任制的推行在执政党组织体系内部构建了自下而上的负

---

　　① 《党建考核务求党建工作由虚转实》，天府评论（http：//comment. scol. com. cn/html/2014/12/011006_1617163. shtml）。

责机制，却缺乏对于社会公众的回应机制，从而使党建工作脱离群众需求和工作实际，陷入形式主义境地。

一是用形式取代内容，用过程代替结果。在党建责任制的落实过程中，有些基层组织将政治学习方式僵化、形式化，停留于读读报纸、念念文件，不解决思想上的困惑，也不回应群众关切，成为自说自话的空谈；① 有些基层组织党建工作方法局限于传达指示，内容单一、枯燥，党建工作方法呆板有余，创新不足，针对性、实效性差。一些基层组织领导人对于党建工作"热在口头，冷在手头""热在上头，冷在下头"，采取虚套路，软措施，做做样子，喊喊口号，走走形式；有些地方把这项内容当成了考核的全部，听听汇报、翻翻材料算作考核，被考核单位也就"动歪脑""念歪经"，把功夫下在材料上。②

> 　　某乡镇每年要接受的检查多达100—150次，有时一天要同时接受多个检查，这里既有明检又有暗查。如检查不合格，通报一次扣分一回，以作为年终考评依据。因为实在应付不过来，作假就变得不可避免。……某乡镇粗略统计2018年的党建工作报表，总共上交了356张，几乎每天一张报表。另一乡镇2018年的镇党委党建工作报告前后共修改21遍。……个别"灵活"的组工干部甚至找到了"捷径"：平时抓基层党建工作松松垮垮，一到考核期，便加班加点、通宵达旦，把资料整理得"工工整整、漂漂亮亮"，汇报PPT做得"美轮美奂"，只要能拿得出资料，工作上就算有个交代。至于实际工作到底是怎么回事，党员队伍是不是真的管好了，党群关系是不是真的改善了，反而不是重点关心的了。③

二是用亮点代替全局，用数字取代成效。为了应付上级党建工

---

① 吕品：《对党内政治生活庸俗化说"不"》，《中国青年报》2014年9月15日。
② 赵春祺：《党建考核谨防"考材料"》，《中国组织人事报》2015年1月14日。
③ 《盘点基层党建工作中的形式主义》，人民网（http://dangjian.people.com.cn/n1/2019/0222/c117092-30895910.html）。

作责任的考核，不少地方及基层党组织用文件代替落实，用宣传代替行动，用数字代替成效。基层党建热衷于搞创新，"认认真真搞样板，集中资源造亮点"，把工作创新变成迎合上级检查和新闻宣传的"盆景"，立牌子，搭架子，糊面子，而非扎扎实实加以面上推进的"林景"。还有许多地方重制度制定、轻操作实施，搞制度"面子工程"，形式主义、官僚主义等问题突出。① 还有一些基层党组织将制定党建责任清单，将领导统筹、思想建设、党内生活、干部队伍、组织建设、党风廉政以及联系群众等党建职责细化为考核指标和分值，实现量化的党建工作指标可看可比可考，看起来十分科学合理。比如每两个月举行一次党建工作专题讨论会，每季度召开一次专题民主生活会和党风廉政专题学习，每半年举行一次党建工作分析研判会，每年开展一次软弱涣散基层党组织整顿以及基层党建工作专项述职评议会，等等。但是如何评价上述党建工作的实际效果却缺乏明确客观公正的标准，特别是缺乏普通党员的参与和普通群众的评价，结果这些数字指标、会议记录及工作台账就成为衡量工作成效的主要依据。

各地相继推出的"一党委一品牌"，强调年年创新、事事创新，各层级党委苦思穷想提出党建工作年度创新项目却不结合工作实际，不注重解决实际问题，只满足于引起上级领导注目，挖空心思做文字游戏，与创新的目的背道而驰。②

各地顺应互联网快速发展趋势，探索"互联网＋党建""智慧党建"，推动了基层党建工作数字化、网络化、智能化。与此同时，党建、目标考核等各种微信群、APP、微信公众号可谓层出不穷。有的地方"打卡"成了干部每日的"规定动作"，一些基层干部甚至吐槽"干得好不如晒得好"。工作微信群、APP、公众号成为"秀场"，"智慧党建"面临悄然沦为

---

① 中央组织部党建研究所课题组：《创新是基层党建工作活力之源》，《中国组织人事报》2013 年 11 月 25 日。

② 《盘点基层党建工作中的形式主义》，人民网（http：//dangjian.people.com.cn/n1/2019/0222/c117092 - 30895910.html）。

"指尖上的形式主义"风险。①

　　有的搞形式、走过场，像打造旅游线路一样打造"经典调研线路"，无论什么调研主题，去的是同一条路线、访的是同一批对象、听的是同一套说辞，搞"大伙演、领导看"的走秀式调研。曾有媒体曝光过，某个"被调研明星乡"一年有500多批次领导干部前来调研。基层干部群众将此类调研形象地描述为"就像葫芦掉到井里，好像深入了，其实还是浮在表面"，并将其总结为"三多三少"：到基层调研做指示的多，虚心求教的少；开展一般性调研多，带着问题开展专题调研少、蹲点调研更少；到工作突出的地方调研多，到情况复杂、问题多、矛盾突出的地方调研少。②

　　上述现象也引起了中央的关注。2019年3月中央印发《关于解决形式主义突出问题为基层减负的通知》就明确要求，严格控制层层发文、层层开会，着力解决文山会海反弹回潮的问题，加强计划管理和监督实施，着力解决督查检查考核过多过频、过度留痕的问题；要求层层大幅度精减文件和会议，确保发给县级以下的文件、召开的会议减少30%—50%；不得简单将有没有领导批示、开会发文、台账记录、工作笔记等作为工作是否落实的标准，不得以微信工作群、政务APP上传工作场景截图或录制视频来代替对实际工作的评价。③

　　从根源上看，当前从严治党落实过程中出现的形式主义现象，与单向责任制有着一定的逻辑关联。习近平同志指出："形式主义实质是主观主义、功利主义，根源是政绩观错位、责任心缺失，用轰轰烈烈的形式代替了扎扎实实的落实，用光鲜亮丽的外表掩盖了矛盾和问题。官僚主义实质是封建残余思想作祟，根源是官本位思

---

　　① 余承家：《"智慧党建"要谨防"指尖上的形式主义"》，党员生活网（http：//www.hbdysh.cn/2019/0418/47877.shtml）。

　　② 韩宇：《警惕当前形式主义、官僚主义的新表现》，《紫光阁》2018年第11期。

　　③ 《关于解决形式主义突出问题为基层减负的通知》，《人民日报》2019年3月12日第5版。

想严重、权力观扭曲，做官当老爷，高高在上，脱离群众，脱离实际。"①从本质上看，全面从严治党是将政党治理作为有效执政的前提，通过整党治党来提升执政能力和水平，巩固执政的社会基础。在单向责任制的制度安排下，下级党组织对上级党组织负责，上级党组织部署任务、督促落实、检查考核和奖惩评价，并辅以组织资源、行政权力和工作经费等保障机制。这一工作机制所形成的结果是：基层党组织"就党建抓党建"，就考核完成考核，忽略了党建责任与服务群众以及提升执政能力的关系。

相比之下，尽管当前许多地方开展了党员干部直接联系群众、党员志愿服务以及党代表进社区下基层服务等活动，但是总体而言这些活动更多地停留在"向上展示"层面，缺乏供给服务的压力。换言之，由于党建工作部署及其考核的权限在上级党委和组织部门手中，党员干部缺乏内在的压力开展"向下负责"的服务活动。一些基层党员干部缺乏主动服务群众的观念和意识，他们常常忙于会务、陷于政务，却疏于服务；党群联系工作存在走过场、跟风的现象，领导强调抓一下、上级检查补一下、任务来了突击一下。同时，一些基层组织把联系群众作为简单地送温暖、访贫问苦活动，忽视了对于一些群众反映普遍问题和深层问题的把握、分析与提炼，欠缺将民生问题转化为具体政策措施的意愿和能力。由于这些活动形式大于内容，基层群众也不愿意配合和参与这些活动。

第三节　增强社会回应性：责任型政党的构建

现代政党的政治生命在于获得社会公众的政治认同和广泛支持。强化与社会的沟通、关联与互动，提升政党对社会的适应和回应能力，是现代政党着力追求的目标。政党根植社会的能力也常常作为政党适应性的另一表述。在竞争性民主体制下，政党年龄及政党支

---

① 《习近平在河北省调研指导党的群众路线教育实践活动》，新华网（http://www.xinhuanet.com/politics/2013－07/12/c_116518771.htm）。

持率是衡量政党根植社会能力的主要指标。① 在中国政治情境下，政党适应性不仅体现在中央对执政风险的回应上，还体现在党的基层组织扎根基层社会，对于群众需求的回应上。所谓责任制政党就是指通过构建吸纳社会诉求和群众期待的制度渠道，及时回应这些诉求和期待，并加以转化用于政策输出的政党。从这一界定出发，执政党的责任体系应当包括两个层面：一是中央将从严治党的战略部署分解下派形成压力传导机制，转换为各级党组织的工作任务和职责重心。自上而下的党建责任制有助于提升党员干部的政党认同，强化党员意识和党性观念。任务下派、责任传递和对上负责形成党建责任制的机制要素。二是基层组织将党建责任转换为密切党群关系、提升社会回应的能力，强化党执政的社会基础。由内而外的党建责任制有助于改善党群干群关系，扩大政治沟通，巩固党的执政基础。扩大互动、提升回应、增加认同是责任型政党的突出特征。

党建责任制是在党内落实全面从严治党的重要机制保障，它通过构建任务下派、责任传递和对上负责的运行机制，旨在提升党员干部的政党认同，强化党员意识和党性观念。然而，党建责任制只是在执政党组织体系内部构建了负责机制，缺乏对外部环境和社会公众的有效回应，容易使党建工作脱离群众需求和工作实际，陷入形式主义境地。因此，在推进全面从严治党战略的进程中，如何将落实党建工作的责任转换为提升执政能力的动力，是亟待完成的任务之一。这就需要从自上而下的责任制向由内而外的责任制转型，强化基层党组织对社会的回应能力，从根本上巩固和扩大党在基层社会的影响力。对于基层党组织来说，提升社会的回应能力可以简化为如何更好地做好群众工作，或者说是通过制度设计将落实从严治党责任与做好群众工作有机结合起来。

首先，要在党建责任清单中增加联系服务群众的条款。基层党组织是党在社会基层组织中的战斗堡垒，是党的全部工作和战斗力

① Matthias Basedau and Alexander Stroh, "Measuring Party Institutionalization in Developing Countries: A New Research Instrument Applied to 28 African Political Parties", *German Institute of Global and Area Studies Working Paper*, No. 69, February 2008.

的基础，其工作责任的重心是落实和开展好服务群众的各项活动，巩固党执政的社会基础。因此，做好群众工作应当成为基层党组织落实党建责任的核心内容，并可以通过制定党建责任清单的形式固化和强化党群服务的内容，包括党员干部定期直接联系群众，面对面地帮助群众解决实际困难；增加党群服务中心建设投入，开展丰富多彩的服务活动，使之成为党组织联系凝聚群众的桥梁纽带；培育党群志愿服务的意识，通过资源投入和政策引导帮助党群志愿服务组织进行自我教育和自我服务活动。通过在党建责任清单中加大服务群众的内容，将自上而下的党建责任制转化为由内而外的社会责任制，实现基层党建工作重心的转向。

其次，要在基层党建活动中开辟群众诉求表达通道。变主动服务为及时回应。基层党组织要适应社会能力成长和群众需求多元化的现实，转换服务群众的方式。当前许多地方开展了各类服务群众的活动，但大多停留在"替民做主、为民点餐"的阶段，主动包办、大包大揽，群众接纳度和参与度并不高。要善于从群众中汲取决策的智慧和服务的项目，探索"由民做主"和"群众点餐"的服务方式，把群众的需求转化为党委政府的决策议程和党员干部的努力方向，做到急群众所急，想群众所想，做群众所需。要善于创新和拓展群众利益表达和民情吸纳的渠道，包括开展座谈走访，设置民情意见箱，设置微信公众号，定期开展社会调查和舆情分析，掌握真实准确的群众诉求，在此基础上确立基层党建工作的目标与方向。基层党组织要构建群众利益表达—利益综合—政策回应—意见反馈的回应机制，通过组织资源、行政资源和经济资源的配置，将群众的利益诉求维护好、落实好，实现"件件有着落、事事有回音"。

最后，要在党建责任考核中增加基层党员群众评价的权重。增强基层党组织的社会回应性，不仅需要自上而下的压力推动，更需要自下而上的倒逼驱动。一方面，要突出群众主体地位，充分发挥群众评价的效果导向作用。党建责任评价的重要任务之一就是要让基层党组织书记树牢责任意识，主动把责任扛在肩上，把抓党建作为主业，抓出成效。构建群众参与机制，调动基层党员干部和群众关心党建、关注党建、参与党建的积极性，有助于避免单项责任制的弊病，让党组织书记不仅对上负责，还对下负责。赋予普通党员群众参与党建工作的评议权利，同上级党组织一道对基层党建工作述职进行评议，对基层党组织书记和班子成员的党建工作成效进行评分；加大群众评分在考核各级党组织工作中的权重，将群众评价与组织考察、常委表决相结合，构建科学的党群联系工作评价体系。另一方面，加大普通群众对基层党组织开展服务群众工作的评价权重。上级党组织对于基层党组织的群众服务工作评判，除了看制度规范、工作台账、服务场地之外，更应当考察群众的评价和口碑。对于那些漠视群众权益、群众工作不力、效果不佳和群众反映强烈的基层党员干部，给予职位调整乃至清除出党。从根本上来看，拓展群众参与评判基层党建工作责任和服务群众成效的渠道，有助于将形式化的党建责任转化为实实在在服务群众的项目，从而提升基层党组织扎根基层社会和回应群众需求的能力，巩固党在基层社会的执政基础。

第四章

强化渗透性：社会组织党建的
困境及方向

通过设立基层组织，强化党的政治影响，是中国共产党领导社会的重要形式。社会组织党组的设立提升执政党社会整合能力的同时，也扩大了社会组织在体制内的表达渠道。20世纪90年代初以来，中央出台多项制度规定以规范社会组织中的党建工作，加强社会组织中的党组覆盖面。截至2014年底，全国43.9万个社会组织中，18.4万个已建立党组织，占社会组织总数的41.9%。2013年，党的十八大报告提出"加大非公有制经济组织、社会组织党建工作力度"。2015年6月，中央颁布的《中国共产党党组工作条例》，明确要求在社会组织中设立党组。该条例再次强调了社会组织党建的重要性，并对进一步开展社会组织党建提出了新的要求。

改革开放以来，市场化改革的推进加速了中国社会结构的分化和裂变，各种新型的社会组织，如社会团体、社会中介组织、民间组织、民办非企业单位等蓬勃发展。截至2010年底，全国新社会组织增长至44.6万个，其中社会团体24.5万个，民办非企业单位19.8万个，基金会2200个。① 各类新社会组织的出现，不仅实现了社会利益的重组与聚合，也对中国共产党的组织建设和政治整合提出了新的要求。党的十七大报告指出，要"全面推进新社会组织的基层党组织建设，优化组织设置，扩大组织覆盖，创新活动方式，充分发挥基层党组织推动发展、服务群众、凝聚人心、促进和谐的作用"。

---

① 《民政部：中国社会组织和自治组织发展成效显著》，中国新闻网（http://www.chinanews.com/gn/2011/06 - 16/3116885.shtml）。

本章尝试采用比较方法和经验研究方法，深入分析国外典型模式，以及国内北京、江苏、上海、浙江、辽宁等典型案例，全面梳理中国新社会组织党建的历史与现状，把握当前中国新社会组织党建工作的整体进展与态势；在此基础上解析新社会组织党建工作的障碍、难点与困境及其成因；最后提出改进新社会组织党建工作的若干政策建议。

第一节　国外政党与社会组织关系的模式比较

从概念上看，政党是一个社会中具有相同或相近政治主张的人们，通过集合社会利益、参与选举（对竞争性政党来说）来竞取政治职位，从而实现其政治纲领的政治团体。与代表部分和少数社会成员利益的社会组织和利益集团相比，政党是要以"部分"来代表整体，即通过对社会利益的充分聚合将其转化为具有普遍效力的公共政策。然而，同样作为社会利益表达的组织形态，政党和社会组织之间的关系却错综复杂。社会组织既可以成为政党联系民众的沟通渠道和动员工具，也可以成为与政党争夺社会资源和民众支持的竞争对手。① 甚至在一定条件下，社会组织还可能成长壮大，从一般性的利益团体演变为政党组织。

根据政党对社会组织的管控方式和能力，可以将世界各国政党与社会组织的关系大体分为三种模式：自由结合的多元主义模式、有限控制的社团主义模式，以及冲突对抗的市民社会模式。

一　自由结合的多元主义模式

多元主义（pluralism）理论认为，现代社会呈现结构分化和利益多元的趋向，使得具有相同价值观念和利益诉求的人们结社成为可能，他们组建诸如宗教组织、商会组织、工会组织、文化组织、环保组织、种族集团等各类社会团体。这些团体拥有不同的政治资

---

① 张文成：《关于我国执政党与民间组织关系的思考》，《当代世界与社会主义》2006 年第 6 期。

源，在与其他组织竞争、冲突、妥协和合作中影响公共政策，维护自身立场。多元主义理论还将社会组织看成相对独立的多元权力中心，承担着连接国家与社会、政党与选民的纽带功能；而不同社会利益集团之间讨价还价的过程被看成实现民主的重要条件。正是在这一判断基础之上，多元主义理论对政党与社会的关系持较为灵活开放的态度。社会组织可以为了维护自身利益，借助政党利益，成为政党的合作伙伴；也可以为了表达利益主张，抵制不利的政党纲领，进而成为政党的反对力量。

　　西方发达国家政党与社会组织关系多属于这一类型。美国庞大的社会利益集团与政党之间既合作又对抗，既冲突又妥协。社会集团对于与自己主张接近的政党提供人力、物力和精神上的诸多支持和帮助，如通过政治行动委员会向政党捐款、协助政党竞选动员、进行独立支出（刊发政治广告公开支持某一政党）等。据统计，在2007—2008年选举周期中，支持民主党候选人奥巴马的49个利益集团，独立支出达3300多万美元；而反对它的17个利益集团，独立开支也超过2500万美元。① 德国政党与社会组织的关系，集中体现在政治基金会的运行方式上。在德国1.5万多个基金会当中，有许多与政党关系紧密的政治基金会，如接近基督教民主联盟的阿登纳基金会，亲社会民主党的艾伯特基金会，接近基督教社会联盟的赛德尔基金会，亲自由民主党的瑙曼基金会，接近联盟90/绿党的伯尔基金会，以及亲民主社会主义党的卢森堡联邦基金会。② 这些基金会协助政党联系选民，培养政党领导人，甚至协助政党开展对外交往等。

二　有限控制的社团主义模式

　　根据美国学者施密特的经典定义，社团主义（corporatism，也称为法团主义、统合主义）指的是由数量有限、功能分化的利益集团所构成的一种利益代表机制，这些利益团体在其所代表的领域具有

① 何兴强：《游说·利益集团·美国大选》，共识网（http：//www.21ccom.net/articles/rwcq/article_20100120296.html）。
② 吴辉：《共生互补　相得益彰》，《学习时报》2006年8月7日。

单一、强制性、非竞争性、等级分明的特点。这些组织得到国家的承认，并赋予它们在各自领域的代表独占权；作为交换，其领导人的选择以及需求与支持的表达会受到一定程度的控制。① 统合主义理论经常被用于分析拉美等国劳工组织的政治表达机制，同时是分析政党与社会组织关系的重要视角。

许多发展中国家，执政党与社会组织的关系多采用这一模式。如革命制度党执政时期的墨西哥，革命制度党在工人、农民和商人中间组建带有独占性的全国农民联合会、工人联合会和全国民众组织联合会，同时在本党内部设立对应的工人部、农民部和人民部，实现对三个职团的控制。借助职团系统，革命制度党将三大社会阶层纳入到政党组织体系中来，使得社会利益的外部表达转换为政党内部的利益疏导。同时，革命制度党也借助三个职团，实现对社会成员的利益输送和分配，形成利益与支持的循环系统。② 此后，革命制度党丧失政权的原因之一也是由于这一职团体系的失效，特别是职团领导人严重脱离群众、官僚化和腐败严重并逐渐失去对群众的代表性和吸引力。

新加坡人民行动党与基层组织的关系也带有社团主义属性。新加坡拥有众多服务民众的基层组织，如公民咨询委员会、民众联络所、俱乐部管理委员会、居民委员会、民防协商委员会等。它们向基层群众提供便民利民的社区服务，如老幼看护、文体活动、居民交流、环境保护等。这些服务组织都统一在人民协会的领导之下，而人民行动党的党魁担任该协会主席，人民行动党议员担任各个基层组织的领导人和顾问。因此，基层组织实际上也就处在人民行动党掌控之中，成为该党联系群众、服务群众的另一个组织。③ 基层组织为民服务，也就是行动党在为民服务。

---

① Philippe C. Schmiitter, "Still the Century of Corporatism?", in Fredrick B. Pike and Thomas Stritch eds., *The New Corporatism: Social-Political Structures in the Iberian World*, University of Notre Dame Press, 1974, pp. 93 – 94.

② 谌园庭：《墨西哥革命制度党兴衰探源》，中国社科院网站（http://kyj. cass. cn/Article/780. html）。

③ 吕元礼、黄卫平：《一党独大，仍要随需而变》，《南风窗》2009 年第 11 期。

三　冲突对抗的市民社会模式

市民社会拥有历史悠久的理论传统，同时也不必然包含与国家和政党相对立冲突的内涵。市民社会（civil society）最初的含义是指在国家权力控制之外的社会经济安排、规则与制度。随后其内涵不断变化，并指一种不受国家权力支配的社团组织的存在，并且这些社团能够对国家政策发挥一定的影响力。[1] 20世纪70年代末以来以及苏联解体东欧剧变过程之中，各种非政府组织发挥了推波助澜甚至是关键性的作用，从而一度使市民社会被看成是与执政党相对抗的反对者。

在东欧社会主义国家的剧变中，独立的市民社会（非政府组织）成为推动政党转型的重要力量。如在20世纪70年代末，波兰成立"团结工会"，捷克斯洛伐克成立"第77宪章集团"，保加利亚成立"支持"工会，罗马尼亚成立"博爱"工会，匈牙利成立"民主反对派"等，共同掀起反对执政党的运动。特别是波兰团结工会先后多次发动工人罢工，代表工人与波兰共产党谈判。该组织在1989年最终迫使官方承认其合法地位，签署圆桌会议协定，举行半自由大选，获得组阁执政地位。波兰团结工会的成功被研究者视为"市民社会对抗国家"的兴起以及"市民社会的再生"。与此接近的是，在2004年至2005年，东欧转轨国家发生的"颜色革命"当中，非政府组织在对抗执政党和当局方面的作用也令人瞩目。据统计，全世界2914家非政府组织都曾在独联体国家注册，这些组织不仅从事教育、扶贫、文化、环保、发展援助、科学研究等非政治性活动，还开展宗教、人权、调解武装冲突等政治性活动，甚至通过提供资金、人力资源、组织管理等大力扶持本地非政府组织[2]。

---

[1]　［加］查尔斯·泰勒：《市民社会的模式》，冯青虎译，载邓正来、［英］J. C. 亚历山大主编《国家与市民社会——一种社会理论的研究路径》，中央编译出版社2002年版，第6页。

[2]　闫文虎：《非政府组织：西方发动"颜色革命"的急先锋》，《俄罗斯中亚东欧研究》2011年第3期。

　　从国外政党与社会关系的经验模式中不难看出，政党与社会组织之间既团结又冲突，既合作又抵牾。而决定二者关系的因素可以从历史传统、社会结构、政治形势与利益关系等方面寻找。从政党如何强化与社会组织的合作支持关系角度出发，国外的许多经验做法值得总结。

　　其一，积极加强政治引导，是强化政党对社会组织影响的重要途径。国外政党对于社会组织的政治引导，并不借助于创设党组织的方式，而是通过政治引导的方式，即通过吸引社会组织领导人入党或者增强社会组织骨干对政党政策纲领的认同，来强化对社会组织普通成员的感染和带动。在竞争性选举条件下，各个政党还极力吸收和整合各种社会组织及其所代表的选民利益诉求，将其转化为竞选纲领和口号，进而博取它们的青睐和支持。

　　其二，强化政党对社会组织资源与功能下沉是密切政党与社会组织关系的重要形式。一些国家的执政党将社会组织看成服务基层群众或者特定职业群体的重要基础，这些社会组织获得政党在经济、人员和政策上的支持，成为政党服务群众、联系群众的另一个平台。同时，这些社会组织一定程度上还发挥了下情上传的功能，即通过及时收集和聚合基层群众和职业群体的利益要求，传递到政党中去，实现了民意的畅达。

　　其三，严格管理、防范渗透是消除社会组织消极影响的重要保障。从一些转轨国家的经验可以看出，各种受到国际势力干预和影响的社会组织，还可能成为执政党的反对力量。不少国家积极采取举措抵消这些社会组织带来的消极影响。如 2005 年 11 月，俄罗斯通过的关于俄境内外非政府组织法草案，就要求俄境内非政府组织不得接受境外资金从事政治活动，境外不能资助俄境内的非政府组织从事政治活动，并将通过注册登记、审查章程、监督资金来源和流向、检查非政府组织的活动是否与其宗旨相符等手段来清理、整顿、约束境内外非政府组织的行为。①

----

　　① 刘明等主编：《街头政治与"颜色革命"》，中国传媒大学出版社 2006 年版，第261 页。

第二节　中国新社会组织党建工作的演进历程

　　中国共产党对社会领域的领导是通过组建组织网络的方式加以实现的。"支部建在连队上"是革命时期中国共产党组织建设的成功经验。新中国成立之后，这一经验也被从军队管理移植到对社会领域和经济领域的管理。执政党除了在国家政权组织和军队建立各级党组织之外，还在国营集体企业、事业单位和社会团体中建立党的基层组织。这些组织在其中发挥着领导核心作用。

　　如果说旧社会组织可以理解为工青妇之类行政性社会团体的话，那么新社会组织则是指伴随改革开放出现的各类自主性社会团体。这些组织称谓不一，类别也有所不同，如民办非企业、行业协会、社会中介组织、社会团体、民间组织。学理性的话语称谓则包括非政府组织、非营利组织、草根组织、公民社会、市民社会等。但与旧社会组织相比，它们的一个共同特点在于依赖市场和社会来维持自身的生存发展。新社会组织的出现不仅是社会利益多元化和组织化的体现，同时也对中国共产党的社会整合提出了新的任务，即在由新社会组织所形成的新社会空间，如何重新实现党的组织与影响的全覆盖。正是在这一理念指导下，从 20 世纪 90 年代初以来，执政党持续推动新社会组织的党建工作，不断提高新社会组织中的党组织覆盖面。

一　起步动员阶段

　　90 年代前期到 2000 年，是中国新社会组织党建的起步阶段。这一时期执政党对于新社会组织出现所带来的影响开始有了初步的认识，并着手开展新社会组织的党建工作。

　　1994 年 9 月，党的十四届四中全会通过《中共中央关于加强党的建设几个重大问题的决定》，最先提出新社会组织党建的工作任务。该决定指出，随着多种经济成分的发展、利益关系的调整和经营形式的多样化，需要改进基层党组织的工作，"从实际出发建立党的组织，开展党的活动"。这一文件精神更多的是针对新经济组织（非公有制企业）的党组织组建而提出的，新社会组织领域的党建工作虽被提及，但尚未被提上日程。1996 年中共中央办公厅、国务院办公厅下发了《关于加强社会团体和民办非企业单位管理工作的通知》。该文件要求在清理整顿现有各类社会团体和民办非企业单位过程中，要在其中建立党组织，接受挂靠单位、业务主管部门党组织或所在地方党组织领导。

1998 年 2 月 16 日，中组部、民政部共同下发的《关于在社会团体中建立党组织有关问题的通知》，是第一个执政党关于新社会组织党建工作的规范性文件。该文件明确要求"常设办事机构专职人员中凡是有正式党员 3 人以上的，应建立党的基层组织"，并对新社会组织党组织的组织设置、活动开展以及主要任务等做了规定。文件的出台推动了全国各省市新社会组织的党建工作。各地通过调研摸底，掌握新社会组织发展状况以及其中的党组织发展状况，开展新社会组织的党建工作。如上海 1999 年出台了《关于在社会团体中切实加强党的工作的若干意见（试行）》的文件，成立市社团党建工作指导小组，推动社会团体的党建工作。但这一工作进展在全国层面较为缓慢。据统计，截至 2000 年，广东有省市属社会团体 7301 家，建立党组织的仅有 97 家；四川省 10308 家社会团体中，建立党支部 324 个，占全省社团总数的 3.1%。[①]

二　快速组建阶段

从 2000 年到 2007 年，是中国新社会组织党建工作的快速发展期。这一时期，中央对于加强新社会组织的党建工作有了明确认识，并积极推动全国各地开展组织覆盖工作。为了强化新社会组织的党建工作，2000 年 7 月 21 日，中组部又印发《关于加强社会团体党的建设工作的意见》（中组发〔2000〕10 号）。该文件从重要意义、组织关系、工作职责、教育管理和组织领导等方面，对新社会组织党建工作进行了更为详尽的规定。该文件提出，加强社会团

---

① 转引自严宏《近年新社会组织党建研究述评》，《学习论坛》2009 年第 11 期。

体党的建设工作，是确保党的路线、方针、政策在社会团体中贯彻落实，扩大党的工作的覆盖面和影响力、渗透力的重要保证。值得注意的是，该意见除了重申1998年文件关于社会组织党建的条件要求之外，还提出对于暂不具备条件建立党组织的社会团体，上级党组织选派、输送、推荐符合条件的党员，或指派党建工作联络员，帮助这些社会团体完成党建工作。

这一文件带动了全国新社会组织党建的高潮，许多省份出台配套文件，组建领导机构推动新社会组织的组织建设。如2002年江苏省委组织部制定《中共江苏省委组织部关于加强江苏省社会团体党的建设工作的暂行规定》，浙江省出台《关于加强新社团组织党建工作的意见（试行）》，针对新社会组织党建工作的难点问题，如"认识不足，责任不明，措施不力；新社团组织党的工作覆盖面小，影响力不够大"等问题，提出了针对性的解决思路。截至2002年底，浙江省10038个社团组织中，通过单建、联建和"临时建"等形式落实党建工作的社团数已达2347个，占总数的23%。[①]

上海和深圳还开始探索新社会组织党建的管理体制。2003年，上海在全国率先成立市社会工作党委，作为市委派出机构专门负责全市新社会组织、新经济组织党的工作的指导、协调、研究和督查等项职能。同时，全市19个区县先后建立了相应工作机构，中心城区101个社区（街道）全部成立了综合党委，郊区的部分社区（街道）和乡镇也成立了社会（综合）工作党委，形成了"上下对应、工作互动、各方联动"的工作网络，专门负责新社会组织的党建工作。2003年，深圳市成立了市民营经济工作委员会，作为市委的派出机构统筹协调全市民营经济和民间组织党的工作，随后全市55个街道也先后建立了民营经济党委。[②] 深圳市民营工委管理了全市社会组织中的行业协会联合党委、市注册会计师协会党委、市律师协会党委，其中行业协会党委负责在深圳无业务主管单位的经济类社

① 安蓉泉：《浙江新兴民间组织党建工作研究报告》，《浙江社会科学》2004年第6期。

② 葛明、马宏、李金宏：《深圳市社会组织党建工作调研报告》，载乐正、邱展开主编《深圳社会发展报告（2009）》，社会科学文献出版社2009年版，第189—203页。

会团体中从业的党员的教育、组织管理和服务工作。

除了地方党委和组织部门的推动之外，民政系统也积极推动新社会组织党建工作。它们在开展社会组织登记、管理、年检、评估和执法职能时，一般要求社会组织按规定成立党组织并督促开展活动。此外，还有一些省市主动将民政部门纳入到新社会组织党建工作中来，按照"党委统一领导、组织部门牵头抓总、民政部门负责落实、业务主管单位协同配合"的原则，强化对于无业务主管单位的社会组织的党建工作。① 截至 2006 年底，全国共有社会团体71985 个，其中建立党组织的占 11.7%。2007 年，全国党建研究会对上海、江苏、湖北、湖南等 10 个省市的调研显示，在调研的全部3800 多家律师事务所中建立党组织的约为 2300 家，约占 61%；注册会计师事务所共约 1300 家，其中建立党组织的为 500 多家，约占39%。由于这两个协会发展规模、成员素质及重要性，是各地新社会组织党建工作的重点，因此这两个数字略高于全国新社会组织的党建比例，但上述统计也大体反映了这一时期新社会组织党建工作的进展与态势。

三 稳步提升阶段

党的十七大以来，将新社会组织党建工作纳入基层组织工作的范畴，实现工作的常态化、制度化和功能化。党的十七大报告指出，要"全面推进新社会组织的基层党组织建设，优化组织设置，扩大组织覆盖，创新活动方式，充分发挥基层党组织推动发展、服务群众、凝聚人心、促进和谐的作用"。加强新社会组织的党建工作，不仅是提升中国共产党对社会领导和整合能力的现实要求，也是促进新社会组织健康发展的有利条件。2009 年召开的党的十七届四中全会对基层党组织建设作出新的部署，明确提出"全覆盖"的指导方针，即"实现党组织和党的工作全社会覆盖，做到哪里有群众哪里就有党的工作、哪里有党员哪里就有党组织、哪里有党组织哪里就有健全的组织生活和党组织作用的充分发挥"。具体到新社

---

① 民政部民间组织管理局调研组：《我国社会组织党建工作调研报告》，《社团管理研究》2009 年第 12 期。

会组织，十七届四中全会通过的《中共中央关于加强和改进新形势下党的建设若干重大问题的决定》提出要"按照便于党员参加活动、党组织发挥作用的要求，探索完善基层党组织设置形式……加大在中介机构、协会、学会以及各类新社会组织中建立党组织力度。以党的基层组织建设带动其他各类基层组织建设，活跃基层，打牢基础"。

在上述文件的指导之下，新社会组织党建工作的覆盖面不断扩大。根据民政部的统计，截至 2008 年底，全国 41.37 万家社会组织中，应建党组织的为 11.17 万家，占总数的 27%，已建党组织的为 6.03 万家，占总数的 14.6%，占应建党组织数的 54%。其中，社会团体中应建党组织的为 7.1 万家，已建立的为 3.8 万家，占 53.5%；民办非企业单位中应建党组织的为 4 万家，已建立的为 2.2 万家，占 55%；基金会中应建党组织的为 525 家，已建立的为 268 家，占 51%。① 另据中组部发布的中国共产党党内统计公报，全国 1.3 万个具备建立党组织条件的社会团体中，1.2 万个建立了党组织，占 92.3%。全国 1.6 万个具备建立党组织条件的民办非企业单位中，1.5 万个建立了党组织，占 93.75%。② 上述统计数字的变化大体表明 2000 年以来全国新社会组织党建工作的主要进展。

第三节　当前社会组织党建的主要困境

在中国，社会组织大体上是指在民政部门登记的社会团体、民办非企业单位和基金会，以此与工青妇等半行政化的社会团体区分开来。伴随市场经济发展和社会结构分化，中国社会组织得到迅猛发展，由此所形成的新社会空间也成为执政党组织建设的重要领域。由于组织属性的复杂性、利益分布的多元性和党员构成的分散

---

① 民政部民间组织管理局调研组：《我国社会组织党建工作调研报告》，《社团管理研究》2009 年第 12 期。

② 《2009 年中国共产党党员队伍和党的基层组织基本情况》，新华网（http://www.xinhuanet.com/zhibo/20100628a/zhibo.htm）。

性，当前社会组织党建工作仍然存在"组织覆盖难、党员管理难、作用发挥难"的普遍问题。

一　党组缺位，社会组织党建覆盖难以深化

当前社会组织内部分化严重，业务性质、成员规模、经济实力、社会影响等差异显著。对于不同属性的社会组织，现有的制度规定没有对社会组织中的党组设立作出具体规定，只是要求在社会组织中设立党组。对于规模以下的社会组织而言，有的党员人数不足3人，对于这一部分社会组织中党组如何设立，目前尚没有统一的标准。在实际运行过程中，规模以上的社会组织单独设立党组织，但规模以下的社会组织党建工作仍是一个难题。民政部门的统计显示，当前中国社会组织党组织总体覆盖率为15.4%。这是由于当前大多数社会组织规模小、人员少、党员少，绝大多数社会组织党员人数都不足3人。① 因此，规模以下的社会组织党建工作仍然存在较大的空白。

二　外部嵌入，党组织与社会组织缺乏有效互动

由于社会组织与执政党利益差距较大，社会组织对党建工作持消极、抵触甚至是反对情绪，社会组织和党组织缺乏良性互动。当前，社会组织在成立伊始并没有党组织，但向民政、工商等部门申报登记和年检时被要求有党组织，社会组织迫于外部压力不得不设立党组织。这种外部嵌入的党建模式常常引发社会组织对党组织的内部排斥与消极应付；同时，一些社会组织还会认为党建工作增加了额外的时间、人力和经济成本，故消极抵制党建工作。并且，社会组织成员大多数流动性强、工作岗位稳定性低、党员身份不能带来职业的稳定和收入的增加，因此社会组织成员大多数入党愿望不强烈，而已是党员的社会组织成员则选择隐瞒自己的党员身份，成为"地下党员""隐形党员""口袋党员"，导致社会组织中的党组建立困难重重，党组织生活无法正常开展。此外，社会组织的党建

---

① 窦玉沛：《加强党建工作　促进社会组织健康发展》，《行政管理改革》2015年第2期。

工作被纳入各级党委和行政部门的任务体系，导致上级党委对社会组织的业务工作关心和支持不够，而对党务工作要求多、检查多、评比多，有一定的形式主义，招致社会组织和党员的不满，影响社会组织中党建工作的开展。

三　活动陈旧，社会组织党建质量有待提高

党组建立以后，如何进一步进行党建活动成为社会组织中党组工作的另一问题。当前社会组织党建工作的一个普遍现实是"重建党、轻党建"，片面强调组织的覆盖面，忽视组织作用的发挥；片面强调基层党组织的筹建数量，忽略组织功能发挥的成效。一些社会组织中的党建活动，照搬党在国有企业和事业单位、街道的活动形式，组织生活形式单一陈旧，除了组织学习、座谈交流、走访慰问外，再也拿不出新方法，导致党的活动与业务工作相脱节。[1] 由于各地财政实力大小和对社会组织党组工作的重视程度不同，一些社会组织党建还存在党务工作者、活动经费和活动场地等方面的不足。调查显示，目前社会组织党员的教育管理经费85%来自党费和上级党组织的划拨，但由于社会组织党员党费的收缴总量不高，即使党费全额返还也还捉襟见肘。[2] 党建活动缺乏差异性和针对性，党建资源投入的相对匮乏，都对社会组织党建工作产生不利影响。

四　主体不清，党建管理体制有待厘清

现有制度规定，社会组织的申报登记和年检归民政、工商部门管理，平时的业务工作主要归业务主管部门，即社会组织党建工作主要由业务主管部门承担，民政、工商部门协助。在实际运行中，各地采取的做法不一，包括：一是属地管理，即社会组织的党组织关系挂靠在所在街道、社区或者人才交流中心等；二是属业管理，即根据社会组织的行业属性，把党组织关系挂靠在行业协会；三是部门

---

① 侯晋雄：《"两新"组织党建工作的困境及破解路径》，《理论导刊》2012年第7期。

② 张波：《我国新社会组织党建工作若干问题研究——基于2000—2013年相关文献的分析》，《长白学刊》2014年第1期。

管理，即由民政、工商、社工委、两新组织办公室等来管理社会组织的党组织。但是，在具体实践中，由于权责不明晰，导致上级组织在社会组织建立党组问题上互相推诿，党建工作出现空白，党建工作责任没有落到实处。尤其对于境外非政府组织而言，由于缺乏相关法律规定，境外非政府组织存在多头管理的情形，有的在民政部门注册，有的在工商部门注册，有的则根本不注册，由此出现从事破坏中国国家安全的活动，党建活动的开展仍然面临着很多空白区。

第四节　推进社会组织党建的发展方向

社会组织党建是我们党在社会结构分化背景下进行组织调适的重要体现，它是通过对新生成的社会空间进行组织覆盖进而达到政治领导的目的。推进社会组织的党建工作，应当照顾社会组织的差异性，做到因地制宜，有的放矢。同时，还应当突出成效，把党组织的功能行使和实际影响作为评价社会组织党建的重点，不仅实现党的组织全覆盖，还要做到党的影响全覆盖。

一　突出党员示范表率，增强党组织的凝聚力

提升党组织的凝聚力是开展社会组织党建工作的目的。与单纯强调外部嵌入所不同的是，组织凝聚力来自党员的影响力，通过优秀党员的模范带头作用，实现党组织的政治领导作用。一方面，各级组织部门和业务主管部门可以从社会组织的管理层和业务骨干中亲近党的优秀人才中发展党员，发挥其领导带头作用。另一方面，鼓励社会组织优秀成员入党，同时社会组织在招聘成员时，可以向具有党员身份的应试者倾斜。这种将社会组织中的业务和管理骨干培养成党员，将党员培养成社会组织骨干的"双培"做法，符合《中国共产党党组工作条例》的规定，避免了外派党务工作者不受重视的局面；同时又为社会组织节约人力、财力成本。新吸收进入社会组织的党员可以有效贯彻党的路线方针政策，并影响和带动其他党员的行动，有利于扩大党组织在社会组织中的影响力。

二　提高政治认同，促进党组织与社会组织的良性互动

社会组织党建的核心目的在于提升社会组织成员对党执政合法性的认同，扩大党在社会组织及其成员中的政治影响。在实践中，党组织作为外部力量嵌入到社会组织中，若没有使社会组织获得社会影响和经济效益，后者难免对党建工作消极对待甚至抵触。为此，一方面要强化社会组织对党建工作的责任意识和政治要求。一些地方开展"四个同步"的试点，即社会组织登记与党组织设立同步审批、同步年检、同步换届、活动同步开展等，强化民政部门和工商部门在推进社会组织党建上的主责作用。另一方面还应当采取正向激励方式，鼓励社会组织开展党建工作。近日发布的《东莞市政府向社会转移职能暂行规定》，就要求诸如行业统计、社区事务、公益服务、企业资质认定等政府职能都将转移给社会组织承担，评估等级在3A以上、已获免税资格、已有党的组织的社会组织可优先承接政府职能。这一规定对于调动社会组织积极性产生了良好效果。此外，为了保持社会组织中业务工作和党务工作的平衡，加强社会组织中党组织领导的同时，又能保证业务工作的顺利开展，除了要加强社会组织自身对党的政治热情外，党也要提高为社会组织服务的能力，将二者的利益联系起来，围绕社会组织开展服务型党建活动，开展党员示范岗，把党建工作与社会组织的业务工作结合起来，不仅有助于扩大党组织在社会组织中的影响力，也有助于党的路线方针政策的贯彻落实。

三　建立保障机制，激发社会组织党建工作的活力

一是上级组织部门应当多渠道为社会组织中的党组提供活动经费，降低社会组织的党建成本。划拨专项党组活动经费款项，由上级组织部门批准从党费中划出一定比例，用于社会组织党组开展活动。民政、工商部门在对社会组织进行年检时，可以将党组活动开展情况作为考核指标之一，按表现情况，分等级进行物质奖励。二是根据社会组织的特点，适时开展丰富多彩的党组活动。结合社会组织成员的层次、兴趣爱好，开展以文娱活动为主的民主生活会；

根据社会组织的规模，在行业协会和上级党组织的统筹安排下，开展跨部门、跨行业的小型民主座谈会；结合社会组织工作的特点，开展时间短、个别谈心活动，加强党组织对党员的关心。三是针对社会组织流动党员多、党的活动开展困难的现实，社会组织党员可以利用工作休息间隙，在活动的公共区域进行简短的交流；向行业协会提出申请，在集中办公的地方开展小型的民主生活交流会，增强党员之间的交流；利用互联网对党建活动进行推送，实现党组生活的智慧化和便捷化。

四　明晰党建责任主体，加强社会组织党建的领导

一是从社会组织党建工作难以落到实处的现实出发，明确党建责任主体，建立党建责任制，列出党建责任清单；将党建责任的落实作为各级党委书记的述职考核指标之一。二是细化实施细则，强化统筹协调。2015 年《中国共产党党组工作条例》也只是明确社会组织要设立党组，但党组具体如何运行，该条例没有做具体规定。在进一步进行社会组织党建工作时，上级党组织应该提供更细致的制度规定，为社会组织党建工作提供统一的标准。针对境外非政府组织管理混乱的问题，国家可以出台相关法律规定，使境外非政府组织在中国境内依法开展活动。境外非政府组织可以在开展活动前与中方合作机构向外事办申请合作项目备案，同时，建立联席会议制度，明确成员单位职责任务，进一步加强党建工作。

第五章

提升适应性：信息化背景下
执政党在线能力建设

信息化的发展日新月异，从个人电脑互联网、无线互联网、物联网到大数据、云计算等；从 Web 1.0 到 Web 2.0 再到 Web 3.0；从无处不在的网络，到无处不在的计算、无处不在的数据和无处不在的知识，信息化已经彻底地改变了我们的社会基础、交往方式和舆论形态，进而对党的长期执政形成了严峻的考验。如何应对人民群众日趋普遍的网络社交模式，如何吸纳日益活跃的网络政治参与，如何走出传统媒体失语所导致主流意识形态宣传的困境，如何应对网络可能引发的政治风险，等等，都是中国共产党执政面临的全新考验。相比之下，执政党应对网络挑战的思想准备和能力准备并不充分，互联网背景下的执政能力建设存在明显的不足。相对于既有的"四种危险"和"四大考验"，互联网的考验既全面也越加紧迫，"过不了互联网这一关，就过不了长期执政这一关"。居安思危，防患未然。充分认识互联网对党执政提出的挑战，准确分析互联网时代的执政风险，提升党在信息化浪潮下的适应性，是进一步巩固党的执政地位的基本前提。

第一节　互联网的兴起形成新的执政环境

互联网的兴起不仅带来社会交往、商业行为和价值观念的显著变化，也推动了政治沟通、结社参与和权力运行的深刻变革。越来越多的人不再依赖于报纸、广播、电视，而是通过智能手机和移动终端获取政治新闻；人们也越来越依赖于社交媒体而非政治集会来交流政治观点；政治人物也逐渐减少广场演讲的频率，转而在社交媒体上与选民互动。伴随政治大数据的应用，作为民主政治基础的选民，甚至也被作为一个由各种信息汇集起来的数据化个体，可以通过数据方法加以计算、测量和影响。

互联网还潜在而深刻地改变了中国共产党的执政环境。从 1994年中国全功能接入世界互联网至今，中国互联网发展经历了 26 年的实践，网络已经深度介入和渗透到社会政治生活。互联网成为影响党群关系的关键变量，成为政治参与的新型平台，成为舆论交锋的重要场域，成为政治风险的触发动力。这些变化因素潜在地对党的传统执政理念、方式和技术提出挑战，如何适应互联网重塑的政治新常态，已经成为党长期执政的重要课题。

一   从人民群众到网上群众的角色转换

中国共产党作为中国人民和中华民族的先锋队，被写入了党章和宪法。作为中国最广大人民群众的利益代表，中国共产党把人民群众作为执政的根基。伴随互联网的兴起和发展，越来越多的人民群众习惯于在虚拟网络空间存在和社交，成为网民的一员。统计显示，截至 2016 年底，全国网民人数达 7.30 亿，互联网普及率达53.2%，半数中国人已接入互联网，手机移动端上网比例高达95.1%，网民人均周上网时长为 26.4 小时。[①] 截至 2019 年 6 月，网民人数已达 8.54 亿，互联网普及率为 61.2%；手机移动端上网比例为99.1%，网民人均周上网时长为 27.9 小时；即时通信用户 8.25 亿，占网民总数的 96.5%。[②] 换言之，全国超过六成的国民在上网。

互联网将人民"改造"成网民的同时，也深刻改变了他们的社会生活、人际交往和政治表达的方式。人们浏览网页获取新闻信息，在社交媒体如微博、微信、QQ 上交朋结友，通过网络购物消

---

①   《第 39 次中国互联网络发展状况统计报告》，国家网信办网站（http://www.cac.gov.cn/2017 - 01/22/c_1120352022.htm）。

②   《第 44 次中国互联网络发展状况统计报告》，国家网信办网站（http://www.cac.gov.cn/2019 - 08/30/c_1124938750.htm）。

费，利用网络查询公共服务。数据显示，截至 2015 年末，中国政务微博账号接近 28 万个，政务微信公众号超过 10 万个。入驻"今日头条"的政务客户端超过 3700 个，总阅读量超过 10 亿人次。打造指尖上"24 小时不下班的政务大厅"，推进信息公开、网络问政、网络监督，正成为中国不少地区和部门政务建设的新时尚。① 截至 2016 年 12 月，中国在线政务服务用户规模达到 2.39 亿，占总体网民的 32.7%，政府微信公众号使用率达到 15.7%，政府网站、政府微博及政府手机端应用的使用率分别达到 13%、6% 和 4.3%。② 这一数据伴随中国信息化发展的步伐得到了迅速提升。截至 2019 年 6 月，中国在线政务服务用户规模为 5.09 亿，占网民整体的 59.6%，比 2016 年底增长了 1 倍多；全国 297 个地级市行政区政府开通"两微一端"等新媒体传播渠道，总体覆盖率达 88.9%。

互联网也成为网民重要的政治参与渠道。在网络虚拟空间，网民具有更广泛的信息获取渠道和更便捷的信息传播能力。他们通过浏览、发言、评论、跟帖等形式对一些政治事件和公共政策发表意见，表达诉求；他们也通过领导信箱、网络问政、网络举报等形式与党政领导和有关部门直接沟通。从群众到网民的变化，要求党的领导工作方式实现从线下到线上的转变，要求党员干部能够熟练掌握网络群众的工作方法。

二　网络公共领域日渐生成

一般认为，公共领域是连接国家与社会、公共权力与私人领域的中间地带或者第三领域，是公民参与国家或公共事务讨论、交流乃至批判的公共空间。一方面，随着互联网和社交媒体的出现，公共领域的形态从现实空间转向虚拟空间，从咖啡馆、茶室、沙龙、剧院转向博客、网络论坛、即时聊天工具和网络评论，参与者借助

---

① 《"两微"问政，中共新媒体时代的"群众路线"》，千龙网（http://china.qianlong.com/2016/0711/741680.shtml）。

② 《第 39 次中国互联网发展状况统计报告》，国家网信办网站（http://www.cac.gov.cn/2017-01/22/c_1120352022.htm）。

网络超越地理、物理空间的限制和社会等级分层的隔阂，可以是相忘于江湖的陌生人。伴随网络兴起的虚拟结社形态也呈现爆发式增长，校友群、家长群、工作群、闺蜜群、联谊群、海归群、业务群、销售群、公益群、户外运动群等在微博、微信等各类社交媒体中快速生成。这种网络集群与结社形式不仅成为人们分享生活信息和交流工作经验的便捷工具，也成为公共领域的重要形态。群友们就一些政治新闻、重大决策、时事进行群聊和讨论，分享和学习政治知识、经验和观点。

另一方面，近年来，网络公共事件的出现进一步加快了网络公共领域的形成和扩张。研究显示，孙志刚事件、华南虎事件、黑煤窑事件、重庆钉子户事件、瓮安事件、邓玉娇案、杭州飙车案、开胸验肺事件、陕西房姐事件等重要网络事件，成为网络公共领域的催化剂。在这些网络公共事件当中，人们发声、跟帖、评论、灌水、拍砖，既表达和宣泄着个人的观点情绪，也自然延伸出关于权力运行、公正司法、弱势群体保护和官商关系等政治议题的讨论，实现了深度的政治学习和政治社会化，客观上倒逼着司法审判的权衡走向，乃至法律与政策的修正完善。

三　网络意识形态的争执日趋活跃

中国共产党具有鲜明的意识形态特征，不仅高举马克思主义的理论旗帜，还根据时代和社会的需要不断生产着自己的意识形态理论成果。这些理论成果体现在党的领导人的理论著作、重要论述和党代会报告当中，并成为党执政的思想基础和精神指引。一直以来，主流意识形态通过官方报纸、电视和广播进行传播和扩散。伴随互联网的兴起，主流意识形态的主导地位受到冲击甚至被削弱，网络空间的舆论争执日趋多元活跃。人民论坛的调查显示，近年来网络上影响较广泛的社会思潮包括新自由主义、民族主义、新左派、民粹主义、普世价值论、生态主义、历史虚无主义、极端主义、新儒家、宪政思潮；并且社会思潮多元化格局将长期持续，期望社会思潮纯而又纯既不现实也不可能。[①] 尽管上述社会思潮并非都与主流意识形态相背离，甚至正是有了一些错误思潮才使得"主流意识形态的认同度和影响力稳步提升"，但是不容否认，多元化思潮和意识形态在网络空间不断涌现，无疑在冲击着主流意识形态的主导地位。"历史不厌其烦地教诲我们：话语并不是转化成语言的斗争或统治系统，它就是人们斗争的手段和目的，话语是权力，人通过话语赋予自己权力。"[②] 由于网络传播具有参与多元性、扩散即时性、传播裂变化、内容碎片化的特点，官方很难加以主导和掌控。并且，互联网的冲击不仅体现在多元社会思潮的涌现上，还体现在党报党刊发行下滑、广告萎缩、经营乏力等经营困境上。这一困境的背后则是报刊阅读者的萎缩和社会关注度的下降，同时也意味着执政党主流意识形态传播渠道的流失，进而对党的思想领导力形成较大冲击。

四 网络政治风险不容忽视

在研究者看来，互联网是一种自由技术，是帮助个体行动者扩大政治、社会和经济自由的各类信息与传播技术。[③] 一些国家的政治动荡事件，如摩尔多瓦议会选举引发的反政府示威、伊朗大选骚乱、"阿拉伯之春"以及"占领华尔街"运动等显示，社交媒体如 Twitter、Facebook、YouTube 等已成为一些国家社会运动和政治动荡的催化剂。社交媒体为政治运动提供了技术支撑，它为抗争者提供了沟通、联络、辩论以及达成共识的虚拟平台，降低了宣传动员的时间、人力和资金成本，短时间内实现动员信息的病毒式传播。近年来，国内围绕一些重大项目规划如垃圾焚烧发电厂、PX 项目、磁悬浮和核电站选址，以及征地拆迁等，一些行动者也开始使用微博、微信、QQ 以及网站等进行线上召集动员，线下集体集会，日益显示网络在社会动员中发挥着越来越重要的作用。基于厦门 PX

---

① 贾立政等：《2014 中外十大思潮（上）》，《人民论坛》2015 年第 1 期。

② ［法］福柯：《话语的秩序》，肖涛译，中央编译出版社 2001 年版，第 21 页。

③ Larry Diamond, "Liberation Technology", *Journal of Democracy*, Vol. 21, No. 3, 2010, pp. 69 – 83.

项目个案，研究者发现，"线上讨论"对于"线下行动"的推动体现在话语生产、舆论形成和民意构建的诸多环节，跨越了时空界限，渲染了网民情绪，实现在线集体行动（互通信息、协调策略、建构议题）和离线集体行动（集体维权大会、维权监督行动）的有机整合。[①] 这一个案也同样警示我们，网上争议与网下行动可能仅一步之遥，网络公共事件与现实政治风险的关联十分紧密，加强网络政治风险的研究与预判是党面临的重要任务。

第二节 信息化背景下的党务服务创新

一 中央直属机关"两微一端"建设与党务部门在线化

中国共产党新闻网和人民网舆情检测室有关党建的新媒体数据显示，在 2016 年 6 月至 2017 年 6 月之间，中共中央直属机构网站发布的文章中（见图 5 - 1），共产党员网发文数量大幅提升，各大党建网站的新媒体建设得到充分重视。[②] 此外，该研究还统计了中央直属机构"两微一端"矩阵的建设情况，几乎所有中直机构都建立了微信公众号。这些微信公众号的名称为：中央纪委监察部网站[③]（中央纪委）、秘书工作（中共中央办公厅）、共产党员（中组部）、党建微平台（中宣部）、统战新语（中央统战部）、长安剑（中央政法委）、紫光阁微平台（中央国家机关工委）、中央党校网[④]（中央党校）、中共党史出版社（中共党史研究室）、中央编译局翻译服务部（中央编译局）。此外，还有一些机构分别建立 APP

---

① 周海晏：《PX 及其后：新社会运动视域下中国网络环保行动研究》，博士学位论文，复旦大学，2012 年。

② 《"媒"力十足：党建如何玩转新媒体》，中国共产党新闻网（http://dangjian. people. com. cn/n1/2017/0721/c117092 - 29419433. html）。

③ 由于机构调整，微信公众号"中央纪委监察部网站"现已更名为"中央纪委国家监委网站"。

④ 由于机构调整，微信公众号"中央党校网"现已更名为"中央和国家机关党校"。

和官方微博账号。比如中央纪委建立"中央纪委网站 APP"①、中央
统战部建立"统战新闻 APP"、中央政法委建立"中国长安网
APP"、中央国家机关工委建立"支部工作－互联网＋党建 APP"、
中央党校建立"学习中国 APP"；中央政法委、中直机关工委、中
央国家机关工委、中央党校和中央编译局也相应注册了官方微博
账号。②

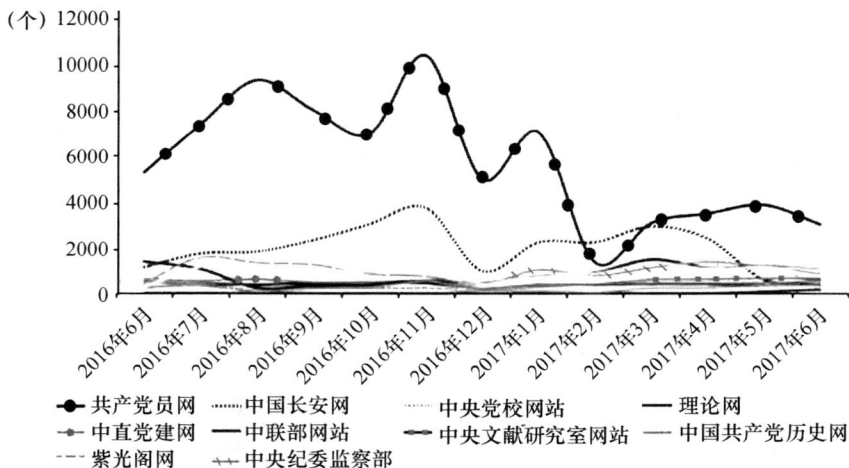

图 5－1　中共中央直属机构网站发布文章总量趋势

资料来源：《讲好新媒体时代党的故事》，《人民政协报》2017 年 6 月 28 日。

　　与此同时，在中央直属机构快速布局"两微一端"、推进党务
服务在线化的趋势引领下，一些党务新媒体平台迅速蹿红，成为吸
粉大户。比如中央国家机关工委于 2001 年 6 月开通的紫光阁网站，
设置要闻聚焦、部委党建、统战群工、学习平台、交流评论等栏
目，子栏目约为 70 个。2015 年中央国家机关工委又在新浪注册了
"＠紫光阁"，该账号两年间发布微博 3000 余条，总传播数据超过

①　由于机构调整，"中央纪委监察部网站 APP"现已更名为"中央纪委国家监委网
站 APP"。
②　《"媒"力十足：党建如何玩转新媒体》，中国共产党新闻网（http：//
dangjian. people. com. cn/n1/2017/0721/c117092－29419433. html）。

200 万次。中央国家机关工委在微信上注册"紫光阁微平台"公众号，开通"热点聚焦""机关党建""本刊关注"三个服务功能，分别包括政治、经济、社会、文化、生态、要闻、部委、地方、活动等 10 个子菜单。紫光阁杂志社与中央国家机关工委组织部联合开发"支部工作法 APP"，直接面向中央国家机关 1.7 万个党支部，使之成为机关党支部规范和严格组织生活的有效载体。①

此外，由中央党校主办、中国干部学习网建设的"学习中国"，是一个融微博、微信、客户端为一体的全媒体平台，对党政理论、政策方针、领导干部讲话等内容进行创新性的解读与呈现，已成为流量占有率、访问量、下载量较高的具有较大影响力的平台。统计显示，截至 2016 年 6 月 21 日，"@学习中国"官方微博账号共有粉丝 516264 个，发布微博 7768 条；"学习中国"微信平台包含"独家原创""习语汇编""学习部落"三大部分，在"学习部落"中提供"学习中国 APP""中国干部学习网""干部移动学习平台"等多级接口，在线提供党政理论学习资源。"学习中国 APP"以学习习近平总书记系列重要讲话为核心内容，从"跟着大大学马列""跟着大大学党史""知识地图""实景地图"等 15 个维度权威地解读了习近平总书记的系列重要讲话。②

由中宣部建设的"学习强国 APP"，可以说是近年来党务部门在线化的优秀案例。"学习强国"于 2019 年 1 月 1 日正式上线，5 个月就经历 10 次版本更新，其中 6 次涉及业务拓展和服务提升，4 次修复原有缺陷、优化体验。截至 2019 年 5 月 15 日，"学习强国"手机客户端在 ios 系统累计下载量为 3668 万，Android 系统累计下载量超 2 亿。自 2019 年 2 月起，其下载量稳居教育类 APP 榜单第一，2 月中旬至 3 月底下载量占据总榜第一。③ 与其他理论学习平台有所不同的是，"学习强国"构建了自上而下的融媒体传播平台。该平台分 PC 端和手机客户端两个传播平台。PC 端有 17 个板块 180 个一

① 《讲好新媒体时代党的故事》，《人民政协报》2017 年 6 月 28 日。
② 同上。
③ 李瑞鑫、朱文慧：《关于"学习强国"学习平台的融媒体特征分析》，《新媒体研究》2019 年第 11 期。

级目录。手机客户端设立推荐、要闻、新思想、综合、经济、科技、文化等 24 个频道。① 学习强国平台的资源分为基本资源和动态资源两大类。基本资源主要是党章党规、政策法规、历史文献等，还有戏曲影视艺术。动态资源主要是新闻。新闻资源来自 76 家中央及省级党报党刊、120 多个卫视频道和 77 家新闻网站，覆盖国内国际，集新闻传播、理论学习、文化欣赏于一身，是全方位、全媒体、多维度的学习资源库。②

二　智慧党建与指尖党务创新

伴随信息化、网络化以及数字化技术的迭代发展，各地党委部门开展各种形式的"智慧党建"探索。他们借助党建网络一体化平台，将纸质内容电子化，线下党建和服务群众工作流程化、数字化、线上化，实时获取党员、群众、社会对党的看法和需求，党员和党组织的活动状况，更便捷地办理相关组织业务、参与组织活动、发挥党员作用，实现管理、服务和引领的定制化、精确化、个性化、智能化。③

深圳在全国较早开展了智慧党建的探索。深圳市于 2013 年在南山区率先开展智慧党建的试点，2018 年 6 月由深圳市委组织部和腾讯公司合作开发的深圳"智慧党建"系统正式上线运行，形成信息集成、互联互通、开放共享的城市基层党建信息系统。借助这一系统，深圳市实现对全市 3.2 万个党组织和 56 万多名党员一网式、扁平化管理。深圳"智慧党建"系统依托市—区—社区三级党群服务中心实现对纵向党组织的有机整合。全市 1050 个党群服务中心在"智慧党建"系统都建立了自己的服务主页，整合资源在线发布。"智慧党建"系统依托党群阵地开展活动、深化服务，党群阵地依靠党建系统强化管理、指挥调度，形成了线上线下的服务平台体

① 刘汉俊：《以媒体融合优势做强"学习强国"学习平台》，《先锋》2019 年第 3 期。
② 黄国春：《"学习强国"传播模式与主流媒体的融合传播》，《青年记者》2019 年第 22 期。
③ 王保彦：《"互联网＋党建""智慧党建"的多维解析》，《理论与现代化》2017 年第 3 期。

系，促进各级党群服务中心资源共享、互联互动，为居民群众提供精准化精细化的服务。此外，深圳"智慧党建"系统还借助大数据、云计算技术实现党务服务全覆盖。"智慧党建"系统对全市党组织、党员数量结构和工作开展情况等进行实时监测、动态分析，对党组织设置不合理、没有按时换届、组织生活落实不到位等智能"亮灯"预警，通过科学设计积分管理规则，将党组织和党员所有线上行为纳入监测管理，操作全部留痕，量化评分，实现线下活动、线上积分、实时管理、动态考核，及对党员的精细化管理。①

上海的智慧党建也采取了与深圳相似的做法。首先，上海全市划分为3万多个区块，基层党组织党员骨干、班子成员担任网格长、网格员，促进需求在网格发现、资源在网格整合、问题在网格解决，实现联系服务群众"零距离"。同时，上海依托"智慧城市"建设同步推进"智慧党建"，把党的建设渗透到城市信息化建设，与城市治理过程中的大数据运用、人工智能发展深度融合，实现"支部建在网格上，网格建在社区里"，推动党建工作全覆盖无遗漏。②

比如上海静安区建设的静安智慧党建信息管理平台（见图5-2），汇集了数据采集、流程管理、信息研判、预警分析、指挥督办等功能，实现把支部建在网上，把党员连在线上，覆盖全区3800多个基层党组织建设和9万余名党员的教育管理工作。"智慧党建"信息管理平台由数据管理PC端、信息发布竖屏端、移动服务手机端三端组成。其中，作为整个平台的核心，数据管理PC端由操作应用端和大屏展示端两部分组成，而操作应用端又分为基础信息、党建阵地、党建工作三个板块；作为党建工作"走出去"的重要窗口，信息发布竖屏端设置"三张清单"、党建阵地分布、活动在线预约、在线党课资源等特色功能；移动服务手机端可以实现随时随地的移动化党建工作，成为党组织与组织之间、组织与党员间的重

---

① 《大数据把党建服务送到家门口　深圳全面推行"智慧党建"系统，力争上半年实现两个"全覆盖"》，《南方日报》2019年1月28日。

② 臧鸣：《网格设置＋大数据运用，上海将智慧党建覆盖到城市"末梢"》，2018年12月12日，澎湃新闻（https://www.thepaper.cn/newsDetail_forward_2729803）。

要沟通桥梁。该系统通过线上发展党员纪实管理系统建设，将发展党员流程的 5 个阶段 25 个步骤进行分析拆解，对入党申请人从递交入党申请书直至转为正式党员，进行全程、连续、线上线下同步纪实管理。①

图 5 - 2　静安智慧党建信息管理平台

资料来源：《为党建插上"信息化"翅膀　"智慧党建"平台发布开启静安基层党建工作新时代》，2019 年 6 月 12 日，人民网 – 上海频道（http：// sh. people. com. cn/n2/2019/0612/c134768 – 33033990. html）。

党务微信公众号的发展与指尖工作法的创新。《2018 年微信年度数据报告》数据显示，微信月活跃用户 10.82 亿，其中有 6300 万是 55 岁以上的用户，每天发送消息 450 亿次，同比增长 18%。每日音视频通话 4.1 亿次，同比增长 100%。2018 年相比 2015 年，人均加好友数量增长 110%，朋友圈日发布视频数量增长 480%。与此同时，微信已经渗透到各个年龄层的群体当中。55 岁以上的活跃用户日间线上娱乐主要是刷朋友圈、阅读、购物等，晚餐后习惯与子女视频通话；"90 后"公共交通出行最频繁，平均每个月 25

---

① 《为党建插上"信息化"翅膀　"智慧党建"平台发布开启静安基层党建工作新时代》，2019 年 6 月 12 日，人民网 – 上海频道（http：//sh. people. com. cn/n2/2019/0612/c134768 – 33033990. html）。

次，阅读内容从三年前的娱乐八卦转向生活情感；"80 后"热爱阅读，阅读内容与三年前一致，始终关心国家大事；"70 后"休闲时刻喜欢刷朋友圈，晚上 11 点半左右睡觉。① 由此可见，微信已经超越了简单的即时通信工具范畴，已经成为人们日常生活不可缺少的社交媒体工具。

　　伴随微信这一社交工具的兴起及其在社会生活中的渗透，微信也成为开展党建工作和党务服务的重要工具。围绕党务的微信公众号、微信群不断出现。除了中央直属机构开通微信公众号之外，一些中央媒体如《人民日报》、新华社、《光明日报》也纷纷开通公众号，一些地方党组织也开通公众号，如"北京组工""江苏先锋"等。其中新闻媒体类党建微信公众号着重发布包含党建重大新闻的时事权威新闻，凭借其在传统媒体领域的优势地位、强大影响力、资讯来源渠道以及可投入的人、财、物资源支撑，运营呈现出专业化的显著特点，无论是受众订阅量、阅读量还是点赞量都十分可观，单条信息阅读量一般均超过 100000 次，充分发挥了党建宣传喉舌的主体作用。② 与此同时，一些基层党组织也利用微信作为开展党务服务的重要工具。例如，公开报道显示，上海市的联洋第六居民区创新"指尖上的群众工作法"，以"联洋六居委"微信公众号为主要依托，以各个微信群为支撑，通过微信建立了虚拟社区，把党务、政务、社务融为一体。其中"联洋六居委"微信公众号平台主要用于社区活动预告、社区信息推送和社区服务项目介绍。目前，小区已开通的微信群包括青少年活动群、妇女计生群和党员群，通过各个微信群，对党员、楼组长和志愿者进行统一管理和服务。③ 借助微信开展的"指尖上的党建"，主要通过群推送、自动回复和点对点交流，实现党务信息的即时推送，党务服务的线上开展以及党员管理的高效便捷。

---

　　① 《2018 年微信年度数据报告》，新华网客户端（http：//www. xinhuanet. com/zgjx/2019 – 01/10/c_137732668. htm）。

　　② 李明：《党建微信公众号：小指尖上的大党建》，《人民论坛》2018 年第 8 期。

　　③ 《浦东新区花木街道："互联网 + 社区治理"探索"指尖工作法"》，上海基层党建网（http：//www. shshjs. gov. cn/shjs/node3/n320/u1ai79186. html）。

第三节　网络适应能力不足与网络执政风险

2011年胡锦涛同志发表"七一讲话"，指出新时期党将面临"四大考验"和"四种危险"。其中"四大考验"分别来自执政、改革开放、市场经济和外部环境，而"四种危险"则包括精神懈怠、能力不足、脱离群众和消极腐败。相比之下，互联网的兴起及其对执政党所形成的考验和风险，与既有的"四大考验"和"四种危险"有着显著的不同。互联网的兴起对党的长期执政来说，既是一种执政考验，也是一种执政危险。互联网的兴起改变了社会结构、政治参与和舆论形态，也对党的执政思维、执政方式和执政能力提出了新的要求和挑战。面对互联网的新挑战，执政党在用网治网能力方面还有较大改进提升空间。

一　基层组织网络形象有待强化

人民网下设的中国共产党新闻网牵头发起"全国党建网站联盟"，吸收了全国30个省市437家党建网站，推动全国党建网站的整合，组建网络"红色集团军"。但总体上看，这一整合还是初步的，比如内蒙古、新疆、西藏三个自治区没有加入这一联盟；并且加入单位多寡不均，安徽省有130个党建网站加入其中，最多；天津只有2个党建网站加入，最少。

一方面，各级党组织网站发展状况也存在不均衡现象。党的组织、纪检以及机关党组织网站建得多，宣传、统战、政法、党办和政研室等其他党务部门建得少；越往上级党组织网站建设越规范，越往下级党组织网站建设越粗放。各级各部门党建网站在统一标识、规范模块和互联互通方面还十分欠缺，"各管各的网，各吹各的号，你一套我一套"现象较为普遍。党的网络形象规范化和一体化方面还有较大改进空间。另一方面，已建立党建网站的信息扩充和双向互动还有待强化。面对互联网兴起形成的新常态，许多基层党建网站建设仍然沿用陈旧思维。一些党建网站除重硬件投入轻日

常维护，网上信息常年不更新、不扩充，网站形式化、僵尸化、摆
设化现象较为突出；一些党建网站除简单介绍领导信息、机构职能
之外，缺乏业务工作的指导信息，缺乏与网民沟通的互动板块。此
外，党建业务信息化程度不高，党员发展、组织管理、信息填报以
及基层组织运行等仍停留在手工操作阶段。

二　党员干部网络沟通能力尚显缺失

近年来，一些地方党政官员积极开展网络问政，问计于民，问
需于民，拓展了网上官民互动渠道；还有一些官员善于使用微博、
微信和领导信箱阐释施政理念、解释方针政策、回应群众诉求，成
为知名的"网红"来"圈粉"。但总体上看，面对互联网形成的群
众工作新格局，党员领导干部利用网络加强群众沟通的能力还十分
欠缺，使用网络仅仅停留在浏览新闻、搜索信息、发送文件、即时
通信的层面。不少党员干部仍然习惯于在网上隐身和潜水，缺乏应
对网络传播的敏感性、操作性和即时性。一些党员干部"惧怕网
络"，害怕在网上言辞不当被"揪住辫子"，害怕在网上现身被人肉
搜索，害怕在网上宣传被当作哗众取宠。一些党员干部针对网民提
问和网上留言习惯打官腔，大话空话套话连篇，用"已协调""已
转办""已部署""已研究"等敷衍搪塞，缺乏责任担当，失去网
络民意。更有甚者，一些领导干部基于强烈的官本位意识，认为网
络公共事件是"家丑外扬""别有用心""敌对势力""给政府抹
黑"，因此千方百计封锁消息，动用关系向网站、媒体、记者施压
删帖。[①]

在传统媒体主导体制之下，党的主流理论和话语体系通过党报
党刊、电视电台得以传播扩散，进而深入人心。在信息化背景下，
信息渠道的多元化、信息扩散的即时性和信息分享的自主性，不仅
冲击着党报党刊党媒的影响空间，也影响着主流话语体系的传播半
径，出现更为复杂多元的社会思潮和舆论观点。习近平同志指出：
"宣传思想工作是做人的工作的，人在哪儿重点就应该在哪儿……

---

① 陈功：《网络时代危机传播的信息公开机制新探》，《中国出版》2010 年第 1 期。

很多人特别是年轻人基本不看主流媒体，大部分信息都从网上获取。必须正视这个事实，加大力量投入，尽快掌握这个舆论战场上的主动权，不能被边缘化了。"① 对此，面对网络上日趋多元化复杂化的舆论形态和社会思潮，必须学会以网络话语引导网上舆论，把握好网上舆论引导的时、度、效。只有主动适应网络化时代的新闻传播规律，创新主流话语体系宣传的方式方法，提升党的舆论宣传的广泛性和有效性，才能继续巩固和提升党的思想领导地位。

三　网络政治舆情分析能力不足

网络是社情民意的晴雨表，是社会积怨的减压阀，是政治冲突的缓冲器。加强对网络政治舆情的整体评估和准确研判，是制定重大决策和开展舆论引导的基本前提。比较研究显示，大数据已经成为西方政治舆情分析的"秘密武器"，它被广泛应用于选民偏好、选情预测、竞选策略制定、政治广告策划以及候选人形象塑造等诸多领域。大数据技术在 2012 年的美国总统选举中发挥了关键性作用，并预示着政治领域的"大数据时代已经来临"。大数据技术可以看成是社交媒体的升级版，它通过构建海量数据库和数据分析模型，有效利用机器学习和数据挖掘，实现对目标群体的精准分析。

目前，中国大数据的商业化应用进步很快，但是政治领域的大数据应用明显滞后，不仅在技术、人才、数据库方面还很欠缺，而且重要性认识也不充分。人民网舆情监测室发布的年度网络热点舆情分析报告，涵盖了部分政治议题；新华网舆情中心也运用大数据技术汇集热点网络言论，发布每日热点舆情检测。但总体上看，制约中国网络政治舆情分析能力的因素还十分明显。政府各部门之间、政府与企业之间的"信息孤岛"现象突出，信息系统互不联通更无法共享；舆情监测系统存在舆情数据采集不全、舆情信息抓取

---

① 《习近平在全国宣传思想工作会议上强调　胸怀大局把握大势着眼大事　努力把宣传思想工作做得更好》，《人民日报》2013 年 8 月 21 日第 1 版。

有疏漏、冗余信息过多等问题；① 围绕网络政治舆情的分析，大多停留在个案研究阶段，缺乏专门部门和专业团队对各类数据库的信息汇集、整合、比对、清洗，各类专题政治舆情数据库的挖掘分析尚不深入。

四　网络政治风险的防范机制尚显单一

互联网是一把"双刃剑"。它既可以是收集社情民意的平台，也可能成为舆论斗争的战场。面对网络意识形态的争执，舆论斗争的乱象，以及主流意识形态和核心价值观宣传的乏力，一些党员干部网络失语，含糊其词，爱惜羽毛，导致网络空间的价值失序和观念混乱。网络既是人际沟通的便捷工具，也是政治危机的潜在动力。许多案例已经证实，以社交媒体为工具进行的政治动员、集体行动和社会抗争，可能引发局部的政治动荡。习近平指出："网络空间是亿万民众共同的精神家园。网络空间天朗气清、生态良好，符合人民利益。网络空间乌烟瘴气、生态恶化，不符合人民利益。"②

面对网络博客、播客、微博、微信等 Web2.0 工具，有的不懂得网上舆论的演化规律，不懂得如何因势利导、因势而谋、应势而动，仍习惯性地沿袭过去的模式套路做网上工作，语言生硬、形式刻板。在重大网络舆情出现时"老办法不管用，新办法不会用，软办法不顶用，硬办法不能用"，出现"瞒"（隐瞒不报）、"躲"（回避逃避）、"推"（相互推诿）、"顶"（针锋相对）、"拖"（拖延）、"急"（急于表功）六种误区。③ 面对互联网的政治舆情和网络谣言，一些部门领导不愿与网民互动交流，不敢将信息公开；或者"躲猫猫"，小事拖大，大事拖炸。上述现象进一步加剧了事件风险，进一步侵蚀了党的执政基础。

① 燕道成、杨瑾胡、江春：《网络舆情新特点及应对策略》，《中国社会科学报》2016 年 2 月 4 日第 3 版。
② 习近平：《在网络安全和信息化工作座谈会上的讲话》，《人民日报》2016 年 4 月 26 日第 2 版。
③ 李德：《增强领导干部的舆论意识和媒体沟通能力——基于处置公共危机的视角》，《毛泽东邓小平理论研究》2014 年第 3 期。

第四节 提升信息化背景下的政党适应性

比较研究显示，政党适应性是衡量一个政党生命力的重要标志，它体现为一个政党有效回应外部环境变化，有效汲取外部资源和支持，而进行组织结构调整以及政党纲领更新的自主性和灵活性。[①] 在一党执政背景下，缺乏充分的外部政党竞争，执政党更需要重视政党适应能力的构建，及时修正错误补足能力，以有效回应外部环境的挑战。执政党也十分清醒地认识到提升自我适应能力的重要性，注重"增强党自我净化、自我完善、自我革新、自我提高能力，着力提高党的领导水平和执政水平，增强拒腐防变和抵御风险能力"[②]。

在中国共产党的推动下，中国从网络大国向网络强国不断迈进，网络信息化事业取得显著进步，但同时互联网所重塑的社会沟通和政治参与模式变化对党的执政形成新的挑战。2019 年 1 月 25 日，中共中央政治局第十二次集体学习时，习近平总书记强调："党报、党刊、党台、党网等主流媒体必须紧跟时代，大胆运用新技术、新机制、新模式，加快融合发展步伐，实现宣传效果的最大化和最优化。……加快推动媒体融合发展，使主流媒体具有强大传播力、引导力、影响力、公信力。"[③] 执政党要有效回应这一挑战，就必须提升信息化背景下的政党适应性，把握互联网政治的内在规律，加强执政党网络形象建设，提升网上群众工作能力，突出网络政治舆情分析，重视网络危机的疏导和化解。

---

① Katrina Burgess, Steven Levitsky, "Organization and Labor – based Party Adaptation: The Transformation of Argentine Peronism in Comparative Perspective", *World Politics*, Vol. 54, No. 1, 2001, pp. 27 – 56.

② 《关于新形势下党内政治生活的若干准则》，《党建》2016 年第 11 期。

③ 习近平：《加快推动媒体融合发展，使主流媒体具有强大传播力、引导力、影响力、公信力》，《人民日报》2019 年 1 月 26 日第 1 版。

一　从执政的角度看待网络治理与网络利用

网络治理是国家治理的"在线"形态,是政党治理的重要内容。互联网技术的创新推动国家治理和政党治理方式的创新。执政党要积极适应互联网兴起所形成的政治新常态,将网络的特性与执政的需求有效结合,既不哗众取宠,搞网络政治秀,也不抵制网络,惧怕网络。

执政党要牢固树立三个理念:一是网络空间是党的执政空间。中国共产党是国家治理的核心主体和领导力量,互联网治理可以视为国家治理虚拟网络空间的表现形态,党对互联网治理的领导是基于对国家治理领导权力的延伸,党的影响也需要渗透到虚拟空间。二是网民是党的执政基础。随着党的执政基础的变化,党的执政方式应当做出适应性调整。面对一半以上群众上网的现实,党的网络空间治理能力和群众工作能力也必须相应提升。网络工具可以成为执政工具,用网治网能力是执政能力的重要体现。三是网络安全关涉党的执政安全。许多国内外案例已经显示,现代社会的政治危机往往首先是从互联网上开始的,社交工具成为当前政治动员的重要媒介。重视网络政治安全,是确保党的执政安全的重要前提。

二　突出党组织的网络形象塑造

把党的网络形象作为政治形象的重要组成,全方位推进党的网站建设和社交媒体应用,从内容到形式,从静态形象到数据更新,从信息供给到网民互动,全方位打造党的网络形象。

一是构建一体化的执政党网络平台。由中央牵头制定网络党建规划,建立自上而下,从中央到地方、基层,相互衔接、条块结合的全国性党建网络系统架构,实现各级党建网站的互联互通、信息资源共享。① 根据党的不同领域特点,建设具有自身特点的网站,如宣传网、组织工作网、对外工作网、政法工作网等,及时更新信息,增加信息供应。二是提升党务工作的信息化水平。实现公文处

---

① 刘利琼:《信息化时代党建工作面临的挑战和对策》,《党政研究》2014 年第 3 期。

理、日程安排、会议公开、党员管理、经费使用等网络办理。建立党建信息系统，实现支部组织生活记录、党员考评奖惩、公文传阅查询、党建信息统计、党组织关系接转等无纸化、公开化和规范化。三是加快党在社交媒体中的形象塑造。各级党组织要善用社交媒体作为组织活动的新平台和新动力，广泛建立党建微博、党建APP、微信公众号、党务微信群，及时推送权威信息，接受网民党员提问咨询，回应交流互动。

三 强化党员干部的网上群众工作能力

网上群众工作是现实群众工作的延伸和拓展。群众路线是我党的根本工作路线，也是党的优良作风。在信息化时代，各级领导干部不仅要做到经常深入基层社会走访人民群众，更要善于在虚拟空间中与网民沟通互动，走好"网上群众路线"。习近平同志提出，"群众在哪儿，我们的领导干部就要到哪儿去……领导干部要学会通过网络走群众路线"[①]。面对着 8 亿多的网民，各级党政机关和领导干部必须要"经常上网看看，潜潜水、聊聊天、发发声，了解群众所思所愿，收集好想法好建议，积极回应网民关切、解疑释惑"[②]。

一方面，要加强党员干部知网、懂网、用网、驭网的能力建设，这是网上群众工作的基础。通过教育培训、专题授课、专家讲解、集团讨论等形式增强党员干部应对信息化冲击的信心、勇气和能力。督促党员干部尽快掌握网络表达和沟通方式，增强捕捉重要舆情的敏感度，提高沟通能力、表达能力、反应能力、解释能力等专业素养。

另一方面，各级党员干部要利用网络强化与人民群众的密切联系，借助网站、电子信箱等新媒体与群众互动；要善于在网络上征集群众意见，在网络上倾听群众呼声，在网络上回应群众诉求；要善于在网民的声音中发现普遍问题，找到问题症结，提炼政策优化目标。此外，各级党员干部还要善于利用社交媒体，如微博、微

---

① 习近平：《各级党政机关和领导干部要学会通过网络走群众路线》，《共产党员》2016年第 9 期。

② 同上。

信、QQ 等，建立自己的朋友圈和交流群，拓展与基层群众沟通的渠道，更直接地掌握群众呼声，传递正能量。

四　重视网络政治舆情的数据挖掘

网络空间与政治空间、经济空间、社会空间一样属于网民共有的公共空间，同时也是舆论生产的空间和执政党意识形态传播的空间。由于网络空间匿名性、扁平化、流动性、虚拟性和超时空性的特点，导致网络空间与现实空间的张力和疏离，现实社会的行为准则和道德约束在网络空间中难以发挥效力，一些不道德的网络行为乃至网络犯罪行为开始滋生和扩散，网上侵权盗版、网文抄袭剽窃、网络色情暴力、网络骚扰诽谤、网络欺诈等行为严重损害了网络氛围和上网环境。在信息化背景下，信息渠道的多元化、信息扩散的即时性和信息分享的自主性，出现更为复杂多元的社会思潮和舆论观点，不仅冲击着党报党刊党媒的影响空间，也影响着主流话语体系的传播半径。党在网络舆论阵地的失语，也必将影响到主流媒体的失语，进而危及国家安全和意识形态安全。

要高度重视网络政治舆情的数据挖掘。一是探索建立政治舆情大数据库。由专门部门牵头，成立整合各类网上信息来源，如微博、微信、短信、门户网站浏览信息、网上发帖内容等，以及商业信息如购物网站信息、淘宝信息，并与政府的政务信息进行整合比对、筛选和清洗，在此基础上形成区域、性别、年龄、职业、阶层、民族等各类政治舆情大数据。

二是加强数据的分析与挖掘。利用数据仓库、数据挖掘、机器学习、自然语言处理等技术，通过构建动态数据分析模型，掌握领导干部、党员群众和社会舆论的思想动向和诉求偏好，作为政策制定和舆论宣传的重要参考。

三是基于大数据的分析结果，分析研究党员群众的信息选择取向、接收方式和接收效果，对党的信息进行分类细化。根据不同受众特点和需求投放相关信息，采用互动传播、事例传播、偏好传播、微传播等形式，提升正向舆论的实效性。

五　加强网络政治风险的防范

网络政治风险是现实政治危机的触发媒介，处理不当将会引发政治动荡和执政危机。提升网络政治风险防范能力，首先要求各级党员干部增强网络政治安全意识，突出责任担当。针对网络突发事件，要敢于现身发言，主动公开信息，做好政策解读，澄清事实真相；同时针对错误言论，又能够做到正面交锋，激浊扬清，赢得网心民意。其次，要健全线上线下协同联动机制，在网络政治危机发生初始就要做好舆情收集、风险预判、处置预案、责任分工和督促反馈等，实现防患未然。要明确群众工作的责任主体和责任范围，细致耐心地做好线下群众工作，正视群众利益诉求，疏导群众心理积怨。最后，各级党员干部要牢固树立"民有所呼我有所应、民有所愿我有所为"的施政理念，把扩大群众利益和增加群众获得感作为开展各项工作的出发点和落脚点，从源头上消除群众的积怨和不满，降低网络政治风险发生的概率。

下　篇

案例观察

第六章

政党适应性与在线党务
服务的中国实践

——基于全国 334 个地级市党务部门网站的统计分析

第一节 政党网站与数字时代的政党适应性

互联网的兴起不仅带来信息通信技术的更新迭代，还带来社会政治领域的深刻变化。在数字化浪潮的冲击下，互联网成为政治传播、选举动员和公民参与的新平台。越来越多的公众选择上网浏览新闻、获取信息、参与社交和政治生活，越来越多的政党和政治人物开始拥抱互联网，开设博客和个人网站，开通新媒体账号塑造"网红"形象，与网民进行线上互动交流。

加强政党网站建设是世界各国政党迎接互联网时代的普遍做法。统计显示，自 1994 年美国国会选举时政党建立第一个网站起，到2000 年中期，世界上大约有 1250 个政党在互联网上建立了自己的网站。① 在欧洲和北美洲，平均每个国家就有大约 40 个政党拥有自己的网站。② 作为 Web 1.0 时期的典型工具，网站为信息化时代的

① Terri L. Towner, "Campaigns and Elections in a Web 2.0 World: Uses, Effects, and Implications for Democracy", in Christopher G. Reddick, Stephen K. Aikins eds. , *Web 2.0 Technologies and Democratic Governance: Political, Policy and Management Implications*, New York: Springer, 2012, pp. 185 – 199.

② 张晓峰、赵鸿燕：《政治传播研究：理论、载体、形态、符号》，中国传媒大学出版社 2011 年版，第 124 页。

政党提供了新的竞争武器。相对于传统的政治动员而言，借助于网站进行的政治宣传更为便捷和丰富；并且相对于主流媒体的高昂广告成本而言，政党网站的建设和推广更为廉价，也更具有及时性和扩散性。① 到 21 世纪初，建立政党网站已经成为现代化政党的标准配置，是否建立网站也成为评判政党现代化的重要指标。

政党网站更重要的价值在于对民主理念的深化。如果说在前信息化时代，主导型政党可以利用资源优势掌控国家机构、主流媒体进行民意操纵，左右选举结果，那么在信息化时代，政党网站则为那些小型政党、边缘型政党提供了公开表达和传播政见的平台，它们可以绕开主流媒体，通过互联网发布政治纲领、施政方案及竞选口号，获得与选民互动交流的机会。② 在竞争性选举体制下，政党网站还成为竞选的重要工具，承担着信息发布、参与分享、选举动员和互动交流的功能。③ 借助于网站，政党可以发布选举战略，招募党员和志愿者，募集竞选经费，在政党与选民、选民与选民之间形成共同讨论的氛围。

中国共产党十分重视互联网所带来的变化，主动适应互联网的挑战，加强互联网的政治应用。2009 年颁布的《中共中央关于加强和改进新形势下党的建设若干重大问题的决定》提出，要"办好党报党刊和党建网站"，"推进基层党组织工作信息化"。此后，全国党务部门网站建设如火如荼，进入全面"触网"阶段，并形成了"五大平台、两大体系"的党建网站格局。其中，"五大平台"是"中直党建网""紫光阁""共产党员网""党建网""中国共产党新闻网"；"两大体系"是"共产党员网—全国党建网站联盟"和"中国共产党新闻网—全国党建云平台"。截至 2016 年 9 月 12 日，它们分别汇集了 938 家各级地方党建网站，搭建了 1663 个党建云平

---

① Andrea Römmele，"Political Parties, Party Communication and New Information and Communication Technologies"，*Party Politics*，Vol. 9，No. 1，2003，pp. 7 – 20.

② Pippa Norris，"Preaching to the Converted? Pluralism, Participation and Party Websites"，*Party Politics*，Vol. 9，No. 1，2003，pp. 21 – 45.

③ Darren G.，Lilleker et al.，"Informing, Engaging, Mobilizing or Interacting: Searching for a European Model of Web Campaigning"，*European Journal of Communication*，Vol. 26，No. 3，2011，pp. 195 – 213.

台。① 党的十九大报告再次强调，要善于运用互联网技术和信息化手段开展工作，网络已经成为执政党在信息化时代宣传方针政策、沟通党群关系和传递党务信息的重要工具。

为准确掌握党的工作部门利用互联网强化党建工作的具体成效，本章选取组织部、宣传部、纪委、政法委、统战部五个党务工作部门的网站作为研究对象，以地市一级为研究范围，对全国 27 个省份的334 个地级市的网站建设情况进行统计调查。通过上述大样本的实证调研，本章试图掌握信息化时代执政党利用互联网工具开展工作、提供党务服务的主要进展与面临的问题，在此基础上提出若干政策性建议。

第二节　全国五个党务部门网站建设的总体情况

本次调查以全国地级市五个党务部门网站为对象，不包括省级、直辖市及其辖区的党务网站建设情况，文中所统计的覆盖率也皆为各党务部门地市级网站的覆盖情况。这一选择的考虑在于：一是组织部、宣传部、纪委、政法委和统战部为各级党委的核心工作部门，通过对这些部门党务网站的考察能够在较大程度上了解党务网站建设的水平。二是地市级党委是承上启下的地方党组织，相对于县级党委而言，它在党务网站建设上不仅有较可靠的经费支撑，也具有较强的技术支撑。

一　调查方法

在调查方法上，从 2017 年 1 月至 2018 年 3 月，笔者通过网上搜索的方式，查询党务部门网站的名称、网址，并统计各省数量进行对比分析；再对网站应用设置和功能板块内容展开调查，从而对各部门的网站建设情况进行系统评估。为保证网站检索的权威性和有效性，笔者先通过中央以及省级部门网站进入，随后从相关链接等外链中查找各地市的网站；再通过省市网站的相关链接对本省市内的网站进行

---

① 陈甦、刘小妹：《我国"互联网＋党建"新模式成效斐然》，《人民论坛》2017年第1 期。

详尽搜寻；对仍有空缺和查询不到的省市，则通过搜索引擎进行查找和补充，尽可能保证查询数据的完整性。此外，本章也从"全国党建网站联盟""全国党建云平台"中查找相关省市的党建网站。

二　评价指标

为了准确评估全国各地政党网站建设的进展情况，笔者选取了网站覆盖率、基础应用性指标和功能性指标三个方面。网站覆盖率用于测量一个地方党务部门建立网站的数量和比例，基础应用性指标用于衡量党务部门网站的基本要素及规范性，而功能性指标则可以观察党务部门网站的实际运行效果及作用发挥状况。

（1）网站覆盖率。网站覆盖率是以被调查部门在某地区是否建有相关网站为标准，建有网站的地市级单位占本省内地市级总数的比例即为该部门网站建设的覆盖率。网站覆盖率越高的地方不仅说明党务部门建立网站数量多，而且比例也高，一定程度上可以衡量地方党委对党务网站建设的重视程度。

（2）网站基础应用性指标。网站的应用性指标是指对网站的基础设置应用进行评判的具体指标，包括网络域名、更新频率、检索导航、相关链接等。笔者重点考察了网站域名和更新频率。其中，网站域名指标主要是用来衡量网站的权威性，如果是政府域名（.gov），则为规范；如果是非营利组织域名（.org）、网络服务机构域名（.net）或公司和商业组织域名（.com）等，则为不规范。更新频率指标主要用以查看网站的信息发布及更新情况，对本项指标的评价标准为：每日更新或几乎每日更新则认为更新频率高；每周更新（每月更新4—5次）为频率一般；每月更新或每年更新频次在12次以下为频率低。

（3）网站功能性指标，是指对网站的栏目板块设置的功能性和实际运行效果进行评价的指标。在调查中，笔者重点选取了互动交流、学习培训和党务办公三个功能性指标，主要通过查询网站相关栏目的设置情况及运行效果进行观察和评析。

三　总体情况

在全国334个地级市中，组织部、宣传部、纪委、政法委和统战部建立网站的数量分别是 276 个、278 个、315 个、303 个和 205 个。剔除一些部门建立多个网站的情况，五个部门的网站建设覆盖率分别是 82.63%、83.23%、94.31%、90.72% 和 61.38%（见表 6-1）。

表 6-1　　　　全国 334 个地级市党务部门网站建设情况

部门	组织部	宣传部	纪委	政法委	统战部
网站数量（个）	276	278	315	303	205
覆盖率（%）	82.63	83.23	94.31	90.72	61.38

注：山西、贵州、云南、内蒙古等地共计有 10 个地市级组织部建有 2 个网站，此处覆盖率的计算方式为剔除了重复的情况。

这一统计结果显示，在全国地市级党务网站中，纪委的网站覆盖率最高，达到 94.31%；其次为政法委，为 90.72%；再次为组织部和宣传部，约 83% 左右；而统战部的网站覆盖率最低，仅为 61.38%。从各省党务部门网站建设的覆盖率情况来看，也相应地存在部门与部门之间的差异性（见表 6-2）。

表 6-2　　　　　各省党务部门网站覆盖率情况　　　　单位：%

部门 省份	组织部	宣传部	纪委	政法委	统战部
河北	63.64	100.00	100.00	100.00	36.36
辽宁	42.86	78.57	92.86	100.00	35.71
江苏	100.00	100.00	100.00	100.00	84.62
浙江	100.00	100.00	100.00	100.00	81.82
福建	44.44	100.00	100.00	100.00	66.67
山东	94.12	94.12	100.00	100.00	94.12
广东	90.48	90.48	100.00	100.00	85.71
海南	50.00	50.00	50.00	25.00	75.00
黑龙江	76.92	53.85	84.62	30.77	15.38
吉林	66.67	77.78	100.00	100.00	33.33
山西	100.00	81.82	100.00	45.45	63.64

续表

省份＼部门	组织部	宣传部	纪委	政法委	统战部
安徽	100.00	100.00	100.00	100.00	75.00
江西	90.91	81.82	100.00	100.00	100.00
河南	94.12	100.00	100.00	100.00	100.00
湖北	100.00	100.00	100.00	100.00	100.00
湖南	100.00	100.00	100.00	100.00	100.00
内蒙古	125.00	83.33	83.33	91.67	83.33
广西	85.71	78.57	100.00	100.00	50.00
四川	47.62	100.00	100.00	100.00	23.81
贵州	77.78	66.67	100.00	66.67	88.89
云南	137.50	100.00	100.00	100.00	75.00
西藏	0.00	42.86	100.00	0.00	0.00
陕西	100.00	90.00	100.00	100.00	60.00
甘肃	100.00	42.86	100.00	100.00	35.71
青海	62.50	25.00	37.50	100.00	0.00
宁夏	80.00	60.00	80.00	100.00	20.00
新疆	92.86	50.00	57.14	85.71	0.00

资料来源：根据网络数据整理而成。

第三节　全国党务网站建设的主要特征

通过对全国地级市党务网站建设情况的统计分析，我们不仅可以看到各地党务网站覆盖率的总体情况，还可以依据网站的基础应用性指标和功能性指标，对这些网站建设规范性程度和功能开发应用状况进行更为深入的解析。

一　网站覆盖率参差不齐，体现地域分布特点

网站覆盖率是衡量一个地方党委重视互联网开展党务工作的重要尺度，覆盖率高的省份，表明该省党务部门建立网站的数量多，

反之则缺失。从地域分布的特点来看，全国地市级的组织部、宣传部、纪委、政法委、统战部五个党务部门的网站覆盖率总体上呈现中部最高、东部次之、西部较低的特点，分别为87.95%、86.80%和76.01%（见表6-3）。

表6-3　　　　　　　党务部门网站东中西部覆盖情况　　　　　　　单位:%

覆盖率	总体	组织部	宣传部	纪委	政法委	统战部
东部	86.80	78.00	92.00	97.00	97.00	70.00
中部	87.95	92.31	90.38	98.08	85.58	73.42
西部	76.01	81.54	72.31	89.23	90.00	46.98

具体来看，组织部网站东中西部的覆盖率分别是78.00%、92.31%、81.54%。纪委和统战部的网站也呈现相似特点，纪委网站东中西部覆盖率分别是为97.00%、98.08%、89.23%，统战部网站东中西部覆盖率分别是70.00%、73.42%和46.98%。从宣传部的网站建设情况来看，东、中部地区的整体覆盖率比较高，分别为92.00%、90.38%；西部地区较低，为72.31%。在五个党务部门当中，政法委网站覆盖率出现东部最高、西部次之、中部最低现象，覆盖率依次为97.00%、85.58%、90.00%。从调查统计数据不难看出，各地党务部门对于网站的重视程度与地方经济发展状况并不呈直接对应关系，特别是中部省份更为重视党务网站的建设，超出我们的常识判断。

从全国省份来看，湖北、湖南两个省份的党务网站覆盖率最高，五个党务部门的网站均达到100%。此外，包括江苏、浙江、安徽、河南、云南等五个省份均有4个党务网站覆盖率达到100%，河北、福建、四川、陕西、甘肃、江西六个省份均有3个党务网站的覆盖率达到100%，西藏、青海、海南三个省份的党务网站覆盖率较低，平均在50%以下。总体来看，纪委、政法委、宣传部、组织部、统战部党务网站覆盖率达到100%的省份数量依次是20个、19个、10个、8个、5个。从这一统计也大体可以看出，随着中纪委对于纪检网站建设的重视，特别是推进"五网合一"和网络信访举报，形成了以上率下的示范效应，带动全国各地纪委网站的建设和普及。另外，承担社会治理任务的政法委，由于其社会关注度高，因而也更为注重通过互联网加强工作宣传和外部沟通，其网站建设也普遍得到各省市的重视。

二　网站栏目具有部门特色，域名登记较为规范

网站名称、栏目设置和域名登记是衡量党务部门网站建设规范性的重要指标。统计发现，全国党务部门网站名称和栏目设置突出体现百花齐放的特点，不仅组织部、宣传部、纪委等部门网站的称谓表述不一，而且同一省份各地市的党务网站名称也千差万别，这大体可以说明当前各地各部门网站建设多头推进，缺乏统一部署规划，难以形成整体性的宣传效应。但党务部门的域名登记较为正式，除宣传部外，纪委、组织部、统战部、政法委的网站域名多采用".gov"政府域名后缀进行登记，各党务部门网站域名登记的规范性统计情况如表6-4所示。

表6-4　　　　　　党务部门网站域名规范性统计情况　　　　单位:%

部门＼域名	.gov	.org	.net	.com	其他
组织部	82	3	3	5	7
宣传部	10	0	1	8	81
纪委	90	0	10	0	0
政法委	65	14	3	5	13
统战部	67	15	0	10	8

组织部门网站名称一般为"××组织部""××组工""××党建""××先锋"；还有一些具有地域特色的名称，如云南省昭通市委组织部主办的"红色扎西"，河北省承德市委组织部主办的"紫塞先锋"，山东济南市委组织部主办的"泉城红星网"，等等。组织部门还有一些专题工作网站，如组织工作网、党员教育网、党员干部现代远程教育网、组织部12380举报网站等。据统计，在被调查

的 276 个地级市组织部网站中，有 226 个采用了政府域名后缀
".gov"，占比达到 82%，其余采用".org"和".net"的占到 3%，
还有 5% 和 7% 采用了".com"和其他域名。

宣传部门作为党委主管意识形态工作的综合部门，负责宣传思
想工作的规划、对外宣传和社会宣传，指导理论研究和学习，组织
协调群众性精神文明建设活动等。宣传部网站主要由文明办负责，
绝大多数宣传部网站统一采用"wenming.cn"域名，在 278 个宣传
部网站中占比高达 70% 以上，而只有 26 个宣传部网站采用".gov"
的政府网站域名。宣传部的网站建设板块栏目大体包括"宣传思想
文化""道德教育""理论研究""公益广告""图片新闻""互动
交流""友情链接"等，内容丰富多彩。

2013 年 9 月，中央纪委监察部网站（http://www.ccdi.
gov.cn）正式上线，实现了监察部网站、国家预防腐败局网站、举
报网站、纠风之窗、工程建设领域治理工作网站等"五网合一"。
目前各纪委网站在名称上具有部门特点，常常带有"纪检监察"
"廉政""明镜""清风"等字眼。纪委网站大体包括"纪律审查"
"工作动态""宣传教育""信息公开""党纪法规""在线咨询"
"举报""四风曝光台""廉洁文化""互动交流"等栏目。统计显
示，在 315 个地级市纪委网站中，采用".gov"政府域名的有 283
个，占比高达 90%，且绝大多数纪委网站采用地区拼音首字母组成
域名，较为规范有序，辨识度较高。

相比较而言，政法委网站名称较为多样，在 303 个地级市政法
委网站中，主要有以下三种命名方式：一是最普遍的"长安网"
"长安法治网"，网站数量有 214 个，占比达 70.63%。二是直接以
"政法委""政法网""政法综治网"命名的网站数量有 48 个，占
15.84%。三是以"平安网"命名，网站数量有 41 个，占比
13.53%。政法委网站域名采用".gov"政府域名的为大多数，占
总数的 65.02%；其余部分相对不规范，如有 10.21% 的网站采用
非营利组织域名".org"，其他还有的网站采用".com""net"域
名，个别网站甚至直接以数字域名进行登记。

统战部网站也具有鲜明的部门特点，名称上除了"统一战线"

"统一战线工作部""统战部""统战"等称谓外，还有"同心""同舟""心桥"等字眼。统战部网站的栏目主要有"新闻动态""多党合作""民族宗教""非公经济""新的社会阶层""港澳台侨""党外知识分子""理论政策"等。统战部网站的域名以".gov"为主，有138个，占总数的67%；其次是".org"域名，占比15%；再次为".com"域名，占比10%。

三　网站更新频率差异较大，整体状况差强人意

网站更新频率是衡量网站活跃度的重要指标，长期不更新的网站会逐渐失去社会的关注度，进而丧失其基本的信息传递功能。与建立网站的一次性投入相比，网站更新频率和日常维护需要长期投入和持续关注，因而也是衡量各地对党务网站建设重视程度的重要尺度。通过长时段的跟踪研究发现，各地各部门的党务网站更新频率差异显著，总体特点是省级网站对地市级网站的信息更新有一定的示范作用，同一省份内的网站更新频率有相似性；更新频率高的多为新闻信息和工作动态板块，宣传报道类的信息更新较为及时。

从部门分布来看，纪委、政法委和宣传部网站的信息更新较为及时和频繁，组织部和统战部的网站更新相对滞后且频次较少。97%的纪委网站都能做到更新，更新的信息主要集中在"要闻""综合要闻""工作动态"等栏目。其中13%的网站每日更新，如"北京纪检监察网"；10%的网站隔两三日更新，如"黑龙江省纪委监察厅"；25%的网站每周有更新；37%的网站在10天内会有更新，如北京"大兴纪委监察网"；另有12%的纪委网站更新不频繁。组织部门做到每日更新的有"北京组工网"，或隔两三日更新，如"晋城党建网"，时效性较强；有的网站是每周更新或每月更新3—4次，如"津南党建网"；还有的网站为每月更新，如"七台河先锋网"。总体来看，各部门网站信息更新频率受到上级部门的示范引领、本部门的业务属性和部门领导的关注度等复杂要素的影响。比如，纪委网站的更新频繁性与党的十八大以来从严治党和从严执纪的加强有关，"打虎拍蝇""猎狐套狼"和"四风"整治的成效需要及时在网站上公开，这不仅有助于社会了解党的反腐败的坚定决

心，也对腐败官员形成强大的警示和震慑效应。相对而言，由于组织部门工作特别是干部人事工作具有一定的保密色彩，而其工作对象也多是下级党组织和党员领导干部，与社会公众直接关联度不高，导致其不用过度依赖网站进行信息的发布和沟通。

四　互动交流能力薄弱，成效难以彰显

网站实现公众互动交流的渠道多样，如通过电子邮件、实时问答、在线交谈、BBS 公告、电话视频等形式。调查表明，组织部的网站大部分都设有"意见建议""部长信箱""组工信箱""咨询服务""党员心博"等形式的互动栏目，可输入 200 字或 300 字以内的留言，提出意见、建议或咨询等；有些网站还设有"12380 监督举报信箱"或"12371 在线咨询服务"；还有的网站设有"网上调查"或"问卷调查"栏目，征求访客对网站建设的意见和建议。但是，大多数网站的互动都是简单的单向交互活动，而作为标志网站与公众的沟通能力的双向交流栏目如"在线交谈""网上对话"则相对较少。另外，网站的各种回复反馈情况并不乐观，有些回复严重滞后，有些回复极其简单，大多数回复反馈功能设置不够完善。甚至有些网站的"部长信箱""网上调查"，出现有名无实，难以打开的现象。有些"公众留言"的留言日期久远，为 2011 年或 2012 年甚至更早，说明近几年内该网站互动的频率减弱。

调查的所有纪委网站均开设了网络举报栏目，并且网络举报分为三种，一是举报，二是申诉，三是意见建议，这样更便于网民顺畅、快捷地进行监督举报。纪委网站和网友互动的栏目实际上有"廉政留言板""每月 e 题"以及"系列访谈"，邀请相关监察人员在网站上和网友进行交流对话。与 100% 设立举报栏目相比，只有 49% 的纪委网站设有完整的互动交流栏目，并且在留言、访谈和论坛区日期更新很慢，表明网站与网民的互动并不频繁。

五　学习教育功能较强，电子化办公尚在起步

学习培训和电子办公也是党务网站的重要功能。统计发现，党务网站大多开设了学习教育的栏目或板块，进行相关党务知识的传

播，但绝大多数党务网站的网上办事功能较弱。

调查中发现，几乎所有的组织部门网站都设有"党员教育""远教之窗""电教学习"等党员培训学习栏目，对下级党组织开展党员干部学习教育工作提出指导意见，提供音视频、图文类等教育资源。纪委网站一般都设有"曝光台"栏目，用于曝光滥用职权、贪污贿赂、腐化堕落、失职渎职案件，涉案人员职级不高但数额巨大、影响恶劣的案件，以及发生在群众身边的腐败案件；此外，纪委网站还有"廉洁文化"栏目，提供廉政视频、廉政教育、廉洁论坛、廉洁检查等音视频、图文类等教育资源。宣传部的文明网也大多设有"理论研究""资料文件"等栏目，把中央的重要会议精神和领导人的系列讲话精神作为重要的学习资料；此外，宣传部网站的"公益广告"栏目，用图片来宣传社会主义核心价值观，以这种人们喜闻乐见的形式来开展思想道德建设和理想信念教育。

相对于重视学习教育功能而言，党务网站在电子化办公的功能开发上较为滞后。开展线上党务办公，通过电子办公、电子信息传递，能够极大地简化烦琐的日常党务工作，提高工作效率和时效性，降低运行成本。但是目前来看，大多数党务部门将网站定位为外部宣传、学习培训的平台，而非电子办公的平台。这主要源于党务部门的工作仍然把保密性和纪律性放在重要位置，因此许多的公文往来和信息传输仍然通过保密通道而非网络开展。也有一些党务部门建立了内部网开展工作，但主要限于推进信息报送、日常业务的办理等。比如中组部网站提供组工软件下载，进行地方党内统计，以助于数据库直统和管理；一些地级市组织部网站设置"组工业务平台""党务助手"等，提供干部信息管理、党员信息管理系统；有些内部网提供"办法"或"条例"等党内法规和统计表格的下载服务。

第四节　提升互动性：党务网站建设的着力点

互联网的兴起改变了社会结构、政治参与和舆论形态，也对党的执政思维、执政方式和执政能力提出新的挑战。当下互联网已成为影响党群关系的关键变量，成为政治参与的新型平台，成为舆论交锋的重要场域，进而对党的执政形成了新的考验。① 面对互联网的挑战，习近平对各级领导干部提出"四个能力"的要求，即"不断提高对互联网规律的把握能力""不断提高对网络舆论的引导能力""不断提高对信息化发展的驾驭能力""不断提高对网络安全的保障能力"。② 借助于网络媒介和新媒体发起的"推特革命"及"脸书革命"在"阿拉伯之春"中得到了极致性的展示，互联网工具在短时间内颠覆了一个又一个国家政权。相对于"四种危险"和"四大考验"，互联网的挑战具有更直接的冲击性、即时性和交互性。加强网络执政能力建设是执政党长期执政能力建设的核心任务之一。

党务部门的网站建设，是执政党主动适应互联网挑战而进行线上执政能力建设的重要探索。本书发现，中国地市级党务网站建设整体覆盖率较高，网站域名注册较为规范，栏目设置体现了部门工作特性，学习教育功能较为突出。上述成效体现了地方党委十分重视互联网背景下党的执政能力建设，强化党组织在信息化时代网络形象塑造和在线沟通能力。值得注意的是，随着微博、微信等新媒体的出现和智能终端的普及，越来越多的党务部门开始转向党务微博、党务微信公众号以及党建APP。截至2016年10月31日，新浪微博共有2212个党建相关的微博，全国地级市以上的党务单位开通了273个微博或微信账号；有112个党建相关主题移动客户端可供下载。③ 上述现象也表明，执政党日益注重根据互联网工具的演化趋势，不断提升网络执政能力和水平。

本次调查也发现，当前地级市党务网站存在网页雷同情况，在栏目内容和编排上出现"数网一面"现象；网页内容更新不及时，

---

① 陈家喜：《从风险网络到执政网络：信息化背景下的政党适应性》，《中共中央党校学报》2017年第2期。

② 《习近平在十八届中共中央政治局第三十六次集体学习时的讲话》，《人民日报》2016年10月10日第1版。

③ 《全国党务新媒体综合影响力报告》，2016年11月28日，共产党员网；陈甦、刘小妹：《我国"互联网＋党建"新模式成效斐然》，《人民论坛》2017年第1期。

有的成为"僵尸网站";网站互动交流能力普遍较低,面向公众的栏目形同虚设,群众参与度不高;网站栏目设置随意杂乱,智能检索功能缺失,浏览关注率不高,等等。上述现象表明,当前党务网站建设仍然没有摆脱"重于建立、轻于建设、疏于管理","重形式、轻内容,重粘贴、轻互动"的阶段。① 如何将建设党务网站从落实要求、走走形式到重视创新、实质应用,还需要一个较长的过程。

互联网的兴起形成了党执政的新环境,也提出了执政能力的新要求。中国共产党必须高度重视互联网工具的应用,提升信息化时代的政党适应性。进一步加强党务网站建设,需要着重加强两个方面的工作:一是要转换理念,把党务网站建设作为提升执政能力的重要环节。面对一半以上群众上网在线的现实,网络空间已成为党执政的战略空间。建立党务网站不是为了落实部署,也不是进行政治作秀,而是作为密切网络时代党群关系、树立部门形象和扩大政策宣传的重要渠道。②

二是加强技术支持,丰富党务网站的在线内容。党的各部门网站的内容是否先进,更新是否频繁,资源是否丰富,更新是否及时,能否着重于群众的需求进行功能开放,都是决定党务网站活力的重要因素。在信息通信技术不断推陈出新,从 Web1.0 到 Web 2.0 再到 Web 3.0 不断迭代的潮流下,如何实现党务网站与社交媒体的融合,实现线上与线下的互动,增进网站的吸引力、关注度、点击量和互动性,是决定着党务网站影响的重要变量。

---

① 刘红凛:《党建信息化的发展进程与"互联网＋党建"》,《南京政治学院学报》2016 年第 1 期。
② 陈家喜:《互联网发展与治理的中国方案——习近平网络治理思想研究》,《理论视野》2017 年第 7 期。

第七章

扎根社会与社区党委
书记队伍建设

——基于 S 市 637 个社区的实证研究

　　政党与社会的关系是政党政治中的核心问题之一。现代政党对基层社会领导的重要形式，就是通过基层组织的运行实现对社会的整合，提升社会的政治认同。而衡量政党对基层社会领导的重要标志是根植社会的能力，具体体现为政党与社会的沟通、关联与互动，提升政党对社会的感知和回应能力，是现代政党着力追求的核心目标。中国共产党既是长期执政党，也是全面领导党。中国共产党不仅长期执掌国家政权，也全面领导社会。党对社会的领导是通过密布社会的基层组织网络加以实现的。中组部统计数据显示，截至 2018 年 12 月底，全国共建立党的基层组织 461 万个，管理着 9059.4 万名党员；全国 8561 个城市街道，31610 个乡镇，102555 个社区（居委会），545189 个行政村已建立党组织，覆盖率均超过 99%。①

　　基层是一切工作的落脚点，社区是党在城市工作的基础。城市社区党组织是执政党连接社会的末梢和纽带，社区党委书记是基层治理的支点，是社区组织的主心骨，是社区发展的领头雁，代表执政党开展群众工作，推进城市社会发展的重要力量。社区党组织的

---

　　① 中共中央组织部：《2018 年中国共产党党内统计公报》，《人民日报》2019 年 7 月 1 日。

建设状况、动员能力、组织成效又往往取决于社区党组织领导人的素质层次与能力结构。社区党委书记也是宝贵的执政资源和干部资源，党的各项政策在基层的贯彻状况，从严治党的落实状况，党群关系的密切状况，党群服务的开展状况，都与社区党委书记息息相关。在社区党组织领导人的各项能力建设当中，最为突出的是要提升扎根社会的能力，即能够敏锐地感知社会、密切地整合社会、有效地领导社会的能力。提升社区党组织领导人扎根社会的能力，有助于进一步筑牢党在城市社会的执政根基，进一步强化执政党对城市社会的有效整合。因此，摸清社区党委书记队伍建设的现状，找出社区党委书记存在的突出问题，并针对社区党委书记队伍建设精准施策，对于巩固基层党组织的战斗堡垒作用和提升基层治理能力现代化具有重要的现实意义。

国内关于社区党委书记的研究，主要有社区党委书记素质研究[1]、社区党委书记履职能力提升研究[2]、社区党委书记队伍建设困境研究[3]，等等。国内的研究多将社区党委书记看作社区工作者展开分析，很少将社区党委书记作为单独群体进行针对性研究；即使少数研究对社区党委书记进行探讨，也是基于某区县的个案分析，缺乏大规模的问卷调查数据，样本的代表性和结论的普遍性有待进一步提升。为弥补已有研究不足，本章以社区党委书记为调研对象，在2017年对S市637个社区党委书记进行普查[4]，以及对典型社区进行座谈调研的基础上，分析目前社区党委书记队伍建设的基本状况、存在问题，并提出加强社区党委书记队伍建设的对策建议。

---

① 郑科扬：《胸怀事业全局　尊重实践经验——建设高素质农村基层党组织书记队伍的思考》，《政治学研究》2010年第6期。

② 陈宇波：《加强城市社区党组织书记队伍建设的新探索》，《岭南学刊》2013年第5期。

③ 张波：《基层党组织书记队伍建设的困境及破解思路》，《上海党史与党建》2016年第11期。

④ 此次调查，在全市645个社区中，共发放社区党委书记问卷645份，8个社区党委书记空缺或退休，回收有效问卷637份，有效回收率为98.8%。发放社区党委书记上级管理者（区组织部门领导、街道书记）问卷156份，回收有效问卷156份，有效回收率100%。

第一节　社区党委书记队伍的结构现状

中国共产党十分注重对基层党组织及其领导人队伍建设问题。邓小平曾经指出："党的基层组织是党联系广大群众的基本纽带，经常检查和改进基层组织的工作，是党的领导机关的重要政治任务。"① 党的十八大以来，中央将党的基层组织建设提到了战略性地位加以认识。习近平同志提出："党的力量来自组织。党的全面领导、党的全部工作要靠党的坚强组织体系去实现。"② 中组部先后召开全国农村基层党建工作座谈会、全国城市基层党建工作经验交流座谈会，开展集中整顿软弱涣散基层党组织，选派机关优秀干部到村任第一书记，推行村党支部书记、村委会主任"一肩挑"以及村"两委"干部交叉任职，推进城市基层党建创新发展，增强城市基层党组织的政治功能和服务功能，等等。2018 年 11 月，《中国共产党支部工作条例（试行）》颁布实施，进一步明确基层党组织的功能定位和职责边界，突出其作为"党的全部工作和战斗力的基础"的战略定位。2019 年 5 月，中央印发《关于加强和改进城市基层党的建设工作的意见》，进一步明确城市基层党组织建设的定位，即"成为宣传党的主张、贯彻党的决定、领导基层治理、团结动员群众、推动改革发展的坚强战斗堡垒"。

社区党委书记队伍的结构是否合理，直接关系到社区党委队伍的生命力和战斗力。调查结果显示，与其他地区相比，S 市的社区党委书记队伍性别、年龄、文化结构比较合理，薪酬待遇水平逐步提升，来源渠道多元广泛。

一　性别结构相对优化

根据调查统计，截止到 2017 年 4 月，S 市在岗社区党委书记共

---

① 《邓小平文选》第 1 卷，人民出版社 1994 年版，第 253 页。
② 《切实贯彻落实新时代党的组织路线　全党努力把党建设得更加坚强有力》，《人民日报》2018 年 7 月 5 日。

计637名，其中男性481名，女性156名，男女比例约为3.08∶1。
与云南农村社区党组织书记男女比例4.74∶1相比[1]，S市社区党委
书记并没有出现严重的性别失衡，女性担任社区党委书记的比例明
显较高。社区治理的公共性和公益性、社区参与的自愿性和自主性
等客观需要发挥女性领导优势，女性社区党委书记的增加有助于进
一步提升社区公共性和社区参与水平。

二　年龄结构相对合理

表7-1结果显示，S市社区党委书记年龄最小者为30岁，最
大者为62岁，平均年龄约46岁，标准差为5.4。其中30—39岁80
人，占12.6%；40—49岁415人，占65.1%；50—62岁142人，
占22.3%。南京栖霞区社区党委书记的年龄结构为，30—40岁占
8%，40—50岁占42%，50—60岁占42%；[2]与南京栖霞区相比，
S市社区党委书记年龄呈现出"两头小、中间大"的纺锤式结构，
老中青搭配合理，有利于保持队伍的活力和可持续性。

表7-1　　　　社区党委书记队伍结构现状（N＝637）

项目	比例（%）	项目	比例（%）
性别		本科及以上	7.8
男	75.5	年工资	
女	24.5	10万元以下	18.1
年龄		10万—12万元	42.4
30—39岁	12.6	13万—15万元	25.2
40—49岁	65.1	16万元及以上	14.3
50岁及以上	22.3	来源渠道	
全日制学历		上级选派	24.4
初中	2.9	公开遴选	9.6
高中、中专	63.3	内部晋升	8.6
大专	26.0	选举产生	57.4

---

[1]　苏文苹等：《云南民族地区村（社区）基层党组织建设中存在的问题及对策研究——基于511名村（社区）党组织书记学员的调查》，《经济师》2015年第1期。

[2]　中共栖霞区委党校课题组：《村（社区）党组织书记履职能力提升研究》，《中共南京市委党校学报》2013年第4期。

三　文化素质层次相对较高

表7-1结果显示，S市社区党委书记全日制学历以高中、中专为主，占63.3%，初中仅占2.9%，大专占26.0%，本科及以上占7.8%；其中84%的社区党委书记参与了在职学历教育，258人获得在职大专学历，在职本科及以上学历277人，占51.1%。与西部农村、南京栖霞社区党委书记分别以初中及以下、高中为主的学历结构相比，S市社区党委书记的学历文化素质相对较高，有助于与时俱进利用信息化、现代化、专业化等手段应对日益复杂的社区治理事务。

四　薪酬待遇水平相对提升

S市社区党建标准化建设意见明确指出，在岗社区党委书记享受七级职员待遇，任职满6年，经规定程序可使用事业单位编制，这大幅提升了社区党委书记的薪酬待遇。表7-1结果表明，2016年S市社区党委书记的平均年收入约为12.58万元，最小值为5万元，最大值为25万元；其中年收入10万元以下占18.1%，10万—12万元占42.4%，13万—15万元占25.2%，16万元及以上占14.3%；该收入水平显著高于济南社区居委会工作人员月工资2900元[①]、南京社区工作人员月工资3500元[②]。进一步研究发现，48.1%的社区党委书记对收入比较满意，非常满意占9.6%，不满意和非常不满意仅为11.4%。相对于其他城市"薪酬待遇差、福利不佳、收入满意度低"，S市社区党委书记的薪酬待遇水平，极大调动了社区党委书记的工作积极性，激发了社区工作激情，保障社区党委书记队伍稳定与发展。

[①]　唐斌尧：《城市社区工作者队伍建设的现状与发展趋势》，《南通大学学报》（社会科学版）2013年第5期。

[②]　贾志科：《社区工作者队伍结构现状、问题与对策——基于南京市54个社区的实证研究》，《中州学刊》2015年第3期。

五 来源渠道多元广泛

选拔环节是社区党委书记队伍建设的入口，选拔的标准、资格、程序和结果，直接决定着社区党委书记队伍的整体素质结构。普查数据结果显示，S市社区党委书记仍然以选举产生和内部晋升为主，两者比例之和达到 66%；但上级党委政府选派区、街道科室优秀干部担任社区党委书记比例越来越高，2016 年达到 155 人，占24.4%；同时S市还采用公开遴选的方式，从社会中公开选拔 61 名优秀人才担任社区党委书记队伍，占 9.6%。总体说明，与以往干部选人单纯从原有社区工作队伍选任社区党委书记相比，选拔渠道趋于多元化，采取多种行之有效的选配方式，把社区党委书记选优配强，构建一支素质优良、能力突出的社区党委书记队伍。

第二节 制约社区党委书记队伍作用发挥的主要因素

目前S市社区党委书记队伍正朝着来源渠道多元化、性别均衡化、知识专业化、年龄结构合理等方向发展，薪酬待遇水平不断提升，总体队伍结构不断优化。但社区党委书记建设过程中，还存在一些不可忽视的问题与挑战，囿于多方面的因素，当前城市社区党组织领导人队伍建设还存在任务驱动、机制不顺、能力短板、动力不足等问题，进而制约其对基层社会的整合和领导。

一 后备队伍结构呈现断层现象，影响队伍的可持续发展

当前S市的社区党委书记任职时间短，大部分担当"一把手"的经验少、资历浅。49.1%的社区党委书记任职还未超过 3 年，4—6 年仅占 15.8%，7—9 年占 15.5%，10 年及以上占 19.5%；45 岁及以下社区党委书记只占 45.2%。呈现该局面的主要原因在于后备队伍的年龄与资历断层，一方面是年龄断层，随着社区党委的核心领导作用日益凸显，对社区党委书记的能力素质也提出了更

高要求；座谈调研发现，S市F区的社区定员实行"只出不进"，且学历和知识层次偏低，年龄偏大，整体素质不高，导致社区党委书记的合适人选偏于紧张，年轻干部呈现"断崖式减少"。另一方面是经验与资历断层，座谈调研发现，S市F区大部分有丰富工作经验的社区党委书记面临退休，而有丰富基层工作经验的后备干部又不足，还有少数符合条件的人员存在"过渡一下""当跳板"的心态，这在一定程度上给社区党委书记的换届选举、干部延续性带来困扰，导致部分社区党委存在班子人员难选齐、难配强、人选不足等问题。

二　部分社区党委书记权力运行不畅，领导核心未能彰显

社区党组织对社会的领导，需要以一定的权威作为基础和支撑。长期以来，城市社区普遍存在"两委"关系的冲突与紧张，即社区居委会与社区党组织之间的权力孰大孰小、孰轻孰重问题。"两委"关系的矛盾不仅体现在权力来源的差异，也集中体现在谁拥有人事、财务和决策上的拍板能力。社区党组织的权力来自于上级党委，并且按照制度要求在基层社区发挥领导核心作用。与此同时，居委会作为居民自治组织，由基层群众民主选举产生，自然享有基层群众的权力委托，进而获得足够的权威。一段时间以来，为了协调"两委"关系，一些地方采取公推直选方式产生城市社区党组织领导人，通过党员投票和群众投票选举的方式，以获得党员和群众的普遍授权和广泛认同，扩大社区党组织领导人的权威基础。还有一些地方采取党组织书记与居委会主任交叉任职、相互兼任的方式化解矛盾，"一肩挑"之后的社区党组织领导人，集合了政党资源、行政资源和群众资源，进而可以便利地在社区开展工作。尽管上述做法一定程度上化解了社区"两委"的矛盾，提升了社区党组织领导人的权威，但仍然没有在制度规范上明确其权力边界，包括社区党委书记的领导核心作用如何体现？社区党委书记如何对社区事务拥有决策影响力？社区党委书记如何对其他社区组织进行领导？等等。

近年来，S市在加强社区党委领导核心地位方面采取了一系列措施，社区党建标准化文件从制度上全面保障了社区党委的人事安排权、重要事项决定权、领导保障权、管理监督权等的运行，极大地促进了党委书记权力作用的有效发挥。但问卷数据显示，当前对社区事务能行使全部领导权的社区党委书记仅占51.7%，大部分能领导的占46.5%，还有1.8%的社区党委书记在大部分社区事务上不能发挥核心领导作用。接近一半（49.8%）的社区党委书记能全部完成上级政府布置的相关任务，49.4%的社区党委书记大部分能完成，还有小部分未能有效完成，影响社区和谐有序发展。

部分社区党委书记权威不够，统筹能力不强。虽然党建标准化之后，在一定程度上加强了社区党委的领导核心作用，但仍然有部分社区党委书记政治领导能力弱，整合凝聚作用不强，致使领导权威迟迟难以树立。一些社区党委书记面对社区股份公司董事长话语权和底气不足。比如S市Y区虽然明确赋予社区党委对股份公司行使审计监督提请权，但社区党委并未有效行使这一权力，23个社区党委有18个没有行使该项职权。一些社区党委书记统筹协调能力弱，在辖区各类组织如业主委员会、物业公司、社区社会组织和驻社区单位缺乏影响和威望，难以汲取资源，也难以开展区域化的党建工作。个别社区党委书记在工作中不是怨政策不配套，就是怨领导不支持、群众不理解，不善于做群众思想工作，影响了社区的和谐与稳定。

部分社区党委书记抓党建工作效果不佳。虽然74.6%的社区党委书记总是组织党员学习和宣传政策；但实地调研发现，部分社区党委书记对党建工作作为第一政绩的认识不足，抓党建工作不到位。一些社区党委书记身兼数职，被各类会议、考核和专项任务缠身，无暇对党建工作进行总体谋划和具体落实，党建工作常常停留在以会议贯彻会议、以文件贯彻文件，满足于"传声筒"和"转经筒"角色。还有一些社区党委书记存在畏难情绪，面临流动党员多、活动开展难、活动经费缺等问题，将党建工作简化为做台账、填报表、写报告的文字层面，党建活动的"规定动作"被大大简化甚至取消。

三　培训效果不佳，业务能力难以提升

社区党组织对于社会的领导，需要一定的能力素质作为基础。

当前社区党组织领导人不仅过度陷入行政事务，而且还深受能力缺失的困扰。通过笔者对 S 市 600 多个社区党委书记的调研显示，基层党组织领导人在培训方式上存在"两多两少"的现象：一是课堂讲授多，实践考察少。全市 95.7% 的社区党委书记参与过上级党委和政府组织的各类培训班，但只有 58.5% 的社区党委书记参与调研考察，"请进来"和"走出去"不平衡。比如，F 区的 YT 社区2016 年全年接待考察团 156 次，但没有一次到其他社区参观学习的机会。93.3% 的社区党委书记参加了高校、党校、社科院等专家、教授开展的专题讲座，多以理论知识传输为主，缺乏实践经验。但专题讲座中很少邀请拥有一线经验的干部和业务骨干传授社区治理经验。二是传统方法多，现代手段少。全市各区社区党委书记培训方法主要以区党委、街道基层党校集中培训为重点，集中学习党的理论、政策和相关文件等；现代手段应用不够，情景模拟、案例教学、课堂讨论不够。比如，全市参与网络远程课堂的比例仅占35.6%，参与情景模拟培训者仅占 11.9%。

此外，S 市各区坚持以增强党性、提高素质为重点，不断加强和改进党员队伍教育管理工作。2016 年全市社区党委书记平均接受5 次专题培训，其中 4 次及以下者占 53.1%，5—10 次占 36.5%，10 次及以上占 10.3%，一定程度地增强了党组织书记的履职意识和能力。但总体而言，现行的教育培训机制科学性不够，影响社区党委书记能力提升。社区党组织领导人在培训内容上还存在"两重两轻"现象。首先是内容设计重宏观轻微观。座谈调研发现，当前干部培训教学内容体系框架安排重视宏观普遍性，市、区、街道与社区的培训内容差别不大，"上下一般粗、左右一个样"，忽略社区干部的微观需求，不能完全按照社区党委书记"干什么"和"缺什么"进行培训。其次内容选择重理论轻业务、重研究轻应用。面向基层党组织领导人的培训以基础理论、专业知识讲授为主，联系实际热衷于国际经验借鉴和比较，对本地社区的业务问题缺乏充分调查研究，培训教学内容的业务针对性不强。

四　工作任务重，工作压力大

社区党组织对于社会的领导，需要充足的时间和精力作为保障。

从工作机制和任务分工来看，基层政府与城市社区党组织的关系呈现"倒三角"的特征，社区处于这个"倒三角"的角尖位置。基层政府及其职能部门下发的工作通知、工作任务、政策传达，都交由社区落实，行政事务进入社区的随意性很强，社区没有抵制和推脱的权力。社区要承担来自上级各个部门繁杂的工作任务，从人口、计生、治安、文化、安全生产、民政事务，到居民的就业、就医、交通出行、环境卫生等，无所不包。有些部门简单下达一个通知，社区就要全力配合。问卷结果显示，38.2%的社区党委书记认为上级政府布置的工作任务非常重，比较重占57%，不到5%的社区党委书记认为工作任务适中或较轻。56.2%的社区党委书记对当前工作任务不满意。一年中最忙碌的四件事主要集中于安全生产（88%）、环境整治（44.2%）、维护稳定（44.2%）、应付上级任务（42.7%）。社区党委书记承担超负荷、超权责任务的结果就是，城市社区党组织常年忙于政府各部门下达的各项工作任务、排查、数据统计和迎接检查，上级部门即便是分工再细，到了下面也只能是粗放去执行，甚至是只能草草应付。在这一工作状态下，基层党组织领导人绝大部分精力用于应付上级政府下派的任务。据S市的调研发现，从社区党委书记工作时间分配来看，安全生产、环境整治、社会稳定占据了80%以上的时间和精力。此外，他们还要应付来自上级的各类统计报告、工作台账、检查评比，几乎无暇谋划居民服务事项、主动开展社区居民的服务活动。

社区党组织领导人既是党在城市社会的工作支点，又是社区发展的"领头雁"。上述提到的城市社区党组织承担的行政事务，最后都由社区党组织领导人来推动落实。各级政府行政压力的传导，终端就是社区一级；基层事务清单无法穷举，"上面千条线，下面一根针"的传统难题始终困扰基层；作为最基层的"一把手"社区党委书记几乎承担了无限责任，也造成了社区党委书记的极大工作压力。社区党委书记工作时间长、工作压力大。社区的工作无法按照一天8小时，一周5天计算工作量，社区党委书记几乎全天24小时随时待命。比如，G区访谈调研发现，社区党委书记的正常工作时间基本忙于参加各类会议，只有休息时间才能处理日常工作。

35.1%的社区党委书记对工作时间不太满意，94%的社区党委书记认为当前工作压力比较大或非常大，22.6%的社区党委书记经常感受到工作让自己身心俱疲。

五　管理存在缺失，监督仍存风险

社区党委书记考核管理机制不完善，难以有效发挥激励作用。首先是考核标准和指标不合理。虽然制定了社区党委书记考核办法，但考核指标不够系统和完善，没有充分考虑不同社区的基础，存在考核标准、考核指标"一般齐、一样粗"的现象，导致考核结果不能准确反映社区工作内容和工作绩效。问卷结果显示，21.7%的社区党委书记认为当前考核机制有待进一步改进，只有62.6%的社区党委书记认为当前考核指标比较真实反映社区党委书记的工作内容，7.1%的社区党委书记认为最近一次考核结果与自己的实际工作绩效存在较大差距。其次是考核方法不完善。当前考核方法以定性为主，定量为辅，以聘期考核为主，日常考核为辅。比如F区访谈调研发现，考核方法主要依赖于述职评议和座谈汇报，对量化考评方法运用不多；日常考核少，考核频率偏低，工作责任无法压实。最后考核结果应用不到位。部分街道未能将考核结果与绩效奖金等挂钩，激励作用不明显。比如F区部分街道在社区党委书记考核结果运用上区别较小，在考核奖金上差距甚微，导致部分社区党委书记产生"干好干坏一个样"的心理，影响了社区党委书记的工作干劲和工作实效。

权力监督存在疏漏。首先，监督制度有缺失。问卷结果显示，S市还有22.4%的街道未建立社区党委书记个人有关事项报告制度，4.5%的街道未建立谈心谈话制度，7.7%的街道未建立社区党委书记工作纪实和定期述职制度，11.5%的街道未建立社区党委书记离任前后的经济审计制度。其次，监督意识不强。部分社区党委书记习惯于"自律"，对"他律"存在消极抵触。比如，G区访谈调研发现，部分社区党委书记认为监督党委书记的条框太多，限制党委书记权力的行使和作用发挥。最后，监督合力不够。多数区仍未建立严密的社区党委书记监督网络，未建立廉政监督员队伍、设立社区监督联络站、社区纪委，未能深化社区党委书记"8 小时以外"的监督管理。

六　晋升通道遇阻，退出机制不明

社区党组织对社会的领导，还需要一定的成长机制保障。社区党组织领导人是融入社会的党的组织资源，但属于编制外的"体制内人员"。他们在城市基层社会做党的工作，但却非国家正式在编人员，也不享受相应的福利待遇。社区党委书记的待遇提升，按规定程序可以使用事业编制，但社区党委书记的晋升和退出缺乏明确规范。首先，晋升渠道不够明确。87.8%的上级分管领导（区组织部门、街道书记、分管负责人等）认为很有必要进一步提升党委书记的提升空间；但61.5%的社区党委书记认为晋升难度大，退出容易。当前全市各区对于党委书记的晋升标准、程序等缺乏明确的制度设计和操作规范，84.2%的社区党委书记愿意转岗到上级部门任职，49.2%的社区党委书记愿意跨社区流动，但当前社区党委书记晋升到上级部门、跨社区流动通道尚未打通，职业成长存在"天花板"。这一模糊的身份以及较低的福利待遇，也限制了他们的工作热情和动力。与基层政权中的党组织领导人相比，大多数社区党组织领导人工作更为繁重、职责更为庞杂，但缺乏职级身份认定，缺乏编制保障。作为编外人员，这一群体的晋升、流动机制尚未打通，存在职业成长的"天花板"。

其次，社区党委书记的退出机制不够畅通。一方面退出标准不明晰。社区党委书记管理者认为当前退出制度主要的问题在于缺乏完善的退出指标体系（31.2%），缺乏明确的退出标准（59.1%）。目前多数区未建立社区党委书记调整退出机制实施办法，缺乏退出操作细则。另一方面社区一把手"固化"。调查数据显示，S 市社区党委书记与居委会主任"一肩挑"比例达87.9%，社区党委书记与工作站站长"一肩挑"比例达69.3%，党委书记、居委会主任、工作站站长三职"一肩挑"比例达62.7%。从长远来看，这个群体相对"凝固"，他们一干就是很多年，有的直至退休；而与之相对应，副站长、工作人员等的晋升更是遥遥无期。

综上，由于行政指令、权威结构、能力训练及成长空间等因素，当前社区党组织领导人并没有将主要精力聚焦于基层社会和基层群众。社区党组织领导人主要的精力用于承担执政党组织体系内的工作——政令的上传下达、任务的承接落实以及数据的统计上报等，而未能有效地融合城市社会和整合城市居民，而由此导致的局面是社区党组织悬浮于城市基层社会之上。

第三节　社区党委书记队伍建设与扎根社会能力提升

党对城市社会的领导有赖于基层党组织的有效运行。在全面从严治党以及党建责任不断强化的背景下，基层党组织更需要将垂直性、组织体系内部的党建责任考核，转化为扁平化、由内而外的党群沟通互动，不断强化基层党组织扎根社会、整合社会和回应社会的能力，进而不断强化党在城市社会的执政基础。基层党组织领导人是党在基层社会的组织力量，如何加强和巩固对基层社会的领导，很大程度上取决于基层党组织领导人扎根基层社会的能力。基于当前基层党组织领导人队伍建设仍然存在突出问题，应当着力从明确工作边界、突出赋权增能、完善保障机制、提升服务能力培训以及畅通成长渠道等多方面着手，全面提升党在基层社会的扎根整合能力。

一　明确工作边界，制定基层党组织领导人权力清单

明确基层党组织领导人工作事项的前提，是降低上级行政部门对基层社区的下派任务、重复考核和检查评比，让他们有更多的时间和精力投入社区事务和群众服务。为此，可以考虑为城乡社区党组织书记制定完善三张清单：党建责任清单、社区工作清单和党群服务清单。党建责任清单涵盖基层党组织书记抓党建的责任重心和工作要点，开展好组织生活、管理好支部党员、发展好党员队伍、打造基层党建特色品牌的工作要求。社区工作清单明确基层党组织

书记在社区治理中的权责范围，包括社区管理、社区服务、社区平安建设、社区发展、社区自治等。党群服务清单突出基层党组织书记在开展好党群服务重心工作、制度化联系群众、帮扶困难群众上的具体要求。三张清单不仅可以明确基层党组织书记的职责范围，特别是服务群众的事项任务，也可以防范上级行政部门随意摊派任务、下沉工作，无休止的检查评比等。

二　注重赋权增能，提升社区党委书记的权力权威

明确实际权力边界，充实权力内容，是基层党组织领导人领导社会的基本前提。深圳市出台社区党建标准化建设意见，赋予社区党委人事安排权、重要事项决定权、领导保障权和管理监督权"四项权力"，着力打造"最有含金量的社区党委书记岗位"。上述做法在细化社区党委书记"领导核心"的权力内涵上做了有益探索。在向社区党委赋权增能的同时，也要防范其落入过度行政化的窠臼，突出其服务党员群众的核心职能，拓展党群服务的项目和领域。要探索社区多元共治的实现形式，让社区工作站、社区居委会、社区股份公司、社区社会组织、物业管理公司及业委会等各得其所，各安其位，各尽其责。进一步增强社区党委的宗旨意识和责任意识，不断加强基层服务型党组织建设，在强化服务中更好地发挥领导核心和政治核心作用，让党的执政基础深植群众心中。

三　完善保障机制，增添工作动力

明确社区党委书记事业单位待遇的各项配套政策，落实社区党委书记事业编制的使用，凸显社区党委书记相对于股份公司董事长在政治待遇上的优越性。针对社区党委书记兼职居委会主任后工作量较大的问题，建议在兼任的居委会中设置常务副主任，并进一步明确分工，由常务副主任具体负责居委会日常管理事务。注重人文关怀，适当增加心理疏导课程，有针对性地为社区党委书记讲授心理调适的相关基础知识，及时疏导心理郁积、缓解心理压力。

四　提升服务能力，强化社区党组织领导人组合式培训

以能力提升为导向重塑培养体系。当前社区党委书记亟待加强

政治领导能力、统筹协调能力、贯彻执行能力和群众工作能力。目前以党校学习、课堂教学和理论传授为主的教学体系，难以全面提升上述能力。政府应坚持以社区党委书记的核心能力为基本导向，重构培养体系，从增进培训的及时性、针对性和实用性的角度出发，改革现有培训体系，全方位提升社区党委书记的能力素质。

第一，加强社区党委书记教育培训的统筹规划。坚持把社区党委书记培训纳入年度干部培训计划，明确培训重点任务，科学设置培训课程，加强构建政治理论培训、社区治理能力培训、社区治理实务培训等有机结合的培训体系。第二，完善培训教学模式。积极探索新型培训方式，建立市内跨区域和跨省市的交流学习机制，定期组织社区党委书记到市内外先进典型社区调研考察，进行现场教学和案例观摩，在实践经验交流中提升能力。坚持党校培训作为提升政治领导能力的主阵地，提升党性观念和政治素养。综合采用现场教学、案例教学和经验交流等形式，提升统筹协调能力和群众工作能力。采取领导授课和挂职锻炼等形式提升贯彻执行能力。系统化地组织市区部门"一把手"为基层党组织领导人授课，讲解政策来龙去脉与工作重心，强化政策执行的重要性和实操性。探索基层党组织领导人到街道、乡镇以及相关职能部门挂职交流机制，增进对政策的理解能力和把握能力，拓展他们的政策视野和工作能力，便于更好地在社区落实执行好政策。第三，创新培训内容。改变以往单纯把专家教授"请进来"的模式，将"干什么学什么"与"缺什么补什么"相结合，以社区党委书记工作过程中面临的实际问题和实际需求，从信息、国土、建设、信访等职能部门选拔一批基层经验丰富的业务骨干，开设"智慧党建""安全生产""综治维稳""环境整治"等核心课程，切实提升培训效果。

五　畅通流动渠道，打破基层党组织领导人成长的"天花板"

要把优秀基层党组织领导人置于稀缺的干部队伍资源地位，建立健全优秀基层党组织领导人成长的体制机制。中央出台专门文件，要求加强城乡社区党组织带头人队伍建设，选优配强社区党组织书记，加大从社区党组织书记中招录公务员和事业编制人员力度，注重把优秀社区党组织书记选拔到街道（乡镇）领导岗位，推动符合条件的社区党组织书记或班子成员通过依法选举担任基层群众性自治组织负责人或成员。① 中组部明确要求，要建立村社区党组织书记县级备案管理制度，鼓励从优秀村社区书记中选拔乡镇街道领导干部、考录公务员、招聘事业单位人员。② 上海市明确社区党委配备 3—5 名行政编制，主要用于社区党委书记和部分专职干部岗位，行政编制在镇机关单列，专编专用；③ 北京提出优秀的社区党委书记可以直接调任进入公务员队伍；上海则加大从社区书记中定向招录公务员和事业编制人员力度，公开选拔优秀社区书记担任街道领导干部；江西也提出从优秀村（社区）党组织书记和主任定向招录选聘乡镇（街道）事业编制人员。上述做法都在畅通基层党组织领导人上升通道上做了有益探索。可以探索在乡镇或街道换届过程，以及基层公务员招录时，面向基层党组织书记进行定向招考、选聘，确保优秀基层党组织领导人有畅通的成长晋升空间。上述做法为社区党组织领导人的成长提供了制度化的保障。

以选优配强为标准拓展选拔渠道。要牢固树立社区党委书记是宝贵干部资源的理念，充分认识选拔工作的重要性。目前 S 市采取三种选拔方式：社区内部选拔、机关选派和社会公开选拔，打开了面向社会公开选拔的通道。但目前采取公开选拔做法的只有两个区，并且 5 年以上社区工作经验也将很多优秀人才拒之门外。党和政府应进一步拓展社区党委书记选拔口径，第一，创新选任方式，拓宽社区党委书记来源渠道。除了从社区工作人员进行选拔和上级选派之外，还可以采取公开选聘的方式，从参加社区服务的志愿者、大学毕业生和驻区社区单位人员、转业和退伍军人等中选择政治素质高、领导协调能力强、热爱社区党建的优秀人才，拓展社区

① 《中共中央国务院关于加强和完善城乡社区治理的意见》，《人民日报》2017 年 6 月 13 日。

② 中央组织部：《坚持党建统领　充分发挥党组织在基层社会治理中的领导作用》，《人民法院报》2018 年 11 月 14 日。

③ 上海市民政局等关于印发《关于推进做实基本管理单元的实施意见》的通知，上海市人民政府网站（http://www.shanghai.gov.cn/nw2/nw2314/nw2319/nw12344/u26aw57059.html）。

党委书记的任用选拔视野。第二，探索社区第一书记转任社区党委书记的衔接机制。在尊重个人意愿和规范选拔流程的基础上，对于一些工作能力突出、群众口碑良好的社区第一书记，探索建立转任为社区党委书记的衔接机制，转任后保留其原有的机关人员身份待遇以及晋升提任通道。第三，统筹做好社区党委书记后备队伍的选拔培养。注重后备人才培养，要高度重视社区党委书记队伍老化现象，通过组织筛选、群众推荐等形式，尽快建立一支德才兼备、数量充足、结构合理的社区书记后备干部队伍。用相对优厚的薪酬待遇，招录一批硕士研究生，担任社区党群服务中心主任助理，以相对严苛的考核标准加强管理培育和实践锻炼，有目标地重点培养书记接班人。继续从区、街道下派一批优秀机关干部担任社区党委书记，加大对社区成长干部队伍的培养，给予进步和上升空间，推进社区基层队伍的专业化、职业化、规范化建设。第四，畅通社区党委书记的上升晋升与横向流动渠道。政府可制定出台岗位晋升办法，选拔连续三年考核名列前茅、文化程度高、年龄较小的社区党委书记挂职街道和区级职能部门，符合提任条件的可提拔任职；街道集中换届选拔干部及招录公务员时，可以面向社区党委书记预留一定比例的职数，实行定向提拔，确保优秀社区党委书记得到提拔。政府可出台社区党委书记横向流动办法，采用区内流动和跨区流动相结合，鼓励跨区交流和调动。

第四节　管理与监督：严格考核评价，强化过程监督

一　强化考核评价，明确奖惩标准

首先，完善考核评价制度。政府应出台《社区党委书记管理制度》，从制度上明确社区党委书记的岗位职责、工作内容、奖惩机制和监督考评机制；重点围绕社区党建、社区治理、党群服务清单、廉洁自律等内容，统一制定社区党组织书记的量化考核指标体系；由街道按照定性评价与定量考核相结合，民主测评与组织考核

相结合，经常性考察、年度考核和聘期目标考核相结合的方式，开展考核工作。其次，突出结果运用。考核部门及时对考核情况梳理汇总，并以书面形式统一反馈给社区，督促各社区党委书记认真梳理自己查摆、上级点评和群众评议指出的突出问题，列出问题清单，制定整改措施，逐项抓好落实。结合目标管理和考核评议的情况，对成绩突出的，按规定给予表彰奖励，与个人年终奖金、评先评优、使用事业编制等挂钩；对考核评议较差的，进行批评教育，诫勉谈话，责令改正；对个别问题严重不能胜任岗位要求或不能履行竞选承诺的，及时进行组织调整，真正做到"能者上、平者让、庸者下"。

二　贯通监督权力链条，弥补监督漏洞

S市社区党建标准化文件出台之后，社区党委书记集社区工作站站长、居委会主任、股份公司监事长多重身份于一身，还掌握着人事安排权、事项决定权、领导保障权和管理监督权。伴随社区党委书记的权力增加，如何强化监督也成为管理的重要环节。除了个人事项报告制度、谈话谈心、工作纪实与述职、经济审计制度之外，还应强化任中监督与日常监督。第一，明确风险点，完善规则。梳理社区党委书记廉政风险点，重点围绕社区干部人事任免、重大事项决策、社区财务支出、民生微实事的选题等重大风险点，科学设计权力运行流程，构建廉政风险防范机制。第二，推进公开，接受群众监督。全面推广社区事务、财务公开和党务公开，接受党员群众监督。第三，强化纪检，接受组织监督。各地社区可参照北京的试点经验，设立社区纪检机构，配备社区纪检委员，深化对社区党委书记的日常监督。

三　要健全社区党委书记的退出机制

积极探索不合格社区党组织书记退出机制，以所在社区年终考核排名和群众评议满意率作为考核考察的主要依据，对任职期间违法乱纪以及连续考核排名末位的实行退出机制。明确重大工作失误追责机制，依据责任大小确定惩处机制，减薪、降职降级直至退出社区党委书记一职。

第八章

权力监督制度化与"一把手"
体制的重塑

——基于 S 市腐败案例的经验研究

　　腐败是社会发展过程中权力运行失范的现象。由于权力具有天然的扩张性，有权力就应该受到制约监督，不受制约的权力必然产生腐败，没有监督的权力必然导致腐败，这是一条铁律。党委"一把手"的权力过大，又缺少严密的监督，"一把手"腐败成为全国各地的一个重要趋势。据悉，党的十八大以来受过纪律处分的党政机关县处级以上干部，"一把手"占了 30% 以上。在 35 位省部级落马高官中，超过 60% 的人担任过党政领导干部正职。①

　　当前，腐败的重灾区是党委"一把手"。由于拥有对于人事、财务和决策领域的广泛裁量权，且缺乏有效的权力约束机制，党委"一把手"腐败案件频频发生。在本章中，笔者整理和分析了 S 市近年来区和街道两级党委"一把手"的腐败案件，有如下发现：从腐败发生概率上看，经济发达区域的党委"一把手"越容易因腐败落马；从腐败发生的领域来看，土地、项目、工程是"一把手"腐败的重要缘由；从腐败发生的方式上看，买官卖官、官商勾结是"一把手"腐败的重要途径。在此基础上，本章节力图解析如下问题：为什么制度约束不了"一把手"？影响党政"一把手"腐败的机制是什么？如何构建针对"一把手"的权力监督和腐败防控体系？只有从制度建设着

---

　　① 雨默：《一把手屡涉贪腐案敲响监管警钟》，2014 年 7 月 24 日，新华网。

手，通过制度约束规范权力运行，并从配权、分权、督权三个维度构建严密的权力监督体系，方能解决"一把手"的腐败问题。

第一节 "一把手"何以腐败：文献回顾

一 "一把手体制"何以形成及如何运行

从词源学来看，"一把手"是指在领导班子中居于首位的负责人，是"第一责任人"的俗称。王贵秀曾对"一把手体制"的由来进行过专门的研究，认为"一把手"这一称谓是由其他说法演变而来的，其中最早的和最直接的来源是毛泽东同志在 1949 年 3 月 13 日发表的《党委会的工作方法》一文中把党委书记和党委会分别比喻成"班长"和军队的"班"。① 同时，"一把手"的说法与革命战争年代和新中国成立初期的党委内部组织机构设置有关。新中国成立后的一段时间里，我们党延续了革命战争年代的"第一书记""第二书记""第三书记"等职位设置和排位。这种职位排序化的做法凸显了第一书记的地位与作用，使得第一书记的权力与责任与其他书记明显不同。此后，"一把手"的称号渐渐多起来，在 20 世纪六七十年代更为普遍，在 90 年代中期以后，"一把手"便作为一个重要的代称流行于行政系统内部，且这一称谓的使用范围逐渐从原先的党委和政府首脑扩展至企事业单位和党政企事群各种组织的内设机构、职能部门和办事机构的负责人。②

虽然党的正式文件中从未明确使用过"一把手"的说法，但无可否认的是，在党的长期执政实践中，已逐渐形成了事实上的"一把手"掌控党组织的体制，即"一把手体制"。在这种体制下，"一把手"在整个领导班子中居于首位，有最高的决策权，即有最终的"拍板权"（决定权和选择权），有支配同一领导班子中其他人的权力，对班子集体或整体权力负总责（或称"第一责任人"），一切工作责任最终由

---

① 王贵秀：《"一把手"的称法与发展党内民主是相悖的》，《共产党员》2007 年第 11 期。

② 付小为：《"一把手"的称法和体制都应该改革》，长江网（http://opinion. people. com. cn/n/2013/1206/c1003 - 23763960. html）。

"一把手"兜底。① 这种党内"一把手体制"已经演化为党内政治生活中的一种潜规则，其实质是把党委会的集体领导异化为党委书记的个人领导。②

"一把手体制"的形成有其深刻的历史与现实根源。从历史根源来看，中国曾经历了 2000 余年的封建专制时期，长期的君主专制统治下形成了权力崇拜文化，虽然之后又经历了民主革命时期，但也未能完全消除封建文化残余的影响。同时，革命战争年代形成的领袖权威与权力运作方式也存在巨大的历史惯性，共产党军队的首长负责制及首长的"临机处置之权"影响深远，一直被带到新中国成立之后党的执政活动之中，对党和政府的组织与管理方式产生了重要影响。

从现实根源来看，"一把手体制"的形成也是由现行领导体制的缺陷造成的。从制度设计上来看，党内的权力结构还不够完善。虽然党章和一系列重要文件中均对党委书记的权限进行了界定和限制，但由于缺乏稳定的制衡机制和有力的监督体系，导致以党委会为本地或本单位领导核心的制度安排逐渐演变为以党委书记为权力中心的运作方式。③ 同时，在制度落实层面，现行的许多党内规章制度过于原则化，缺乏可操作性，致使"用制度管权、按制度办事、靠制度管人"等正确的原则得不到真正的落实，造成形式上的集体领导成为事实上的"一把手"说了算。④

二　"一把手"何以腐败及如何腐败

尽管《党章》及有关制度明确规定了各级领导班子实行集体领导，但在实际政治运行中，往往是"一把手"独揽大权，涉及改革、发展和规划的重大事项经常是"一把手"一人决定。党政"一把手"权力过分集中是中国政治体制和权力运行机制的一个突出问

---

① 陈冬生：《中国政治的民主抉择——党内民主与政治文明》，江西高校出版社 2004 年版，第 108—109 页。

② 任中平、张振雪：《党内"一把手"体制的由来、危害与治理》，《江苏行政学院学报》2012 年第 3 期。

③ 同上。

④ 闫小波：《关于建立健全党内议事规则的思考》，《中共延安干部学院学报》2011 年第 4 期。

题，该问题使党政"一把手"权力的运行出现了种种弊端，其中之一即容易贪污腐败。由于大量的审批权、决策权以及人事任用权都集中在"一把手"的手里，他们直接掌握着国家财富的分配大权，且由于手握人事任免权，"一把手"甚至可以驱使、支配行政权、执法权、司法权、监督权等其他任何权力。如果"一把手"的意志薄弱或思想认识不到位，则极易公权私用，走上腐败道路。①

对"一把手"的权力监督是干部管理的薄弱环节，相对于其他类型的干部，"一把手"腐败的发生概率较大。统计表明，在所有受处分的党政机关县处级以上领导干部中，"一把手"或在"一把手"岗位上出现问题的比例超过1/3；② 在厅局级以上干部中，"一把手"所占比例更高，有研究显示，这一比例高达60%，且党委、政府、国企、交通以及司法等部门单位的"一把手"腐败现象最多。③ 不仅如此，由于"一把手"的特殊性，与其他班子成员和一般干部比起来，其腐败程度和腐败情节等都会更加严重。乔德福等人研究了改革开放以来到2013年底已经受到判刑、党纪政纪处分或免职立案调查的54位省部级"一把手"的违纪违法犯罪，并对其腐败的特点、趋势和风险点进行了分析，研究发现：省部级"一把手"腐败的涉案金额越来越大，年龄越来越小，潜伏时期越来越短，腐败方式越来越隐蔽等；腐败风险点集中在房地产、企业经营、生活腐化堕落、亲属贪利、买官卖官等领域；防控腐败风险在于创新权力配置、权力监督、民主选拔、干部交流、干部管理体制机制。④

"一把手体制"为何容易导致腐败？对此，学者从多个方面进行了分析。从权力结构来看，各级"一把手"权力过大从而使监管工作难以施行，是引发"一把手"违纪违法的重要原因之一。不仅

① 李景治：《党政一把手权力运行机制的完善》，《学术界》2014年第4期。
② 原晓红：《始终贯彻信任不能代替监督的理念》，《中国纪检监察》2016年第21期。
③ 参见《国家治理》周刊、中国人民大学国家发展与战略研究院的《联合发布：年度研究报告精要"一把手"腐败的若干重要特征》。报告中，中国人民大学国家发展与战略研究院统计了2000年到2014年3月底公布的大部分案件，结果显示，在367个厅局级腐败官员中，担任"一把手"职务的有219人，占腐败官员总数的60%左右。
④ 乔德福：《省部级一把手腐败特点、趋势和风险防控机制创新——基于改革开放以来54例省部级一把手腐败案调查思考》，《理论与改革》2014年第3期。

如此，地方党委"一把手"通常由上级党委班子（如常委会）中的成员兼任（"高配"），这样的安排虽然体现了上级党委对该地区的重视，但同时也使得该地区的党委会、常委会等无力对"一把手"实施监督，形成了权力监督的真空地带。从干部考评机制来看，目前党内采用的考核方式主要是看"一把手"的工作成就，如经济发展、社会稳定、民生改善、环境保护等方面的进步，其他干部与群众也从这些方面衡量"一把手"的能力。在这种情况下，"一把手"不能不独揽大权，以保证政绩的提升。① 从监督机制来看，现有的"一把手"监督管理体制存在监督力量缺位、监督内容模糊、监督方式滞后和操作性弱等问题，导致"一把手"监督成了干部监督管理的薄弱环节。② 从决策实践来看，一些地方党委"一把手"将民主集中制片面地理解为只有集中没有民主，过于强调"一把手"总负责，而使决策权、话语权、主导权和决定权等统统集中于"一把手"手中，造成自由裁量空间过大，缺乏对"一把手"权力的约束。③

三　"一把手"腐败的理论检视

中国共产党以民主集中制为基本组织原则，注重民主与集中的辩证统一。这一组织原则落实到党内领导体制上就形成了"一把手体制"。有学者将这一体制的特点概括为：从中央到地方的各级政权组织的权力过分集中到同级党委，在党委内部又集中到少数主要领导手里，更主要地集中到党委"一把手"的手里④。党委"一把手"缺乏有效的权力制衡，上级监督不住，同级监督不了，下级不敢监督。从生成机制上看，"一把手体制"与传统"家长制"文化的遗存有关，也与革命时期党的一元化领导有着承接关系。邓小平在反思"文革"时指出："权力过分集中的现象……就是不适当地、不加分析地把一切权力集中于党委，党委的权力又往往集中于几个

---

① 杨德山：《新时期以来党内民主建设的理论与实践研究》，福建人民出版社2016年版，第190页。

② 同上书，第188—189页。

③ 侯长安：《加强对"一把手"监督的实践与思考》，《求是》2013年第12期。

④ 苗佳瑛主编：《民主集中制研究》，同心出版社2009年版，第70—71页。

书记，特别是集中于第一书记，什么事都要第一书记挂帅、拍板。党的一元化领导，往往因此而变成了个人领导。"① 全面深化改革新时期，习近平总书记在十八届中央纪委第二次全会上指出：反腐倡廉建设必须从"一把手"抓起，"要加强对'一把手'的监督，认真执行民主集中制，健全施政行为公开制度，保证领导干部做到位高不擅权、权重不谋私"②。

通过对近年来有关"一把手"腐败的研究文献的梳理和检视，大体上可以发现有如下代表性观点。

一是领导班子内部权力约束的视角。李景治认为："党政'一把手'习惯于当领导、下结论、做决策，制约领导班子其他成员，而领导班子其他成员则习惯于服从领导、听从决策，无法或不愿意制约'一把手'。"③ 出现上述情况的原因在于经常提意见的干部往往得不到重用，而老实听话的往往官运亨通，这也似乎成了官员职场生涯中的惯例。任中平和张振雪则认为，在压力型体制下，党委书记由于要对地方经济发展、社会稳定等重大问题负第一责任，也理所当然地对于重大事项决策、重要项目安排、大额资金的使用拥有更多的支配、统筹和裁量权力。④

二是"一把手"特权影响的视角。乔德福指出，特权是腐败的制度根源，腐败是特权的非法延伸。要严厉打击"一把手"的特权现象，如职务消费无度化、权力拉帮结派化、代际世袭继承化、表现形式隐形化、手段类型多样化、工作决策独断化、社会生活潜规则化、职务待遇终身化这些特权。⑤ 正是因为社会广泛存在的特权观念和对特权现象的容忍，才导致党政"一把手"的腐败行为大行其道。吴其良则认为，自上而下的任用体制，让一些党委书记把自

———

① 《邓小平文选》第 2 卷，人民出版社 1994 年版，第 328—329 页。

② 《更加科学有效地防治腐败　坚定不移把反腐倡廉建设引向深入》，《中国监察》2013 年第 3 期。

③ 李景治：《加强和改进对党政一把手行使权力的制约监督》，《党政研究》2014 年第 6 期。

④ 任中平、张振雪：《党内"一把手"体制的由来、危害与治理》，《江苏行政学院学报》2012 年第 3 期。

⑤ 乔德福：《"一把手"特权治理困局及其破解路径》，《理论探讨》2014 年第 2 期。

己行使的权力完全看成是上级领导看中赏识的结果,要朝领导靠拢,向领导投诚,以至对领导唯命是从、百依百顺,甚至向领导"朝贡",替领导"站岗",进而出现买官卖官和权钱交易现象。①因此,要规范"一把手"的权力,加强对"一把手"权力的监督,须根除特权思想,营造反对特权的社会氛围。

三是监督考核疏漏的视角。刘宗洪认为,党的纪检监察机关对"一把手"监督难,突出表现在重大决策、选人用人、暗箱操作、生活奢靡、贪污受贿和使用资源诸方面。他特别强调:"党风廉政责任制把一级党组织的利益与腐败分子的个人利益捆绑在一起,迫使一些党组织成为腐败分子的保护伞,加强对'一把手'的监督,须要改革党风廉政责任制的考核制度,把查处案件与干部评价分割开来。"② 这是因为一旦腐败事件发生并受到查处,地方党组织就要被问责,并会受到一票否决的效果,所以各种评奖资格都会被取消。因此,应该把严格考核与科学奖惩结合起来,去激发党员干部监督"一把手"的积极性。

从上述的研究发现,我们大体可以梳理出如下共识:党委"一把手"是各级政权的权力核心,他不仅对于党内的班子成员具有支配力,对于下级党委政府的权力同样具有支配力。这一支配权力又集中体现在决策、人事和财政权力方面,即"决策一言堂""用人一句话""花钱一支笔"。在现实当中,由于权力过分集中到党委以及党委书记一人之手,客观上形成了党委"一把手"的绝对权威,来自下级和同级的监督名存实亡,而上级又缺乏足够的信息渠道,无从监督,从而造成"一把手"权力监督的真空。

第二节 "一把手"腐败的群体特征:S 市区委书记的样本分析

作为中国经济特区之一,S 市处于改革开放的前沿地带,经济

---

① 吴其良:《关于地方党委书记权力的三个问题》,《探索与争鸣》2009 年第 1 期。
② 刘宗洪:《"一把手"监督的难点及其应对——基于上海的调研分析》,《中共中央党校学报》2015 年第 4 期。

发展水平远远领先于全国其他地区。2010年以来，S市加大反腐力度，区、街道党委"一把手"由于腐败问题纷纷落马。统计显示，在7年间，S市落马的区街党委"一把手"总数16人，其中区委书记7人，街道党工委书记9人。

一　党委"一把手"腐败数量集中在经济总量大的行政区

根据表8-1数据，不难发现，B区、N区、L区、F区、H区的区委书记作为行政区域的党政"一把手"，其腐败行为接连在党的十八大前后被查处发现，而Y区则没有查处过党政"一把手"的腐败案件。根据S市的统计年鉴数据，发现S市B区、N区、L区、F区、H区的经济总量很大，所占S市的GDP比重也高，特别是B区、N区、L区和F区的GDP值都超过数千亿元，而Y区的经济总量则小，不到500亿元，处于S市经济水平的靠后地带（见表8-1）。由此可以推断，在S市下辖行政区经济总量越大，其区委"一把手"的腐败数量越多；而所在行政区经济总量越小，区委书记的腐败数量越少。区委"一把手"的腐败概率与辖区经济总量的大小呈现正相关关系。

表8-1　　　　　　　　S市各区GDP值（2010—2013）　　　　单位：亿元

行政区 ＼ 年份	2010	2011	2012	2013
B区	2616.48	3270.42	3500.27	3922.75
N区	2002.84	2442.17	2830.62	3206.57
L区	1797.11	2158.41	2522.68	2773.67
F区	1855.35	2099.09	2372.50	2700.30
H区	1027.67	1209.84	1358.20	1488.43
Y区	282.06	325.61	365.78	408.51
全市	9581.51	11505.53	12950.06	14500.23

资料来源：根据S市统计局官网发布的统计年鉴数据整理所得。

二　腐败发生的领域主要集中在土地、工程、房产领域

统计显示，区委书记的腐败往往与工程、土地、房地产脱离不了干系。H区委书记蒋尊玉的违法违纪行为大多围绕土地与

"三旧"改造展开。蒋尊玉主政 H 区时期"以企业落地置换土地"游离于法律框架之外,更有假经济开发之名行谋取私利之实的嫌疑。在任职期间,他将坂雪岗科技城约 1/3 的旧改土地当成他的"自留地"①。曾任 B 区、N 区区委书记的梁道行,其个人腐败也与工程和土地开发相关。在许多工程和土地的开发建设过程中,他将这些工程指定给了其身边的商人或亲属来做,从中谋取私利②。原 F 区委书记李平为金光华实业集团公司获得华新村改造项目等提供帮助,并接受金光华公司的贿赂③。

街道党工委书记也是如此。2011 年 B 区委区政府决定查处、整治沙井街道万丰社区"白竹山""大钟岗"片区的严重违建问题,万丰社区书记潘泽勇为了不被追究相关责任,确保片区内违建楼房不被拆除,先后三次到沙井街道党工委书记刘少雄办公室行贿,刘少雄没有拒绝,而是把钱收下,并允诺予以帮助④。原 L 区坪地街道党工委书记张庆源,未遵循有关处置国有资产的程序,让行贿人以较低的价格顺利购买了坪地街道 8000 多平方米的某商业铺位,并收受好处费。原 H 区莲塘街道原党工委书记、办事处主任梁钜坤,将办事处管理的土地承包给行贿人经营并先后收受了好处费。原 B 区光明街道党工委书记刘业华利用职务便利帮助商人黄顺承接光明街道的工程项目⑤。这些腐败事实,说明 S 市党政"一把手"的腐败行为与土地、工程、房地产领域密切相关。

三　腐败的另一个重灾区为买官卖官与权钱交易

梁道行"落马"后,"吐出"了两位曾向其行贿买官的官员即江捍平和叶虔。蒋尊玉违反廉洁自律规定,收受礼金、参与赌博、与他人通奸,并利用职务上的便利,在工程项目等方面为他人谋取

---

①　林达:《五毒书记蒋尊玉的"全家腐"》,《检察风云》2015 年第 18 期。
②　卫一鸣:《副市长的漏罪加判》,《检察风云》2018 年第 18 期。
③　《深圳市政府原秘书长李平被控受贿 300 万 退赃 600 万》,《深圳晚报》2016 年 3 月 16 日。
④　何韬:《小街道揪出"大蛀虫"》,《中国纪检监察报》2014 年 1 月 12 日。
⑤　王纳:《深圳:一年 5 名基层街道办"一哥"落马》,《广州日报》2013 年 4 月 17 日。

利益。其本人或亲属收受巨额贿赂,涉嫌 2011 年大运会工程的腐败,与地产老板进行权钱交易,以及向广东省委组织部原副部长林存德进行利益输送①。原 F 区委书记李平在用人方面严重违纪,在选拔十几名处级干部时,最后获得提拔的,并不是考试成绩最好的,获提拔的干部有多名都是成绩倒数的,"第一名都没有提",而李平是最终的决定人②。

根据表 8-1,S 市大多数党政"一把手"腐败的金额是数百万元以上,并且发现区委书记与党工委书记的受贿金额大小与这两个层级没有关系。S 市的这些党政"一把手"腐败基本都受到了法律的严厉制裁。大多数街道党工委书记因为腐败被判处有期徒刑,有些甚至判处无期徒刑。例如,原 B 区沙井街道党工委书记、办事处主任刘少雄因涉案金额 2000 万元,并纵容黑社会,所以被判处死刑,缓期两年执行,后改判无期徒刑,剥夺政治权利终身,没收全部个人财产③。这说明,党政"一把手"贪污腐败,都会受到法律的惩罚,法律面前没有例外,并且贪腐所得都会被没收、更会处以刑罚惩治。

第三节　为什么党委"一把手"成为权力监督的短板?

通过对 S 市党政"一把手"腐败案件的梳理,可以发现曝光案件无一通过现行制度加以约束下曝光。既然针对腐败行为的制度已经制定出来,那么为什么制度约束不了"一把手"呢?结合 S 市党政"一把手"腐败案件的相关情况,可以从三个方面做出解释。

---

① 林达:《五毒书记蒋尊玉的"全家腐"》,《检察风云》2015 年第 18 期。
② 伊宵鸿:《深圳市政府原秘书长李平被控受贿 300 万退赃 600 万》,《深圳晚报》2016 年 3 月 16 日。
③ 游春亮:《深圳一年 53 名街道工作人员被查》,《法制日报》2013 年 4 月 16 日。

一　权力结构的维度

《建立健全惩治和预防腐败体系2013—2017年工作规划》中提出强化权力运行制约和监督，确保权力正确行使，进而提出确保决策权、执行权、监督权既相互制约又相互协调的制度。目前，"一把手"在党委领导班子中处于核心地位，在行政领导班子中处于统帅地位，在决策中处于主导地位，在实施决策中处于指挥地位，这种情况模糊了决策权、监督权、执行权等不同职能的权力界限，破坏了权力结构的科学性，实质上否认了权力内部的必要分工与行使的规范化，使"一把手"的权力绝对化，很容易滋生腐败。① 在权力高度集中的情况下，党政"一把手"腐败成功的机会就会很多，腐败得逞的概率就会增加。

从S市区、街党政"一把手"的权力属性来看，决策权、执行权、监督权并没有运行得科学合理。"目前的问题是，深圳市的街道'一把手'权力集中缺少有效监督，而党工委、办事处'一把手'合二为一的做法，虽有利于提高工作效率，更不利于监督制约。因此，需要多途径将权力关进制度的笼子里。"② 在S市街道党政"一把手"的腐败案例中，刘少雄为原B区沙井街道党工委书记兼办事处主任，梁钜坤为原H区莲塘街道党工委书记兼办事处主任，这种合二为一的做法的确容易造成权力的高度集中，进而缺乏有效监督，失去制约。

二　集体领导与意图领会的机制

《党章》规定：党的各级委员会实行集体领导和个人分工负责相结合的制度。《中国共产党党内监督条例》第12条规定，凡属方针政策性的大事，凡属全局性的问题，凡属重要干部的推荐、任免和奖惩，都要按照集体领导、民主集中、个别酝酿、会议决定的原

---

① 于学强：《"一把手腐败"：原因与防治》，《中共四川省委省级机关党校学报》2010年第3期。

② 《深圳街道官员被曝为50亲友安排工作　涉嫌受贿被捕》，《检察日报》2013年4月16日。

则，由党的委员会集体讨论作出决定。党的委员会成员要根据集体的决定和分工，切实履行自己的职责；同时要关心全局工作，积极参与集体领导。这个制度以前也叫作"三重一大"集体决策制度，"三个凡属"中第三个凡属即对重要干部的任用，"由于没有把提名权纳入集体决定范畴，并不能解决程序都走到了，实际上还是一把手说了算的问题。同时，这个体现民主集中制和集体领导的制度，并没有严格的监督检查措施，实际上还是依赖于各级党政正职的认识和自觉"①。

　　S市经济一直高速发展，近些年更是处于城市化建设的关键时期，产生了一个个巨大的利益"蛋糕"。街道办事处还担负城建、房管、民政、城管、治安、环保、查违、抢险救灾、基层执法等广泛职能，党政"一把手"很容易就给特定对象以特殊优惠、授予工程项目和政府合同、公共资源交易中的折让、各种税费的减免，等等。② 作为"一把手"的街道党工委书记在基层的人事任用及工作调动等方面拥有无可争辩的决定权，也可能成为牟利的渠道。如莲塘街道原党工委书记、办事处主任梁钜坤，就曾多次在辖区内人员的调动、提拔、从执法编制转行政编制等环节中收受大量好处。一些党政正职揽权，不是揽决定方针政策的大权，而是揽这类具有"含金量"的实权，党政"一把手"可以通过各种办法规避集体决策的程序，在公共权力的运行中进行重大的利益输送。

三　直管与分管的微妙关系

　　《中国共产党党员领导干部廉洁从政若干准则》第7条规定，禁止违反规定干预和插手市场经济活动，谋取私利。不准干预和插手建设工程项目承发包、土地使用权出让、政府采购、房地产开发与经营、矿产资源开发利用、中介机构服务等市场经济活动。S市关于《加强党政正职监督的暂行规定》第10条规定，党政正职不具体直管人事、财务、审批、执法等事项，审批指行政审批，不具

　　① 黄建国：《完善党政正职监督制度的思考》，《理论视野》2012年第6期。
　　② 滕抒：《小官大贪的警示——深圳市严肃查处街道党政"一把手"违纪违法问题》，《中国监察》2014年第1期。

体直管指在班子成员中明确一名副职分管。这一不直接分管的规定是为"一把手"的腐败设置了防火墙。"一把手"负责统筹协调，不直管某一领域，而是由副职具体分管某一领域，所以在整个领导班子内，每个成员都参与到权力的运作中。S市党政领导班子内部都有分工，领导班子内部的成员之间的相互监督应该是最有效、最有力的，因为他们最了解权力运作的基本情况。但因组织上对"一把手"赋权过重，甚至一些副职的升降去留在一定程度上取决于"一把手"的意愿，加之部分副职在制约监督"一把手"权力方面不作为，进一步强化了班子内部权力制约乏力、监督流于形式的趋势。①

S市党委"一把手"发生过越过分管领导直接插手分管事项的情况。蒋尊玉利用职务便利，在工程项目方面为他人谋取利益，并涉嫌大运会工程的腐败；李平利用在F区委书记的职务便利，对华新村改造项目横加干涉并收受贿赂、获取利益；梁道行喜欢亲自抓大工程，其"党管工程"理论主张区委常委均介入工程，从而导致大量国有资产流失。这些都是因为在直管与分管的关系方面没有做出细致明确的分工，缺乏刚性的程序规则设置，从而导致党政"一把手"在分管领域进行干涉，破坏直管与分管的明文规定。

第四节　构建"一把手"监督的制度体系

规范"一把手"的权力运行主要有两种思路：一种是制约权力，一种是监督权力。② 2014年1月，习近平总书记在十八届中央纪委三次全会上指出："要强化制约，科学配置权力，形成科学的权力结构和运行机制。要强化监督，着力改进对领导干部特别是'一把手'行使权力的监督，加强领导班子内部监督。"这就是说，要规范"一把手"的权力使用，必须在权力配置结构和权力运行过

---

① 毛政相、周云华：《"一把手综合症"及其防治》，《中国党政干部论坛》2007年第1期。

② 严宗泽、王春玺：《当前地方党委"一把手"权力监督面临的困境及其根源分析》，《理论探讨》2017年第5期。

程上同时发力，构建"一把手"监督与制约的制度体系。近年来，S市区和街道党政"一把手"腐败频频发生的事实说明，加强"一把手"的权力监督，切实防止"一把手"成为"一霸手"是廉政体制机制建设的重中之重。新形势下"一把手"权力腐败，主要是利用人事权、财务支配权、物质分配权、项目决定权、建筑工程决策权、各类审批权、政府采购或商品购销决定权以及权力的影响力来寻求"权力出租"。因此，强化党政"一把手"的权力监督，要围绕土地出让、工程招投标、公共资源交易、干部提拔任用等环节进行配权、确权、分权、督权，将"一把手"过度集中的权力分解，用制度约束其自由裁量空间。

一　紧抓"关键少数"，破解"一把手"监督难题

习近平总书记在十八届中央纪委六次全会上指出，要抓住"关键少数"，破解"一把手"监督难题。这一重要论述，具有很强的现实针对性，也是加强党内监督亟须解决的一大课题。对于"一把手"的日常监管，如何把准要害、对症下药，扑灭廉政风险的火苗？体制机制问题导致的上级监督远、同级监督软、下级监督难问题如何化解？"一把手"监督问题是干部监督管理方面的短板，破解"一把手"监督难题已成为从严治党和从严治吏的关键环节。

"一把手"是"关键少数"中的"关键少数"。从实际情况来看，"一把手"监督主要有"三难"：一是难在监督对象特殊，"一把手"处于一个地区、一个单位权力结构的最核心位置，其岗位特殊性决定了"一把手"权力行使较为集中。二是难在监督体系不健全，目前仍存在上级监督不了解情况、同级监督缺乏权威、下级监督担心打击报复、群众监督信息不对称等突出问题。三是难在监督环境不完善，受官本位等糟粕文化影响，个别"一把手"特权思想严重，拒绝接受监督。① 要补足这块监督短板，就必须积极探索对领导干部特别是"一把手"权力进行制约和监督的有效途径。首先，必须坚持和落实民主集中制，用好巡视"利剑"，用好批评和

---

① 刘连生：《监督一把手要多管齐下》，《中国纪检监察报》2017年5月22日。

自我批评武器，不断构建全方位的监督机制。其次，细化和强化"一把手"权力运行制约和监督体系，从宽、松、软真正走向严、紧、硬，让党内监督动真碰硬、展现刚性。① 再次，强调多元主体的参与，让人民监督"一把手"的权力使用，让权力在阳光下运行。最后，要加强对"一把手"教育的针对性、管理的经常性、监督的有效性，促使各级"一把手"带头遵守党章党规和宪法法律，认真贯彻执行民主集中制，不断增强党性修养。只有坚持多管齐下、多措并举和多元参与，才能逐步破解"一把手"监督的困境，真正实现将"一把手"权力关进制度的笼子。

二　坚持依法配权，确立"一把手"权力的制衡机制

邓小平曾经就权力过分集中问题进行过专门论述——"权力不宜过分集中。权力过分集中，妨碍社会主义民主制度和党的民主集中制的实行，妨碍社会主义建设的发展，妨碍集体智慧的发挥，容易造成个人专断，破坏集体领导，也是在新的条件下产生官僚主义的一个重要原因"②。要防止权力过分集中造成的个人专断和官僚主义等问题，必须对权力的构成进行科学的配置和合理的优化。作为领导班子的"一把手"，应集中精力做好统筹规划、宏观决策，即集中精力抓大事、抓要事，不直接过问、插手和管理具体的事务。③一方面，"一把手"要从宏观上谋划、领导本地区、本部门的发展方向，提出总体工作的指导方针、长远目标和近期计划。另一方面，"一把手"不能直接插手和干预项目审批、土地开发等具体事项，亦不能直接决定甚至指定干部选拔任用的具体人选。

聂辉华、仝志辉的研究显示，从源头上限制"一把手"的权力，是反腐败的制度基础。这是因为限制权力比监督权力的成本低，且比监督权力更容易证实。④ 限制党委"一把手"的权力，重

---

① 《紧抓"关键少数"，强化党内监督》（2016年1月15日），2019年10月26日，新华网（http://www.xinhuanet.com/politics/2016-01/15/c_1117793811.htm）。

② 《邓小平文选》第2卷，人民出版社1994年版，第321页。

③ 李景治：《党政一把手权力运行机制的完善》，《学术界》2014年第4期。

④ 聂辉华、仝志辉：《限权是遏制"一把手"腐败的基础》，《学习时报》2014年8月25日。

要的是做好党政班子成员的集体分工。构建"副职分管、正职监管、集体领导、民主用权"的权力制衡机制，将"一把手"不直接分管事项的规定用细化的制度加以落实。"一把手"不直接分管财务、人事、工程项目、行政审批和物资采购工作；凡重大决策、重要人事任免、重大项目安排与大额资金的使用，必须由领导集体研究决定。一般事务分管领导在职责范围内直接决定，重大事项班子集体决策；分管领导必须执行班子集体的决定；分管领导要主动向领导班子汇报工作情况，重大事项班子集体研究决定前分管领导要提出建议方案，从而形成既相互制约又相互协调的权力制衡机制。

三　强化制度分权，约束"一把手"的项目"操控权"

土地、项目招投标是"一把手"腐败的重灾区。为了防范"一把手"的工程腐败行为，浙江出台规定，明确禁止领导干部插手干预土地使用权出让、工程建设、房地产开发与经营活动三个方面的24个"不准"；广东省直单位、珠海、江门等地探索纪委介入所有重大工程项目，开展廉洁风险同步预防的监督之路。[1] 山西省则要求领导班子集体讨论决定重要工作时，班子成员充分发表意见，党政主要领导集中多数人的意见后末位表态。

权力的过分集中缺乏适度的分解、合理的分工以及强有力的监督，是政治体制和权力运行机制的根本缺陷，也是其不成熟、不完善的突出表现。[2] 要适当分解"一把手"的权力，不仅需要适当减少"一把手"权力，还需严格限制"一把手"权力，建立严格的分工机制和岗位责任制。从治本之策来看，关键还是通过设计严密的制度和程序，降低"一把手"干预项目和工程的机会空间。加强决策的公开透明，建立专项听证制、公开招投标制，重点工程项目坚持集体决策；重大事项决策全程公开、"一把手"末位表态，防止"一把手"独断专行，真正做到权力行使规范化、职权自由裁量标准化、权责运行明晰化。用程序约束"一把手"的干预空间，对各类资源出让、工程发包、物资采购和资产处置等事项，全部纳入公

---

① 《官员插手工程成巡视清单"标配"》，《检察日报》2015年9月2日。
② 李景治：《党政一把手权力运行机制的完善》，《学术界》2014年第4期。

共资源交易平台公开进行招标。对于那些资金额度较小、可不进入统一招投标程序的工程项目，则应当由党政班子集体讨论决定招投标和承包发包方案，由分管副职具体负责实施，主要负责人对实施情况进行监督和检查。

四　强调多元参与，约束"一把手"的财务"签字权"

2016 年 1 月，习近平总书记提出，各级党组织要多设置一些监督"探头"，使"一把手"置身于党组织、党员、群众监督之下。[1]总书记的这一论断为"一把手"监督指明了方向。要加强对"一把手"权力的监督与管控，就必须全面整合各种监督力量，不断强化上级党委和上级"一把手"对下级"一把手"的全面监督、上级纪委对下级"一把手"的专责监督、同级纪委对党委"一把手"的专责监督以及党员群众对"一把手"的民主监督。[2]

坚持用制度管权、管事、管人，建立健全决策权、执行权、监督权既相互制约又相互协调的权力结构和运行机制，用多主体参与的制度设计约束"一把手"的各项权力，尤其是"一把手"手中的财政权。建立委托制、财务会签制、定期审核制、财务公开制和经济审计制，本部门财务工作应当由一名分管领导签字、行政主要负责人审批、党委书记定期审核。加强党委"一把手"的任内和离任审计。对于党委"一把手"在任期内、任期届满或任职期间办理调任、转任、轮岗、免职、辞职、退休等事项前，提前进行经济责任审计，审计完结后方能按相关程序进行。对涉及金额大、资金去向不明、其他班子成员不知道的，要一查到底；将审查延伸到党委"一把手"的家属、子女和亲近人物。完善交流任职制度，对在一个职位上工作时间长的管人管钱管物的"一把手"进行适当异地交流、岗位轮换，以打破其关系网、人情网。

---

① 习近平：《在第十八届中央纪律检查委员会第六次全体会议上的讲话》，《人民日报》2016 年 5 月 3 日。
② 王春玺、韩苗苗：《加强对地方党委"一把手"权力制约监督的途径与方法》，《理论探讨》2017 年第 2 期。

第九章

政党引领与社区协商
体系的建构

——深圳南山区"一核多元"社区治理创新观察

长期以来，中国城市社区治理的模式选择是一个理论和实践上的待解难题，根源则在于城市社区的属性定位模糊。事实上，中国城市社区是集管制、自治与服务三重属性于一身的社会单元，这就决定了协商治理作为社区治理方式的可能性和必要性。基于南山区"一核多元"社区治理探索实践的个案观察，本章就协商治理的若干特性，如利益相关方的参与治理、有核心的治理主体以及多元化的协商平台等进行了解析。本章还就中国城市社区治理的理想类型与发展趋向进行了讨论。

第一节 "想象的自治"与"现实的管治"：
城市社区治理模式之争

尽管中国城市社区的生成与发展并不久远，但是关于社区治理的模式讨论却始终持续。20世纪90年代初城市社区概念从学术话语转为政策话语，被民政部门引入官方文本之中，迄今只有20多年的时间。民政部门在推进社区建设试验的同时，也将社区看成是居民的自治单元，在全国26个社区建设试验区中加以推广实施。这一政策定位与学术界对于社区的理论定位相互印证和支撑。从居民委

员会的自治定位出发，学术界将社区想当然地理解为自治单元，强
化自治导向在城市社区建设初期几乎成为一种压倒性的学术话语。
正如费孝通先生所倡导的，社区建设应当基于居民的需求，最佳的
方式是由居民自己决定、协商和协调。① 夏学銮提出，社区自治被
视为社区建设的首要目标，而这一自治体现在经济上自立、政治上
自治和文化上的认同。② 徐勇则认为，社区自治是一种成本较低，
又契合居民需求，且利于公民参与的治理模式；社区自治还反过来
要求重塑政府的权力，构建政府管理与社会自治的协同关系。③

　　然而，城市社区建设的现实发展并没有延续理论界的主张。城
市社区自成立之初就躲不开也绕不过的问题是：如何落实来自城市
基层政府的各种行政指令和下派任务，如何避免成为政府部门"千
根线"指挥下的"那根针"。而这一现实的背后则是集权式的行政
权力结构以及对应的压力型政令执行方式。④ 因此，随着社区建设
的深入，民政部门也在不断修正城市社区的功能定位及治理模式。
2000 年颁布的中央"两办 23 号文件"对城市社区治理结构的重组
提出了明确的要求，即推进公共服务覆盖日益扩展的社会空间的同
时，要求完善社区党群组织、社区居委会和社区党组织的组建。⑤
2009 年 11 月，《民政部关于进一步推进和谐社区建设工作的意见》
再次强调，"健全以基层党组织为核心的城乡社区组织体系……建
立健全利益协调机制、诉求表达机制、矛盾调处机制、权益保障机
制……"国家关于城市社区建设的定位转向，再次说明中国的城市
社区建设不完全是基于自治的导向，还要实现国家权力对基层社会
有效治理的基本使命。

　　基于这一现实，管制论者突出国家及政府在重塑社区和运行社
区中的重要角色，社区只是国家控制下的治理单元"而非自主发育
而成的地域社会生活共同体"，社区建设所倡导的社区自治只是实

---

① 费孝通：《居民自治：中国城市社区建设的新目标》，《江海学刊》2002 年第 3 期。
② 夏学銮：《中国社区建设的理论架构探讨》，《北京大学学报》2002 年第 1 期。
③ 徐勇：《论城市社区建设中的社区居民自治》，《华中师范大学学报》2001 年第 5 期。
④ 荣敬本等：《从压力型体制向民主合作体制的转变》，中央编译出版社 1998 年版。
⑤ 《中共中央办公厅、国务院办公厅关于转发〈民政部关于在全国推进城市社区建
设的意见〉的通知》，《中国民政》2001 年第 1 期。

现城市基层管理体制改革和社会整合的手段;① 社区自治机制被纳入行政体制,成为吸纳社会资源来推进国家基层政权建设的过程。② 尽管城市社区建设体现了民主与协商的色彩,但本质上是在政府自上而下规划动员下构建的,是国家权力向城市社会渗透和延伸的过程,也主要是为了实现国家对城市基层社会控制的目的。③

笔者认为,关于中国城市社区治理的自治与管治之争,核心是关于城市社区属性的争执:若将社区看成是一个自发草根性的生活共同体,那么自治无疑是最佳的治理选择;若将社区看成是政府自上而下建构的治理单元,那么政府向社区下派任务、考核责任、配置资源的管治型治理也就顺理成章。而事实上,当下中国的城市社区显然是集合了"管治""服务"与"自治"多重属性的社会单元。④ 首先,城市社区是国家用以贯彻决策实施过程、实现社会控制和社会整合的治理单位;执政党和国家在社区设立自己的组织触角,如社区党组织、社区工作站行使着部分政府职能。社区作为国家治理的最基层单元,保障党和国家政策的传递、贯彻以及将基层信息上传反馈,是有效治理社区的重要体现。其次,社区也是一个公共服务的单元。与人民群众切身利益相关的各项服务,如社会保险、下岗就业、医疗保障、计划生育等,都依托社区平台加以供给;政府也相应地赋予社区工作站或社区居委会以提供服务的资源、经费和权限。最后,社区还是一个自治单元。居民借助于自治组织——社区居民委员会实行民主选举、民主决策、民主管理和民主监督;国家不仅在法律规范上明确社区居委会的自治属性,一些地方政府还注重向社区放权、还权和授权,探索各种社区自治的形态。

① 杨敏:《作为国家治理单元的社区——对城市社区建设运动过程中居民社区参与和社区认知的个案研究》,《社会学研究》2007 年第 4 期。

② 吴清军:《基层行政吸纳社会的实践形态与反思》,第 36 届世界社会学大会论文,2004 年。

③ 郭伟和:《街道公共体制改革和国家意志的柔性控制——对黄宗智"国家和社会的第三领域"理论的扩展》,《开放时代》2010 年第 2 期。

④ 陈家喜:《反思中国城市社区治理结构——基于合作治理的理论视角》,《武汉大学学报》2015 年第 1 期。

　　城市社区的多重属性决定了协商治理的可能。作为介乎自治与管治的中间路径，协商治理就是由利益相关者就公共事务进行表达、互动、谈判与达成一致的决策过程。与自治与管治有所不同的是，协商治理模式具有几个鲜明的特征：一是协商主体的多元性。一元主体构不成协商，协商治理要求各种利益相关方都有机会参与公共事务的讨论与决策，平等表达意见诉求。二是协商渠道的畅通性。协商主体需要借助于特定的平台、机制和渠道进行协商，各方利益诉求在协商平台上进行充分的表达、交换、妥协。三是协商目标的一致性。协商治理的目标是达成利益的共识和一致，这就需要克服集体行动的困境进而确保治理的有效性。因此就必须是有中心的协商，需要协商议题的发起者、组织者和推动者。

　　基于协商治理的理论框架，笔者尝试解构深圳市南山区"一核多元"社区治理创新实践，探讨协商治理在城市社区发展过程中的现实运行与实践绩效，在此基础上探讨中国城市社区治理的模式选择与理想形态。

第二节　"一核"与"多元"：南山区社区治理的主体结构

　　南山区为深圳市下辖的行政区，总面积185平方公里，拥有8个街道和100个社区，实际管理人口201万。南山区也是高科技产业的集聚区，聚集了深圳市77%的国家和省市重点实验室、60%的企业技术中心及41%的国家级高新技术企业，诞生了华为、中兴通讯、招商银行、腾讯等一批国际知名企业。2014年GDP为3464亿元，在全国市辖行政区排第三位，仅次于北京海淀区和朝阳区；人均GDP 30.87万元，超过亚洲"四小龙"中的中国香港、韩国和中国台湾，仅次于新加坡。伴随南山区经济快速发展的同时，社会结构也发生了显著变化。作为典型的"移民城市"，南山区户籍人口与流动人口比例为1:2，流动人口年流动率达33%；高层次人才和素质偏低人口聚集，每10万人中具有大学学历的超过4万；有

13000 名外籍人口常年居住，占全市外籍人口的 42%。社会人口结构的异质化程度高，也带来居民的物质、文化、生活、工作需求千差万别，参与意识、表达意识和个体维权意识十分突出。

伴随经济结构与社会结构的变迁，南山区也进行了相应的社区治理改革。1990 年建区伊始，实施"街居制"，社区居委会是基层社会管理与服务的重要主体。2005 年推行"议行分设"，增设社区工作站，负责社区行政事务和公共事务，居委会被边缘化。2007 年开始，着力推进"一核多元"区域化党建，并于 2013 年确立了以社区综合党委为核心的"1+3+N"社区治理结构，以化解以往工作中"重"管理服务而"轻"民主自治，或"重"民主自治而"轻"服务管理等问题，探索政府治理和社会自我调节、居民自治的良性互动。

2014 年 6 月 12 日，南山区出台《深化"一核多元"社区治理模式的实施方案》，明确提出"1+3+N"城市社区治理架构："1"即社区综合党委，是社区各类组织和各项工作的领导核心。"3"即居委会、工作站、社区服务中心。居委会是基层群众自治组织，方向是去行政化；工作站是党委政府在社区的工作平台，实现管理重心下移；社区服务中心是提供社区服务的综合平台，采取政府购买服务的方式运作。"N"即各类社区社会组织和驻区单位，作为多元力量参与社区的管理服务（见图 9-1）。南山区还梳理出社区综合党委、社区居委会、社区工作站、社区服务中心等 9 大治理主体、75 大项 277 小项的正面"职责清单"，确保各主体履职有章可循，功能互补。其中，社区综合党委（总支）职责 34 项、社区居委会职责 16 项、社区工作站职责 21 项、社区服务中心职责 157 项；其他多元参与主体也各司其职，如社区社会组织 5 项、农城化股份公司 7 项、业主委员会 8 项、物业管理公司 8 项、驻辖区企事业单位 21 项。

一　协商治理的核心——社区综合党委

社区综合党委（总支）是街道党工委领导下的基层委员会，社区各类组织和各项工作的领导核心。社区综合党委（总支）设 1 名

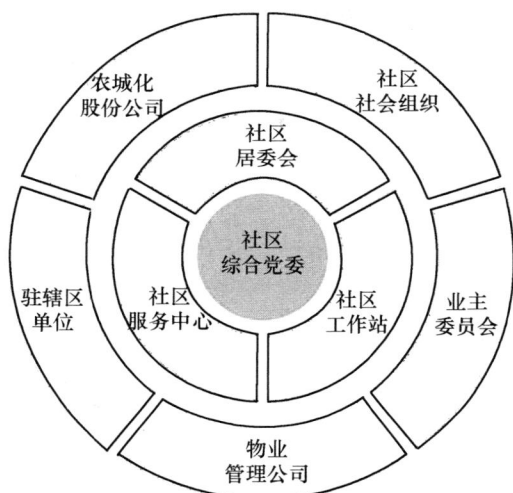

图 9 - 1　南山区"一核多元"社区治理结构

专职副书记，并按规定配备党建组织员。在南山区的 100 个社区当中，76 个社区成立了综合党委、24 个社区按条件成立了党总支。在社区综合党委（总支）领导下，社区居民委员会、社区工作站和有条件的业主委员会、社区社会组织也纷纷设立党支部；通过党建联席会，社区综合党委（总支）吸收业主委员会、物业管理公司、社区社会组织等各类组织的党员作为"兼职委员"进入领导班子。一些社区综合党委（总支）还尝试吸收"两代表一委员"、来深建设者党员等担任兼职委员，进一步拓宽党组织的利益覆盖面。在 2013 年社区两委换届中，南山区全面推进"社区综合党委 + 兼职委员"组织设置模式，配备班子成员 597 名，兼职委员 221 名。

南山区通过"赋权"的形式强化社区综合党委的"核心作用"，使其在社区重大事项包括干部人事、推优评先等上具有建议权甚至否决权。南山区还建立健全了重大事项社区综合党委（总支）决策议事制度，通过社区党建联席会议、社区共驻共建联席会议，由社区综合党委（总支）班子成员、兼职委员、"两代表一委员"、社区居民委员会、社区工作站、社区服务中心、社区社会组织、农城化股份公司、业主委员会、物业管理公司、工会、共青团、妇联、驻辖区企事业单位党组织负责人和党员、居民代表，以协商一致的民主方式，共同商议和决策社区党建和社区建设中的重大问题。

二　协商治理的主体——社区居委会、社区工作站、社区服务中心

社区居民委员会是居民实行自我管理、自我教育、自我服务的基层群众性自治组织，负责组织居民开展便民利民、自助互助和志愿服务、群防群治和调解民间纠纷、制定居民公约、收集意见建议等自治活动，履行服务、议事、枢纽、监督职能。南山区推进社区居委会的直选进程，广泛吸收社区社会组织、业主委员会、物业管理公司、楼栋长等代表为居民委员会成员，甚至还将来深建设者纳入到居住地的参选人行列，赋予其参与居民委员会的选举权和被选举权。南山区还建立邻里互助小组、居民兴趣小组、社区专业人才队伍、志愿者（义工）队伍、楼栋长队伍；面向中青年居民和来深建设者，成立广场舞蹈、摄影协会、车友自驾游、驴友俱乐部、慈善会等各种兴趣小组、志愿组织，营造和谐活跃的社区文化氛围。

社区工作站是区政府在社区的主要工作平台，协助区政府、区职能部门及街道办事处在社区开展工作，突出抓好公共卫生和社区教育，负责社区综合管理、社区安全、人口和计生、社会保障和社会事务、社区法制事务和环境保护等工作任务。目前，南山区社区工作站设站长、站长助理、一级社区助理员、二级社区助理员等岗位层级。为了提升社区服务的品质，一方面，南山区全面推行"一窗通"服务，统筹抓好年度民生实事项目，加强社区健康医疗服务中心、社区学校、社区养老助残等服务阵地建设，推进基本公共服务均等化，在就业、教育、医疗、环境、安全等重点领域实现全覆盖；另一方面，南山区还构建"社区工作者"的工作队伍体系，确保社区工作者管理的规范化、法治化和标准化。南山区围绕"社区工作者"的身份定位、管理体系、薪酬体系、招录培训、考核退出、社保购买、合同签订及交流回避等形成了一整套的制度体系。他们既不参照公务员、职员，也不参照企业员工，自成体系进行管理。按照这一制度设计，区政府与769名社区工作者补签聘用合

同，签约率达 97.8%；同时对于新进社区工作者实行统一公开招考，档案统一到区人才服务中心进行管理，并对社区工作者进行年度考核，严把人员进出"两道关"。

社区服务中心是提供社区服务的综合平台，由社会组织中标运营，负责政府资助或购买的社区助老、助残、优抚人员、特定人群、妇女儿童及家庭、社区青少年等基础公共服务，以及居民社区融合、社区慈善、社区志愿等居民自助互助服务和便民利民的社区商业服务。这些社区服务中心与社区工作站相互补充、相互协助。目前，南山区 86 个街道社区服务中心均由专业社工机构进驻服务，这些社工机构又由社工师、社工员、康复师、护理师、心理咨询师等专业人才队伍组成。此外，南山区还采取整体招标、专项购买、单项外包等方式，允许社区居民委员会、物业管理公司、社会组织运营或承包部分项目，开设"来深建设者服务中心""外国人社区服务中心""商业楼宇服务中心""和谐企业工作室""社区日间照料中心"等服务功能。在蛇口深圳湾、前海妈湾等新型社区，南山区还创造性地打破传统的管理模式，撤销社区工作站，设立"一平台两中心"，即社区综合信息平台、行政管理中心和社区服务中心。其中，行政中心主要承担政府职能部门交由社区完成的不涉及行政主体资格的各项行政服务项目；社区服务中心主要承担各类社区服务工作，包括家庭服务、居民参与式服务等 11 大项，采取购买服务方式由专业社工机构完成。[①] 这一探索既实现了社区服务和行政服务无缝对接，激发了社会组织等参与社区治理的活力和动力；又通过社会化专业运作实现了"去行政化"的目标，构建了便捷优质高效的社区综合服务体系。

三　协商治理的成员

社区社会组织主要负责开展志愿服务、公益服务、文体服务和社区自治活动。南山区依托区社会组织总会和区社区组织孵化园、街道社会组织服务中心、社区社会组织联合会等各级孵化网络，培

---

① 王慧琼：《非常有价值的全国基层治理生动实践》，《深圳特区报》2015 年 1 月 21 日。

育行业协会、公益慈善、社区服务类等专业社会组织。截至2015年3月，全区登记的社会组织557家，备案的474家，其他各类兴趣团体1700多家。南山区还鼓励辖区企事业单位、热心公益事业人士和社区社会组织，合作成立社区基金会，利用自然人、法人和其他组织捐赠的财产，或依托公募基金会、非公募基金会等更多社会资源，为社区公益慈善事业提供资金资助或从事社区慈善公益服务，促进居民自治。南山区将适合由社会组织提供的公共服务和解决事项，交由社会组织承担。2014年全区共向163家社会组织购买30大项公共服务，投入资金10.1亿元，占全区民生财政总支出的9.2%。

业主委员会主要负责维护全体业主在物业方面的合法权益，是业主有序参与和自我管理服务的重要平台。目前，全区共备案登记业主委员会318个。南山区着力构建社区党组织、居民委员会、业主委员会和物业管理公司协调机制，及时协调解决物业服务纠纷，维护各方合法权益。比如，召开业主大会、业主委员会会议等应当告知所在居民委员会，并听取其意见；优化业主委员会成员结构，鼓励党员、公职人员竞选业主委员会委员，鼓励居民委员会与业主委员会成员交叉任职。

物业管理公司主要负责提供专业化物业服务，满足社区居民的生活服务需要。南山区鼓励物业公司参与隐患排查、人口计生、社区养老、社区卫生、城管外包等有偿社区服务事项，支持物业管理公司自主或联合开展智能小区、国际化社区建设；通过社区基金会等社会资源，奖励物业管理公司保洁、绿化、保安、维修等优秀人员，在子女上学、生活救助等方面提供帮助。

农城化股份公司主要负责管理好自有物业、服务好村民（股民）。鼓励农城化股份公司在转型发展、规范监管、股权改革、探索建立现代企业制度的基础上，支持社区创建"宜居出租屋""来深建设者服务中心""和谐企业工作室"。

驻辖区企事业单位主要负责发挥其阵地资源、智力资源、教育资源、服务资源等优势，参与社区服务管理。南山区推动部队、学校、医院等驻辖区企事业单位将文化、教育、体育等活动设施，以及服务性、公益性、社会性事业逐步向社区开放；同时发挥驻辖区企事业单位联合党委功能，建立健全联席会议制度，定期走访和主动沟通，联合开展扶贫助困结对子、献爱心送温暖、群众文体娱乐、社会治安群防群治等各种便民、利民、惠民活动。

南山区"1＋3＋N"的"一核多元"社区治理模式，既不同于传统的管制型治理，也有别于自治型导向，而是将各种社区利益相关者共同吸纳治理体系，形成协商共治的治理格局。这一治理模式也被形象地表述成"车夫驱动、三马拉动、伙伴推动"的"三驾马车"式结构。其中，"1"是社区综合党委，作为社区组织的核心指引社区发展的方向并掌控速度，类似驾驭马车的"车夫"；"3"是社区居委会、社区工作站、社区服务中心，作为三个主要治理主体负责承担社区的自治、管理与服务职能，类似马车前端的"三匹马"；"N"是各类社会组织和驻区单位等，作为服务支撑主体提供后勤保障、安全保卫、信息传送等服务，类似马车旁边的"亲密伙伴"①。这一协商治理模式较好地保证了各方利益在社区的实现，解决了基层党组织软弱涣散、政府服务缺位、居民参与积极性不高、社会组织发展缓慢等难题，实现各方利益的有效协商与平衡。

第三节　协商与共治：南山区社区
治理的实践绩效

南山区"一核多元"的社区治理模式将各类社会组织、利益主体纳入社区治理的范畴，鼓励和支持社会各方参与。为畅通社区主体和居民参与社区治理的渠道，南山区还根据不同类别、不同层次、不同群体的特点，为各类治理主体提供了了解民情、沟通民意、民主协商、促进共识的五个协商平台，即党内民主共治、社区协商自治、社区虚拟参与、居民自助互助、社情民意诉求，构建了协商合作、协同互动、协作共建的共治格局。

---

① 《社区依法治理的"南山样本"》，《南方日报》2014年12月24日。

一　党内民主协商平台

党内民主协商平台由社区综合党委（总支）牵头，召集社区居民委员会、社区工作站、社区服务中心、社区社会组织、农城化股份公司、业主委员会、物业管理公司、驻辖区企事业单位等党组织负责人，以党建联席会议为平台，就社会治安、物业纠纷、环境卫生、城市管理等社区重大事项进行沟通、协商和调处。南山区普遍推广"社区综合党委（总支）＋兼职委员"模式，社区综合党委将辖区内的业主委员会、物业管理公司、社区社会组织以及"两代表一委员"、来深建设者等各类组织中的党员，作为兼职委员吸收进社区综合党委，通过党的组织纽带将社区利益相关者凝聚在一起。同时，这一组织纽带也成为利益协商、平衡与反馈的纽带，将社区矛盾提交到党内进行讨论。如深圳西部港区月亮湾片区，外来流动人口超过八成，大多按同乡、同业聚居，从事物流业及相关产业人员超过 2 万名，仅湖南平江籍货柜车司机及其家属就接近 5000 人，宗族意识强、利益趋同，给片区社会管理带来很大压力。为此，南山街道建立货柜车司机流动党支部，将片区流动党员团结起来，搭建起一个与上级党委、政府沟通、交流的平台，并培养、推荐在老乡中有威信、有魄力的党员参选党支部班子成员。在月亮湾片区综合党委和货柜车司机流动党支部的协调下，社区服务中心开设四点半学校，协助照看货柜车司机的子女；辖区医院也尽可能为劳务工解决难题。党组织还联系拖车行业协会、行业工会联合会、行业诉求中心等共同解决货柜车司机的利益诉求；同时邀请湖南平江公安局派干警进驻，实现"老乡服务老乡"。党内民主协商让多种力量在社区和谐共生，取得社区最大公约数；社区综合党委也因此成为利益协调和资源整合的主导力量，巩固了社区领导核心地位。

二　社区协商自治平台

社区协商自治平台由社区居民委员会牵头，召集社区各类组织、政府相关部门和居民的代表，就社区建设规划、公共事务和公益事业等涉及居民切身利益的重要事项进行议事，实现社区多元主体的有序参与。例如，深圳湾"社区评议监督团"由各类社区居民，包括党代表、人大代表、政协委员、企业高管、退休职工、热心网友等共30人组成。社区评议监督团对社区"党务、居务、政务、服务"情况进行监督，并在年度考核上进行现场评分，所占分值超过50%的比重，有效地促使社区各主体自觉履行职责，不断改进工作。在深圳湾社区评议监督团基础上，南山区在全区推行"四务一监督"评议机制，采取日常监督和年终评议的方式，由居民评议监督团就社区党务、居务、政务、服务情况进行监督和评议。"四务"涵盖了社区工作站和社区服务中心的工作，驻辖区企事业单位参与社区建设的情况，以及供水、供电、供气、电信、环境卫生、园林绿化等各类公共服务等。南山区还实施了"社区服务微实事"项目，即全区投入2000万元，每个社区20万元，由社区居委会牵头，解决社区居民期盼的问题，由居民"点菜"，居民自己说了算，让民生实事离群众更近一些，更接地气。

三 社区虚拟参与平台

社区虚拟参与平台由社区工作站牵头，吸收各类组织负责人、党员、楼栋长、社工、义工等，依托社区家园网、社区论坛、小区论坛、网络问政、网上信访，以及小区（社区）QQ群、政务微博、公共微信等信息化平台，实行社区事务大家议，扩大公众参与。南山区的100个社区均建立了社区家园网，居民可以通过论坛和居民留言，向政府提出意见建议，然后通过社会管理工作网转给相关部门协调处理，办理结果第一时间在网站上反馈。社区家园网还引入社会资源，将服务领域拓展到衣、食、住、行、娱、购、游、家政等各个方面，提供个性化服务，满足了居民多方面的需求。此外，南山区还探索建立"社区微信平台"，通过手机与社会公众加强信息互动，开展提示提醒、通知通告、政策宣传和接受群众咨询、反映情况。如南山街道红花园社区实有管理人口为2万，关注社区微信的居民接近4000人，基本覆盖每个家庭。以往是一有活动就在每栋楼下张贴公告，不仅纸张浪费，而且居民知晓率低，现在居民参与更省时省力。南山区以居民论坛、政务微博、社区微信等为载体，打通社会公众参与的信息渠道，形成社会管理工作网、社区家园网（内外网）可互联互通的社会参与机制，引导社会协同、公众参与、居民自治。

四　居民自助互助平台

居民自助互助平台由社区居民委员会牵头，依托爱心驿站、慈善超市、跳蚤市场、居家养老、呼援通服务、四点半学校、社区文化节（体育节）、社区邻里节、邻里互助计划等群众性自我服务平台，实现邻里互助、邻里互帮、邻里守望，激活和优化社会资源配置。2015 年 3 月启动的南山区第九届社区邻里节，全区 100 个社区举办各类活动 121 场，参与总人数约 6.2 万人次。各社区在灯谜游园、才艺展演、百家宴、社区趣味运动会等传统文化活动的基础上，由社区居民自主选择和决定活动的形式和内容，如高发社区"爱·美高发"摄影展，向南社区残疾人探访等邻里互助送温暖活动，曙光社区历史图像展，渔二社区将开丁节与邻里节融为一体，深圳湾社区徒步行健身活动，龙光社区"团结亲善"邻里市集等。①

五　社情民意诉求平台

社情民意诉求平台由社区工作站牵头，依托社区综治信访维稳站（社区管理中心）、党代表工作室、人大代表联络站、政协委员联络站、和谐企业工作室、人民调解室等以理性对话为主的民意表达平台，倾听群众呼声、回应群众关切、维护群众利益。一方面，南山区充分发挥"两代表一委员"联系群众的桥梁纽带作用，按照"就近"原则每月安排党代表、人大代表、政协委员开展进社区服务群众活动，以及党代表、人大代表定期向社区党员、选民公开述职。南山区通过积分管理、评优评先等措施，激励引导党员公职人员在社区"亮身份、树形象、作表率"，有效增加党员、公职人员选任居民委员会、业主委员会和楼栋长的比重。另一方面，南山区还建立市民旁听、列席党代会和人大政协会议、民生实事市民观摩

---

① 《南山区 100 社区共度"社区邻里节"》，深圳新闻网（http://www. nswen-hua. com/xwzx/540150. html）。

团、部门开放日等制度，让更多居民参与社区事务；引导居民参加社会组织活动，动员居民积极参与社会治安综合治理、开展群防群治、调解民间纠纷，保证居民对社区治理的知情权、参与权、决策权、监督权。

南山区"一核多元"的社区治理模式探索，通过搭建协商治理平台，将各类社区利益相关者如社区居委会、社区服务中心、业主委员会、物业管理公司等吸纳到治理过程中来，实现利益的交汇与协商，构建起多元共治的治理格局。这一做法也得到了官方的高度肯定。中央政治局委员、广东省委书记胡春华在调研南山区社区治理实践后指出，"以社区综合党委（总支）为核心，社区工作站、居委会等主体为依托的'一核多元'社区治理模式，有利于加强基层组织建设、造福民生，实现了多方参与、多元互动、共建共享，即使有问题也可以通过规范、引导加以解决"①。

第四节　何为城市社区治理的理想模式？

经过 30 多年的试验、试点、推广、改革与创新，中国城市社区建设已进入了一个全新的阶段，社区也已取代居委会成为城市治理的基本单元。然而，关于社区治理的模式选择仍然是理论界和实践者争执不下的问题。通过对深圳市南山区"一核多元"社区治理模式的案例解构，笔者提出协商治理作为社区治理的"第三条道路"的可能性及优越性。与管治和自治相比，协商治理模式的特性十分鲜明：首先，它是各种社区利益相关者共同参与的治理，涵盖了社区党组织、社区工作站、社区居委会、社区服务中心、业主委员会、物业管理公司等，这一点显然有别于一元化色彩突出的管制型治理。其次，它是有中心的治理，社区党组织作为社区治理的核心，发挥着领导、沟通、议程发起和利益协调等多重功能，在这一点上又有别于理想化的社区自治。最后，它拥有多元化的协商平

---

① 《南山一号项目欲造社区治理样板》，《南方都市报》2014 年 7 月 18 日。

台，包括党内协商、社区协商、虚拟参与、居民互助、民意表达等；借助于这些协商平台，社区治理主体得以进行经常性、互动性和有效性的利益表达与妥协，进而实现利益的共识与综合。

协商治理在城市社区治理的有效实践，源自中国城市社区的复合属性。当前城市社区保留着居民自治的法律定位，不断成长壮大的业主委员会以及各类社区社会组织，也在进一步强化着社区作为居民自治的属性。但必须看到，中国的城市社区自成立之初就非自下而上、自发形成的居住共同体，而是经国家规划和建构下的治理单元。而基于横向到边、纵向到底的执政理念，执政党也将城市社区看成基层组织必须覆盖的执政空间，党的组织也必须在其中发挥政治核心和宣传引导功能。一言以蔽之，城市社区既是居民自治的场域，还是政府进行社会管理和提供公共服务的单元，更是党在基层社会的执政单元。社区的复合属性决定了社区治理的中国特色，为了实现社区多重主体的利益诉求，必然要求各利益相关方能够共同参与社区治理的过程，也自然就形成了城市社区的协商治理。

协商治理能否成为中国城市治理的理想模式？笔者认为，中国城市社区治理并不存在大一统的理想模式，即便是在本章所考察的南山区，其所倡导的"一核多元"模式也并不是一刀切地推广到所有的街道和社区，每个社区均根据自己的区情进行独特的探索。城市社区的发展阶段、地域分布、居民结构、资源禀赋、传统文化、社区发育、政府定位等都会影响到社区治理模式的选择。协商治理满足了中国城市社区发展的阶段性任务，体现了对党、政府、居民和社会各方利益的观照。未来中国城市社区治理的走向，不仅取决于执政党和国家对于社区的功能定位，还取决于社区自身的发育程度，特别是社区共同意识、参与精神、互助观念的成长。社区自治或许最终将成为城市社区发展的最终归宿。

第十章

基层党建引领社会治理的
案例解构

——以深圳东晓街道党建嵌入棚改工作为例

城市社会是党的执政空间，街道社区党组织是党在城市社会的工作基础，是城市社会治理中的核心主体。习近平总书记要求，要把加强基层党的建设、巩固党的执政基础作为贯穿社会治理和基层建设的一条红线。[①] 党的十九大报告也指出，党的基层组织是确保党的路线方针政策和决策贯彻落实的基础，是宣传党的主张、贯彻党的决定、领导基层治理、团结动员群众、推动改革发展的坚强战斗堡垒。[②] 因此，如何在推进社会治理过程中强化党的建设，如何以党的建设引领社会治理，是加强基层党的建设工作的战略性命题。

棚户区改造是社会治理的焦点难点工作。由于其涉及主体广、利益协调难度大、拆迁安置成本高、积存问题调处难，处置不当极易引发群众与地产企业、群众与地方政府，乃至群众与基层党委的矛盾，甚至导致大规模的群体性事件，进而影响到城市稳定和执政安全。深圳市东晓街道在棚户区改造工作中，以基层党建创新为路径，实施"四个一线"基层党建工作法，妥善解决了各方矛盾，最

---

① 《习近平到上海代表团参加审议》，2015 年 3 月 6 日，新华网（http://www.xinhuanet.com/politics/2015 - 03/05/c_1114537732.htm）。

② 习近平：《决胜全面建成小康社会　夺取新时代中国特色社会主义伟大胜利——在中国共产党第十九次全国代表大会上的报告》，《人民日报》2017 年 10 月 28 日。

大限度地维护了群众利益，同时也极大地提升了基层党组织的组织力，以及基层党员干部的群众工作本领和驾驭风险本领，探索出基层党建引领社会治理的创新路径。

第一节　基层党建引领社会治理：进展与现实

把基层党建纳入社会治理的范畴，作为核心内容和支撑力量，成为全国各地社会治理创新的探索方向。比如上海推动管理和服务力量向街道社区下沉、健全城市基层党建三级联动体系、推进街道社区与驻区单位共建互补、扩大城市新兴领域党建工作覆盖、建设素质优良的专业化社区骨干队伍，着力构建以城市基层党建引领社会治理创新的实践路径。① 浙江通过创建党建示范带、编织党建共建网、打造网格化小组、构建智慧服务圈等路径，构建"大党建"格局引领下的"互联共享"基层社会治理模式。② 广东通过建强基层党组织带头人队伍、构建党员发展管理退出完整链条、整顿软弱涣散基层党组织、把党组织神经末梢延伸至最基层等，构建"党建统领、党群合力，法治、共治、网治一体化"的基层治理总体框架。③ 上述探索不仅推动了基层党建与社会治理的有机融合，同时也引入互联网工具、社会组织参与等外部力量，有力地推动了基层党建和社会治理创新。

必须承认的是，当前仍然有很多地方在推进基层党建引领社会治理工作中存在乏力现象。具体来看，有三个较为突出的现象。

一是党组织嵌入社会治理的有效性问题。囿于长期以来的惯性思维，基层党建与社会治理存在割裂现象，党建的归党建，社会的归社会，二者不仅工作内容有别，分管部门也有异。通常意义上，

---

① 中央组织部组织二局：《以城市基层党建引领社会治理创新——关于上海市委加强城市基层党建工作的调研报告》，《求是》2016年第17期。
② 代玉启、刘妍：《党建+治理：党建引领基层社会治理的浙江探索》，《中共宁波市委党校学报》2017年第5期。
③ 中央党校省部班（61期）"全面从严治党"研究专题支部二组：《以基层党建引领基层社会治理——珠三角的探索与实践》，《理论视野》2017年第5期。

社会治理的工作统筹落在政法委（社工委）和民政局，基层党建工作的分管部门是各级党的组织部门和基层党组织。并且，面对日趋复杂化的社区社会组织的生成，基层党组织嵌入社会治理的难度增加。从基层党组织的设置来看，区、街道、社区三级党组织看似较为完备，但事实上如何嵌入到更为细微的社会治理的细胞如社区社会组织、业主委员会、物业管理公司、志愿服务组织当中，仍然面临重重困难。当党组织仍然浮于基层社会的表面时，其引领社会治理的能力必将大打折扣。

二是党员干部在社会治理中的作用发挥问题。基层党建引领社会治理，最终体现在基层党员干部如何在社会治理当中发挥作用。目前来看，许多地方基层党建引领社会治理的创新实践，往往过于重视基层党组织在社会中的布设和延伸，而忽略这些基层党组织实际作用的评估，特别是忽略个体党员干部实际作用的评估。实践当中，党员干部的作用行使，仍然是基于行政权力的惯性和基层党组织的权威，缺乏与基层群众进行有效的协商、互动等柔性治理手段的使用。要发挥党员干部在社会治理中的作用，就必须让他们更加深入到基层社会，更加贴近群众利益的利益诉求，更多使用柔性治理的工具手段。

三是共建共治共享社会治理格局的构建问题。党的十九大报告提出，打造共建共治共享的社会治理格局。构建这一格局，需要正确发挥社会治理多元主体的作用，特别是党委领导、政府负责、社会协同、公众参与的具体功能。从实践过程来看，党委主导和政府负责的功能发挥十分突出，社会协同和公众参与还较为薄弱。特别是一些基层党组织片面地认为，加强党对社会治理的引领作用就是党组织要包办社会治理；或者对社会多元主体比如业主委员会、外来流动人口参与社会治理充满不信任，认为会造成社区纠纷、社会动荡。

因此，以基层党建引领社会治理，把党的建设纳入社会治理进程，既是加强基层党建的着力点，也是创新社会治理的标尺线，有助于党的建设与社会治理相互促进、共同发展。然而，要做到这一点，就必须在实践中打破党组织嵌入社会治理的瓶颈，必须解决党员干部在社会治理中的定位，必须构建共建共治共享的社会治理格局。

第二节　把基层党建工作嵌入棚户
改造的东晓实践

东晓街道是深圳市一个欠发展的街道，位于原特区"一线关"与"二线关"的交汇点。由于历史原因，该街道外来人口众多，违建房屋数量庞大，并且年代久远存在严重隐患。在深圳市的棚户区改造工作中，东晓街道是棚改面积最大、涉改房屋最多、涉及当事人最多的街道，棚改面积近 58 万平方米，涉改房屋 610 栋，涉及主体 4656 户（其中含境外人士 483 户）。东晓街道棚改工作存在拆迁户数多、拆迁面积广、产权主体多、产权成分多、遗留问题多、困难群众多等诸多难题，也成为该街道"一号民生工程"以及社会治理的最大任务。为了有效推动棚改工作的顺利开展，东晓街道探索"四个一线"工作法，把党组织、党员干部、普通党员和流动支部挺在棚改工作一线，把基层党建有效地嵌入到社会治理过程，以基层党建创新引领社会治理发展。

一　党的组织建在棚改一线

社区党委是直接面向群众的基层党组织，但由于其事多面广，人手有限，在处理棚改这一艰巨的民生工程中乏力。特别是将日常工作和专项工作结合，按时推进棚改进度与摆脱固化利益束缚等方面存在较多不便。这一状况得不到解决也直接影响到棚改工作的进程和党在基层社区的威望。

东晓街道立足棚改工作实际，按照"便于动员、便于管理、便于组织、便于群众"的原则，构建起拆迁指挥部、街道党工委、社区党委、社区党支部 4 个层级的党组织引领棚改工作格局，形成党组织牵头、各单位协同、党员积极参与推动棚改的整体合力。为保障棚改工作的顺利实施，东晓街道共组织党员干部、机关党员、社区网格员、天健网格员等 290 余名工作人员投入到棚改工作中来，这一队伍又分为 26 个网格组，每个网格组以一名处级党员干部为组

长，以机关党员为骨干，以发展对象、积极分子为主体，实行网格
化管理。通过网格组的架构重组，打破了原有以社区党委为单元的
党组织工作模式，有助于消除固化的利益格局，迅速有效地推进上
级党组织的工作部署，进一步提升基层党组织的战斗力和凝聚力。

为顺利推进棚改工作，在区棚改动员大会召开之后，东晓街道
随即召开片区棚改誓师大会，明确了党组织"推动棚改、服务群
众、凝聚人心、化解矛盾"四项主要工作职责，进一步明确网格组
的工作职责。每个网格组按照"处级党员干部包网格、科级党员干
部包楼栋、公职人员结对子"的工作要求，开展日常工作。为了更
好地发挥党员联系群众、服务群众、宣传群众、引导群众、教育群
众的作用，东晓街道在网格组基础上，又专门组建了由党员骨干为
主组成的棚改谈判攻坚组，专门针对未签约当事人"攻坚克难"，
打通了政府与居民的"隔心墙"，架起了与居民联系的"连心桥"，
加快了棚改工作的进程。

二　党员干部领导在棚改一线

党组织的作用发挥很大程度上取决于党员干部的作用发挥情况。
习近平总书记要求，各级党委和领导干部要以身作则、率先垂范，
凡是要求党员、干部做到的自己必须首先做到，凡是要求党员、干
部不做的自己必须首先不做。① 党员干部是"关键少数"，对普通党
员群众具有直接的引领示范作用。党员干部坚持领导带头、以上率
下、树立标杆，普通党员群众的作用自然发挥，基层党组织的凝聚
力、执行力和战斗力自然增强。

在推进棚改工作中，东晓街道注重发挥党员干部的带头作用，
让党员干部挺在棚改工作的第一线，工作在做好群众服务的最前
面。党员干部充分发扬敢于担当、敢于创新的精神，"白加黑""五
加二"，放弃休息时间，赢得了群众的信任与支持。处级党员干部
担任网格组组长，深入到服务群众的第一线、棚改工作的最前沿攻
坚克难。东晓街道共设立 26 个网格工作组，但是全街道只有 25 名

① 习近平：《在党的十八届六中全会第二次全体会议上的讲话（节选）》，《前进》
2017 年第 1 期。

处级干部。街道党工委号召科级干部报名参选多出来的这一网格组组长，结果很快就有 7 个人报名。这一工作细节充分体现了街道党员干部坚韧不拔、迎难而上、敢于担当的精神。棚改使每一个党员干部的潜能得到了极大的激发，仿佛每一个细胞都在重生。街道党工委副书记谢统敏原本已调任党群工作部部长，但他依然坚持回到棚改一线。棚改期间，某社区工作站聚集了 400 多人上访，对公示的棚改补偿标准有意见，要求解答。谢统敏面对上访群众，耐心地倾听诉求，有效疏导群众的情绪，妥善化解了潜在危机。街道妇联主席叶迅丽担任木棉岭片区 21 网格组组长，带领她的团队克服了一个又一个困难，成为片区第一个签约率 100% 的女性网格长。

三　党员作用发挥在棚改一线

社会治理工作的好坏，不仅取决于党员干部的引领带动，还需要广大党员在群众当中积极发挥作用。习近平总书记指出："党员是党的肌体的细胞。党的先进性和纯洁性要靠千千万万党员的先进性和纯洁性来体现，党的执政使命要靠千千万万党员卓有成效的工作来完成……使广大党员平常时候看得出来、关键时刻站得出来、危急关头豁得出来，充分发挥先锋模范作用。"[1]

东晓街道十分注重发挥党员在棚改一线的示范引领作用。街道党工委以组织学习讨论、座谈征求意见等多种形式，把居民党员有效地组织起来，让党员能够最先了解棚改政策、方案的制定情况，形成了"组织动员、党员先行、群众支持、全员发动"的工作局面，有效激发了党员主动参与棚改的热情。参与棚改的党员发挥了"六员"作用：当好"调查员"，摸清棚改底数；当好"宣传员"，宣传棚改政策；当好"信息员"，收集社情民意；当好"勤务员"，及时扶贫帮困；当好"调解员"，化解矛盾纠纷；当好"监督员"，确保阳光透明，监督棚改"一把尺子量到底""一个政策到万家"。"跑断腿，磨破嘴，不怕累"是参与棚改工作党员的写照。木棉岭片区 21 网格的党员李女士虽已身怀六甲，但始终冲在棚改的第一

---

[1]　习近平：《建设宏大高素质干部队伍　确保党始终成为坚强领导核心》，《人民日报》2016 年 6 月 30 日。

线。由于要啃的"硬骨头"太多，刚开始时，21网格的签约率在片区的排名中处于落后位置，但是李女士不畏艰辛，啃下了一个又一个"硬骨头"。港发新村的郭某，先后投入了300多万元，经营天威电视的接收点和发射点，要求获得赔偿，但是其又无法提供相关资料予以证明，并且扬言"房在，人在，铺在，人在"。李女士带人先后约谈当事人不下十次，晓之以理，动之以情，最终感动了郭某，郭某签了前置协议，并带头做其他未签约当事人的工作。

四　流动党支部矛盾化解在棚改一线

作为一个移民城市，深圳有着大量的外来人口和流动党员。这些流动党员分散在各行各业，不仅为深圳这座城市奉献着自己的青春，也在各个岗位上展现着先锋队的光芒。流动党支部也成为团结凝聚服务流动党员的枢纽平台，成为上级党委与流动党员沟通联络的纽带桥梁。

在东晓街道，湖北洪湖同乡村流动党支部是由湖北洪湖籍的出租车司机党员组成的流动党支部，基于血缘、亲缘、乡缘、地缘优势，引导、服务、管理近3000名老乡。在此次棚改清理租约的阶段，经常会发生因房东和租客对政府政策理解的不同、缺乏信任而造成的纠纷。湖北洪湖同乡村流动党支部引导党员顾全大局，率先退租搬迁，发挥示范引领作用，并要求党员管好自己、带好家庭，带动普通群众理解和支持政府征迁工作，成功化解了一个又一个矛盾。湖北籍私人诊所医生因为租约补偿的问题和房东产生了矛盾，房东派人把诊所的物资清空堆放到路边，租客把家里老人喊来"维权"。同乡村流动党支部书记、市人大代表胡桂梁了解到这一情况后，花了几个月的时间、打了几十个电话、先后四次约谈双方，促成双方坐在一起，一笔笔算账、一条条通过，最终成功地化解了这一矛盾。

第三节　推动基层党建引领社会治理的着力点

党的十九大报告提出，要全面增强党的执政本领，其中就包括学习本领、政治领导本领、改革创新本领、科学发展本领、依法执政本领、群众工作本领、狠抓落实本领、驾驭风险本领；同时也提出，要以提升基础组织力为重点加强基层组织建设。① 棚改工作是考验党的执政本领和组织力的试金石。东晓街道探索的"四个一线"工作法，坚持以基层党建推进社会治理，在推动社会治理过程中提升了基层组织的组织力，提升了党员干部的各项执政本领，实现党建工作与社会治理双向融合、互促并进。

一　坚持党的核心引领，强化党组织在社会治理中的组织力建设

基层党组织是确保党的路线方针政策和决策部署贯彻落实的基础。党的十九大报告明确提出，要"以提升组织力为重点，突出政治功能，把……基层党组织建设成为宣传党的主张、贯彻党的决定、领导基层治理、团结动员群众、推动改革发展的坚强战斗堡垒"②。棚户区的改造给基层社会治理带来许多矛盾和问题，迫切需要发挥基层党组织的核心引领作用，以党的建设引领基层社会治理创新，把党的政治优势和组织优势转化为治理优势。

"四个一线"工作法，是提升基层党组织组织力的重要探索。基层党组织组织力建设的重要难题是，既要强化基层党组织的领导核心地位，又要推动基层社会的有效自治，实现二者之间的有效衔接与统一。东晓街道以科学的组织动员体系、精准的引领服务体系、严格的权责约束体系，为社会治理和基层建设提供坚强有力的政治保证。围绕棚户区搬迁改造，东晓街道采用工作例会、集中学习等形式，专门组织参与棚改的党员、发展对象和积极分子，就如何做好新形势下群众工作，如何发挥党员在棚改工作中的作用，提出了明确的目标要求和重点任务。这些做法充分体现了核心引领作用，将基层党建创新与棚改工作有机结合，实现党建工作与中心工作、重点工作的有机结合，夯实党在基层社会的执政基础。在棚改工作中，基层党组织团结带领党员群众共同推进棚改工作的领导核

---

① 习近平：《决胜全面建成小康社会　夺取新时代中国特色社会主义伟大胜利——在中国共产党第十九次全国代表大会上的报告》，《人民日报》2017 年 10 月 28 日。
② 同上。

心，以自治共治为基本载体，实现党建引领下的自治。

二　坚持以人民为中心，提升党员干部的群众工作本领

党的领导深深植根于人民群众之中，"以人民为中心"不仅是发展的根本思想，也是基层党建的根本取向。但新形势下群众的生活方式、组织方式和利益诉求方式发生了很大变化，群众工作日益呈现错综复杂的局面。群众需求个性化、行业领域差异化、利益诉求复杂化特点日益突出，服务群众不能大而化之、笼而统之，必须大力开展精准服务，回应好不同群众的诉求。这一点在棚户区改造工作中得到了充分的体现，不同的产权属性、不同的利益主张、不同的历史遗留问题，以及不同的政治思想觉悟，等等，给做好群众工作增加了难度，也让落实"以人民为中心"的理念增加了难度。

"四个一线"工作法，是提升党员干部执政本领的重要探索。基层党组织面临的普遍性使命，是如何深入一线做群众工作，整合资源做群众工作，健全制度做群众工作，不断提高做群众工作的针对性、多样性和有效性，使党的群众工作永葆生机与活力。东晓街道注重解决"相信谁、依靠谁、为了谁"的问题，通过形式多样、连续不断的政策宣讲，让居民群众理解党委政府解决重大公共安全隐患、解决历史遗留问题的坚定决心和巨大诚意，真正认识到棚户区改造是为了消除城市重大公共安全隐患，党和政府工作是为了服务群众，不是为难群众，更不是站在群众的对立面，真正让群众政策清、情况明、心底亮，赢得了群众的信任与支持。在工作方法上，东晓街道要求全体棚改党员干部自觉放下身段，走近群众，做到"进得了群众的门，说得了群众的话，听得了群众的事"，努力满足群众的合理合法诉求，为居民提供签约、交房、测绘、搬迁等"一条龙"服务，始终坚持用真心换取民心，把真诚服务做到群众的心坎上，彻底打消当事人的疑虑，使他们放心签约搬迁。

三　坚持一线锻炼，提升党员干部驾驭风险的本领

党员干部是党执政的宝贵资源，是落实各项方针政策的组织依托。基层党员干部直接面对社会治理的各类困难、挑战乃至风险，

其领导能力、政策能力、专业能力以及群众工作能力，都直接影响着基层社会治理风险的防控效果。罗湖棚户区改造被称为"中国棚改第一难"，其面积之大，所涉建筑体量之大，再加上深圳地价之金贵，都显示出难度之巨大。棚户区改造工作，成为社会治理风险隐患的重要源头，也是考验党员干部驾驭风险本领的重要场域。

"四个一线"工作法，是提升党员干部驾驭风险本领的重要实践。棚户区改造，不仅是一项消除地质灾害与公共安全隐患的重大民生工程，而且对拓展空间载体、优化发展环境、全面推进产业发展具有重要的现实意义。东晓街道涉及的拆迁户数多，拆迁面积广，存在遗留问题多、困难群众多、产权主体多、产权成分多等难题，存在严重的社会风险隐患。"四个一线"工作法的实施，提升了干部宣传群众、发动群众和解决急难问题的能力，使参与棚改的党员干部由原来不愿、不会、不敢做群众工作，变为想做、会做、敢做，有效地拉近了与拆迁户的距离。此外，党员干部杜绝蛮干乱干、脱离实际、拍脑袋决策，应立足片区实际，积极开动脑筋，创新思路，充分利用如微信、QQ等即时通信工具快速反应和协调处理棚改事务，切实让群众理解党委政府解决重大公共安全隐患、解决历史遗留问题的坚定决心和巨大诚意，并建立了快速响应处理机制、扁平化信息协调机制、群众沟通联动机制等，为锻炼驾驭风险本领积累了宝贵的经验。

结　论

中国情境下政党研究的
话语建构

　　学术与政治的张力是中国政党研究的突出困境。不论从学科构建、理论贡献还是比较研究出发，加快建构中国政党研究话语体系都是十分必要的。中国政党研究的话语建构，需要兼顾中国政党问题的一般性与特殊性、政治性与学理性、普适性与国别性等关系，既要能够找到平衡，又要能够解构现实。具体而言，一方面需要充分观照中国政党的特殊性，包括制度传统、政党规模、执政机制与执政环境；另一方面也要注重吸收比较政党的通约性理论框架，比如政党中心论、政党适应性、政党自主性、政党制度化等，突出对中国政党问题的理论解构。

　　在中国实现"两个一百年"奋斗目标，推进中华民族伟大复兴的过程中，理论自信与理论自觉被提到了战略性的高度。与其他学科的概念相比，中国情境下政党研究话语建构的重要性和紧迫性尤甚。一方面，中国共产党在长期的革命和执政过程中形成独特的组织形态、制度传统与执政模式，与西方竞争性政党体制有着鲜明差异，难以用既有的西方政党理论加以阐释；另一方面，不论是推进现实政党发展还是开展国际学术交流，都需要建构更具科学性、学理性和通约性的中国政党话语体系及政党学科体系。因此，如何平衡一般性与特殊性、政治性与学理性、普适性与国别性的关系，是建构中国政党话语体系的关键性问题。本书通过解析中国政党研究话语必要性以及中国执政党的一般性和特殊性，并结合近年来相关研究的理论进展，尝试建构中国政党研究的话语体系。

第一节   为什么要建构中国政党研究的话语？

伴随中国经济增长和综合国力的提升，理论上的自信和学术话语的建构也被提上重要日程。如何突破被西方理论所框定的话语体系，如何建构扎根中国国情、讲述中国故事、展示中国自信的理论体系，不仅成为国内理论界孜孜以求的学术担当，也引起中央决策层的高度重视，被作为治国理政和管党治党的思想基础。相比之下，长期以来，中国政党问题的研究常常陷入学术与政治对立的张力之下，政治的归政治，学术的归学术。凡是"讲政治"的政党研究，往往与执政党的文件与政策高度重合，成为文件的复读机；而凡是"讲学术"的政党研究，又常常"不接地气"，成为阐释西方话语的注脚。甚至，这一主题的研究还上升到意识形态和政治立场的分野，被贴上不同政治立场的标签，左与右、自由与保守，等等。而西方学界关于中国政党的称谓，常常带有标签性的话语殖民色彩，比如列宁主义政党、极权型政党、民粹共产主义政党、主导型政党、一党制等，与中国政治的实际运行相去甚远。

那么，在学术性与政治性要求貌似不可调和的背景下，是否需要建构中国政党研究的话语体系？笔者认为，不论是从建构政党学科的架构体系而言，还是从提升政党研究对于现实政治的实际贡献，以及推进中国政党的国际比较而言，都需要"找回政党"，即重新审视和建构兼具学术性和本土性的中国政党话语体系。

其一，构建政党学科体系的需要。当前国内学术界关于中共学、党建学、政党学、党史学的呼声日盛，研究者通过召开学术研讨会，撰写系列论文，强调这一学科构建的必要性、重要性和原则性。政党学科建设的意义已经超越了新设一门独立学科的范畴，被视为巩固党的长期执政地位、推动党建科学化的重要支撑；[①] 甚至

---

① 齐卫平：《党的建设科学化与党建学科化建设》，《中共中央党校学报》2014年第3期；丁俊萍：《党建学科构建的几点思考》，《理论探索》2017年第4期；韩强：《加强党建学科构建的重大意义》，《理论探索》2017年第4期。

还上升至增强政党自信、构筑中国共产党"世界话语"的现实需要。① 然而，深入探究不难发现，当前学术界所倡导的"中共学"或者党建学，还大多停留在建构意义和应然价值的层面，尚未深入到学科概念、学科分支、课程设置、培养体系等具体内容，而实际上后者更为重要。因为任何一个学科的构建，不仅需要有相对独立的课程体系和学术培养（本硕博）体系，还需要相对独立的话语体系；聚焦到中国政党学科而言，要在核心概念、主要定律和基本理论上达成共识，并与其他相近学科如马克思主义理论、科学社会主义、历史学等明显地界分。这一话语体系不仅是学科研究的门槛，也是学术共同体构建、讨论和对话的基础。在这一意义上，中国情境下政党学科的构建，首先要对于中国政党政治现象有着大体学术共识和基本话语体系，这一话语体系应当适度区别于党的政策文件和制度文本，应当是对现实政党运行的理论抽象。

其二，提升对现实政党发展贡献的需要。理论的价值在于对复杂现象的简约解释与普遍规律的系统归纳。对于中国政党问题的研究，既需要基于理论宣传层面的政策阐释，也需要偏向探究因果规律的学理分析。从目前的研究成果来看，这两类研究的区分并不鲜明。虽然政策话语与学术话语并非不可兼容，但学术话语有一些必备要件：内涵明确，可操作性强，对研究对象的覆盖、提炼和抽象，话语与对象的转换，从而超越细枝末节并实现一定程度的典型模式研究，等等。由于过分突出"政治正确"，目前关于中国政党问题的研究成果更多地集中在政策诠释和论证层面，以及在政策阐释基础上的附带性学理分析。而严谨的学理性分析要求研究者转变研究立场，将学术与政治适度分离，理论研究与政策诠释适度区分。对于中国共产党而言，既要治理超过 9000 万党员的大党，又要治理 13 亿多人口的大国，同时还要在国际竞争格局中保持相对优势，其所面临的风险、挑战和压力甚为艰巨，"如何不断提高党的领导水平和执政水平、增强拒腐防变和抵御风险能力，使党始终成为中国特色社会主义事业的坚强领导核心，迫切需要哲学社会科学

① 路克利：《海外中共学成为国际显学》，《人民日报》2015 年 5 月 4 日第 16 版。

更好发挥作用"①。基于应然层面的发展变化、问题与挑战、基层与组织的深入调研，运用更为科学的分析方法，对于中国共产党执政的历程与经验、面临的风险与挑战、展开的适应与革新等进行深入的学理探究，进而在更高层面为决策者提供参考，是研究者们应有的责任。

其三，进行比较政党研究的需要。从比较研究的立场出发，国内学界对于中国政党问题的研究需要构建一套可以与国际学术界通约的话语体系。长期以来，西方学界对于中国政党制度的讨论，往往放在地区研究或者国别研究的框架下，形成了固化的理论框架，比如威权主义、列宁主义、极权主义、民粹主义等，这些理论框架多是在拉美、东亚、苏东等政治模式基础上总结提炼而成。换言之，西方学界把中国政党政治作为既有理论的试验品，而非从中国情境中原创理论框架；对于中国了解较为深入的学者，至多会在这些理论前加上各类形容词。比如，裴宜理使用"革命威权主义"描述改革开放时期的中国共产党，在推进市场化改革的同时又有机地继承了"革命传统"，包括对政治精英的遴选任用，国家动员式的民众参与以及对红色基地的发掘，等等。② 李磊提出"分权化威权主义"，概括中国共产党在成功推进经济分权改革的同时又避免对其政治权威的侵蚀，其秘诀在于对地方干部的有效管理和控制。③ 曾锐生用"协商式列宁主义"来表述中国共产党将列宁主义控制机制与其他创新的结合，包括政党至上、党和国家治理改革、政党回应性、发展经济、民族主义等，上述结合被认为是中国共产党有效应对各种挑战的秘诀。④ 黎安友用"韧性威权主义"一词，从权力继承、精英选拔、官僚分化、政治参与四个维度考察中国共产党制

---

① 习近平：《在哲学社会科学工作座谈会上的讲话》，《人民日报》2016 年 5 月 19日。

② Elizabeth J. Perry, "Studying Chinese Politics: Farewell to Revolution?", *The China Journal*, No. 57, 2007, pp. 1 – 22.

③ Pierre F. Landry, *Decentralized Authoritarianism in China: The Communist Party's Control of Local Elites in the Post-Mao Era*, Cambridge: Cambridge University Press, 2008.

④ Steve Tsang, "Consultative Leninism: China's New Political Framework", *Journal of Contemporary China*, Vol. 18, No. 62, 2009, pp. 865 – 880.

度化，以突出强调中国共产党的适应能力。[1] 尽管前缀形容词有所差异，但上述研究均分享着一个共同假设，即将中国政党政治置于威权主义、列宁主义、极权主义等"非西方民主"的框架下，考察其如何进行转型以及为何未能转型，带有典型的西方中心主义理论色彩。

与此相对，中国学者过分突出中国政党问题的"特殊性"和"例外性"，进而在理论上"与世隔绝"，拒绝与西方学术界的交流互动，显然走入了另外一个极端。正如长期扎根中国做研究的美国学者欧博文所言，基于西方情境的社会科学理论照搬到中国很容易被经验证据所"击破"，同样中国学者也应该弥合西方学科理论与中国研究的鸿沟，"设法为中国研究领域之外的讨论做出贡献"[2]。中国政党政治具有一般性也有其特殊性，特殊的生成土壤、制度传统、政党规模、执政机制与环境挑战，等等。这些特殊性决定了搬用任何一套现成的西方话语体系，都可能形成削足适履、淮橘为枳的尴尬境地。有关中国情境下政党话语体系的建构，也是执政党强调理论自信的重要缘由。在比较政党的理论范式下，重新审视中国共产党的特殊性，并在此基础上修正现有的话语体系，搭建国内外学术交流的话语平台，是提升执政党理论自信和理论自觉的重要渠道。

第二节　中国情境中的执政党：一般与特殊

理解中国政党政治，首先是理解中国共产党。中国共产党是居于领导地位的执政党，不仅是国家权力的核心，也是政党体系的核心。它有着现代政党的一般性特征：具有鲜明的政治纲领和庞大的组织体系，其组织的严密性和纪律的严肃性不亚于任何一个现代政

---

① Andrew J. Nathan,"Authoritarian Resilience", *Journal of Democracy*, Vol. 14, No. 1, 2003, pp. 6 – 17.

② 欧博文：《与学科理论对话，还是与中国研究对话》，2016 年 3 月 9 日，澎湃新闻（https：//www. thepaper. cn/newsDetail_forward_1438465）。

党；形成特定的利益聚合、政策形成、精英录用和权力监督等运行机制，这些机制不仅确保了党的组织体系的有效运转，也确保了国家治理体系的平稳运行。通过组织建设、干部队伍、理论宣传、政策指令和政治动员将组织扎根于基层社会，强化对于经济和社会领域的影响辐射能力。与此同时，立足于中国特定的国情以及政党制度成长的特殊过程，中国共产党也具有自身的一些特殊元素，并集中体现在制度传统、政党规模、执政机制和执政环境等方面。

一　制度传统

与许多优势型政党相类似，中国共产党早于国家建立并参与了国家的缔造过程，并在建国治国、整党治党过程中形成了自身的制度体系，包括组织制度、干部制度、监督制度、宣传制度等。这些制度既有在革命时期的历史印记、苏共的经验借鉴，又有现实情境驱动下的制度再造，比如干部制度的形成，与苏联时期的干部花名册制度，革命时期组织路线服务于政治路线的要求，党管干部、五湖四海、任人唯贤、德才兼备的选拔标准，以及改革初期"干部四化"的具体要求，都有着密切的溯源关系。党的十八大以来，执政党基于新的政治情境对干部制度提出新的要求，强调理想信念、关注责任担当、强化组织选任权力、加强干部基层锻炼等。[①] 此外，在长期的革命和执政过程中，中国共产党不仅积淀了一整套显性的制度体系，也形成了一系列隐性的政治规矩，比如坚持党中央的集中统一领导，维护党中央的权威；对党忠诚老实、言行一致；不许妄议中央、诋毁污蔑党和国家领导人，不许搞团团伙伙；牢记党员责任使命，做好群众表率，等等。[②] 上述制度传统不仅体现在党内法规和制度的具体条款当中，也有机地融入到执政党的优良传统、工作作风和工作惯例之中。

---

① 陈家喜、林清新：《新时代执政党干部选任制度的新变化》，《理论探讨》2019年第2期。

② 杨俊：《论"党的规矩"和"党的政治规矩"的基本内涵和简明定义》，《马克思主义研究》2016年第6期。

二　政党规模

中国共产党是一个拥有 9000 多万党员，450 多万基层组织的庞大政党，不论组织规模还是党员数量都在世界政党当中屈指可数。改革开放时期，中国共产党不仅党员数量显著增长，其社会成分也发生了显著变化。最新数据显示，中国共产党已经成为由多元社会阶层构成的全方位政党，工人和农民在党员中的比例已经降至 50%以下。[1] 相对于世界上其他国家的政党而言，中国共产党庞大的政党规模和复杂的成员构成，不仅对政党组织管理提出了更高要求，也对政党属性定位提出了更多挑战。执政党通过选优培强基层党组织领导人、加强能力培训、经费投入、组织覆盖和工作拓展等形式，不断强化基层党组织建设，以此巩固党在基层社会的执政基础。同时，中国共产党也随着党员社会构成的变化调整自身的定位，突出强调作为全方位政党的定位，强化对于私营企业主、自由职业者以及体制外社会阶层的吸纳，以提升对于更为多元复杂社会的政治整合能力。[2]

三　执政机制

中国共产党对国家政权和社会经济生活的领导，有赖于一系列具体的运行机制。中国共产党的领导既带有共产主义政党的典型特征，如鲜明的意识形态、严密的组织纪律、一元化领导体制、民主集中制，等等。同时，在长期的执政过程中，中国共产党也形成了一整套成熟的执政机制，包括政治决策机制（民主集中制）、精英录用机制（党管干部）、利益综合机制（群众路线）、价值引导机制（宣传思想）、社会联系机制（基层组织）、党政协调机制（党政联席会议）等。例如，群众路线不仅是一种政治动员机制，也是一种利益综合机制，还是合法性建构机制。作为中国共产党的革命三大

① 中共中央组织部：《二〇一七年中国共产党党内统计公报》，《人民日报》2018 年 7 月 1 日第 2 版。

② Bruce J. Dickson, *Red Capitalists in China: The Party, Private Entrepreneurs, and Prospects for Political Change*, New York: Cambridge University Press, 2003.

法宝之一，"从群众中来，到群众中去"确保了党的路线方针政策来自于群众，又服务于群众；既让群众理解、参与和支持党的政策，又让群众在参与政策中增强了政党认同。因此，郑永年认为，在改革开放时期，重申群众路线仍然具有十分重要的意义，它是克服执政党官僚化和寡头化的重要路径。① 上述执政机制或是通过正式的制度文本体现，或是一些不成文的惯例和规矩，成为中国共产党有效领导国家政权和制定实施政策的基础。

四　执政环境

从 1949 年执政以来，中国共产党努力实现从革命党向执政党的转型，不断学习和适应新的环境和任务。当下，在一党长期执政和国际制度竞争的格局中，中国共产党面临着两个重要的执政环境：一是一党长期执政的风险。相对于竞争性政党体制而言，一党执政的风险主要集中在对于自身执政风险的感知下降，以及长期执政形成的累积性审美疲劳。有研究者发现，长期执政背景下的党员干部容易产生官僚化趋向，与人民群众日渐疏离进而蜕变为高高在上的官僚集团。② 由于缺乏强有力的反对党竞争和阶段性的政党轮替，一党制体制下的执政党容易产生权力傲慢，对于执政风险的感知钝化。尽管中国共产党在建党 90 周年时即提出"四种危险"和"四大考验"，党的十八大报告和十九大报告也再次重申这些风险和考验，然而必须指出的是，中央决策层对于党长期执政所面临的危险和考验的认知是清醒和深入的，但地方和基层的党员干部对于风险和考验的认识出现层层递减的局面。二是时代的变化特别是网络社会的兴起。伴随通信工具的发展及其对社会生活领域的渗透，互联网的冲击集中体现在对于执政党宣传工作的显著影响。面对全民上网、集体在线的舆论环境，执政党主要依赖于纸媒和电视的传统宣

---

① 郑永年：《中国政治中的"群众路线"》，《联合早报》2014 年 11 月 4 日。
② 鄢一龙：《中国共产党和国家治理现代化》，《经济导刊》2015 年第 4 期。

传机制，可能面临集体失语的风险。① 政治话语权之争已经转化为
政治传播平台之争，如何在互联网时代重构主流话语的传播渠道，
提升政治传播影响力，是执政党面临的重要外部环境。②

对于上述特殊性的认识，不仅可以放在比较政党的框架下加以
审视，也可以放在马克思主义政党类型中加以比较，甚至还是国别
政治体制比较的重要维度。这些特殊性决定了中国政党研究话语建
构的艰巨性。一方面，中国政党研究话语对于政党发展的中国实践
要具有理论归纳、总结乃至传播能力。中国政党研究话语要讲述中
国政党故事，关注中国政党实践，探究中国政党运行。另一方面，
中国政党研究的理论又要能够对接和通约比较政党研究的话语体
系。中国的政党制度不仅需要现实的执政绩效赢得群众认同，也需
要理论上的阐释获得世界认同。要做到这两点，对于西方政党分析
话语，特别是有显著价值色彩话语，需要进行甄别和筛选，如一党
制、一党独大制、一党极权制、一党优势制，全方位政党、列宁主
义政党、极权型政党、党国体制，等等。同时，又需要建构一套具
有一定普适性、通约性和解释力的中国政党话语体系，以共同推进
学科知识的增长和国际学术交流的展开。

第三节　中国政党研究的话语体系
建构：尝试性概念

建构基于中国情境的研究话语，是中国学术创新面临的普遍性
任务。这一任务的形成不仅是中国经济社会发展实力所要求的相应
思想、学术与文化领域的话语权，还在于中国问题自身的特殊性和
复杂性决定了西方理论解释力的局限性。徐勇提出，建构新的标识

---

① Larry Diamond, "Liberation Technology", *Journal of Democracy*, Vol. 21, No. 3, 2010, pp. 69 – 83; Nele Noesselt, "Microblogs and the Adaptation of the Chinese Party-state's Governance Strategy", *Governance*, Vol. 27, No. 3, 2013, pp. 449 – 468.
② 陈家喜：《从风险网络到执政网络：信息化背景下的政党适应性》，《中共中央党校学报》2017 年第 2 期。

性概念是开放格局下中国学术创新的重要使命，这一建构既可以是对新的事实进行概括与提炼而形成的描述性概念，也可以是在某种价值观念批判和修正基础上形成的规范性概念。① 建构中国政党研究的话语体系，需要兼顾中国政党问题的一般性与特殊性、政治性与学理性、普适性与地域性等的关系，既要找到平衡，又要解构现实。从上述判断出发，笔者尝试提出通过比较政党研究理论中的相对中立性话语，基于中国政党政治的现实情境进行创新性的解释和转化，进而建构中国政党研究的话语体系。

一　政党中心主义

政党中心论关注的是政党与国家、政党与社会的关系问题。西方研究者对于国家中心论的强调，是在反思行为主义政治学关于去国家化所造成的国家真空与政治体系概念误用，进而强调"找回国家"及让国家权力重新回归的必要性。② 政党中心主义的提出在方法论上与国家中心论具有相似之处。在现代化理论一边倒地重视经济发展、政治参与、多党制、议会制等主张时，亨廷顿尽管没有明示政党中心但却强烈主张强大政党对于处于现代化进程中的政治体系稳定至关重要。在《变化社会中的政治秩序》一书中，他提出一个强有力的政党体制不仅可以通过体制本身扩大政治参与消解紊乱或革命活动，而且还可以缓解和疏导新崛起社会利益集团的参与冲动。③ 在对威权主义的比较分析当中，许多研究者均认为，相对于军人政体和个体政治而言，强化的一党体制通过建构制度化的权力分享机制，进而更容易保持体制的稳定性和持续性。④ 杨光斌也提出，政党中心主义对于发展中国家而言具有其特殊含义，发展中国

---

① 徐勇：《学术创新的基点：概念的解构与建构》，《文史哲》2019 年第 1 期。

② ［美］彼得·埃文斯、迪特里希·鲁施迈耶、西达·斯考克波：《找回国家》，方力维、莫宜端、黄琪轩译，生活·读书·新知三联书店 2009 年版。

③ ［美］塞缪尔·P. 亨廷顿：《变化社会中的政治秩序》，王冠华、刘为等译，上海人民出版社 2015 年版，第 344 页。

④ Beatriz Magaloni & Kricheli Ruth, "Political Order and One-party Rule", *Annual Review of Political Science*, Vol. 13, No. 1, 2010, pp. 123 – 143; Barbara Geddes, "What do We Know About Democratization after Twenty Years?", *Annual Review of Political Science*, Vol. 2, No. 1, 1999, pp. 115 – 144.

家面临的首要问题是国家自主性丧失而导致国家总体性危机及国家秩序的重建，政党在克服国家危机和重建国家秩序方面作用重大，包括创建军队，组织（西方国家）议会、政府与社会团体，以及重建国家制度，等等。①

中国情境下的政党中心论，并不完全是国家中心论相对立的概念，而是国家中心论在中国情境下的扩展和修正。中国共产党不仅是与国家权力高度融合的执政党，而且也是与社会紧密结合的领导党，同时还是具有鲜明宗旨意识的使命党。中国共产党在政治结构和社会结构当中均处于中心领导地位，并通过各级党组织自上而下地贯彻实施中央的政策主张。与西方政党所不同的是，中国共产党可以看成是国家的组成部分，它不仅追求整体的利益，而且还与国家权力和军事权力高度融合，同时行使强制、统领、濡化、吸纳整合四项国家能力。② 因此，政党中心论关注到中国政治情境下执政党对政权、经济和社会生活的组织与引导，显然超越了国家中心论的范畴。政党中心论可拓展的研究领域还包括：政党中心论与国家中心论的区分，政党中心论与领袖核心论的关联，政党中心论的具体理论展开维度，等等。

二　政党适应性

政党适应性涉及的是政党与内外环境的关系问题。比较政党理论认为，政党适应性是指一个政党根据外部环境特别是选举环境和经济环境的变化进行组织与策略的调整，以获得更多的物质资源和政治支持的过程，进而达成"首要目标"的能力。③ 政党对环境适应的成功与否，取决于党的领导人能否采取恰当的策略，并赢得党

---

① 杨光斌：《制度变迁中的政党中心主义》，《西华大学学报》（哲学社会科学版）2010 年第 2 期。

② 王绍光：《政党政治的跨国历史比较》，《文化纵横》2018 年第 4 期。

③ Steven Levitsky, "Organization and Labor-Based Party Adaptation: The Transformation of Argentine Peronism in Comparative Perspective", *World Politics*, Vol. 54, No. 1, 2001, pp. 27 - 56; Katrina Burgess & Steven Levitsky, "Explaining Populist Party Adaptation in Latin America: Environmental and Organizational Determinants of Party Change in Argentina, Mexico, Peru, and Venezuela", *Comparative Political Studies*, Vol. 36, No. 8, 2003, pp. 881 - 911.

员和选民对该策略的支持。与此同时，政党的外在动力和组织能力
共同决定着政党战略的差异，从而影响着政党对外部环境的适应程
度。① 作为一个普适性的概念，政党适应性概括了任何政党都不能
故步自封、刻舟求剑，必须随着外部环境的变化而进行自我革新的
现象。沈大伟提出，与苏共相比，中国共产党善于吸取经验与教
训，具有较强的调适能力，能够推进市场经济，平衡社会问题，加
强自身建设，进而增强克服的能力。② 郑永年也认为，中国共产
党在社会经济利益多元化的情境下，通过向社会不同利益群体开放政
治过程，进而实现对多元利益群体的有效整合，形成了一党执政下
的开放政党体系。③ 所谓的开放政党体系或者政党的开放性，就是
中国共产党适应外部环境变化的积极反应过程。

　　相对于竞争性政党体制下的政党适应性而言，中国共产党的适
应性具有重要的特点：中国共产党主导着中国改革的进程并制造了
经济社会发展的巨变，反过来这些巨大变化也对党的长期执政形成
新的挑战。简而言之，中国共产党的适应性体现为主动创造环境和
被动适应环境的双重任务，适应于自身推动的社会政治变革。比
如，为了修正"文革"错误，中国共产党调整政治路线和干部路
线，开启改革开放和市场化的进程。但伴随改革开放和市场化的深
入推进，中国社会结构发生深刻变动，私营企业主、白领阶层、自
由职业者等新社会阶层迅速壮大并对党的执政基础形成新的挑战。
为此，中国共产党适时提出"两个先锋队"的政党属性，吸收私营
企业主入党，拓展党的社会基础。④ 此外，中国共产党的适应性还
体现为不断适应经济社会环境变化创新意识形态、提升党内治理、

　　① Steven Levitsky, "Crisis, Party Adaptation, and Regime Stability in Argentina: The Case of Peronism, 1989 - 1995", *Party Politics*, No. 4, 1998, pp. 77 - 92.

　　② David Shambaugh, *China's Communist Party: Atrophy and Adaptation*, Berkeley, CA: University of California Press, 2008.

　　③ 郑永年：《新时期的中国共产党：挑战与机遇》，《武汉大学学报》（哲学社会科学版）2013 年第 3 期。

　　④ Bruce J. Dickson, "Cooptation and Corporatism in China: The Logic of Party Adaptation", *Political Science Quarterly*, Vol. 115, No. 4, 2000 - 2001, pp. 517 - 540.

增强执政能力等的具体行动。①

三 政党自主性

政党自主性关注的是政党与其他权力主体、利益团体的关系，以及政党组织内部的关系问题。潘尼比艾科认为，政党自主性是指政党通过直接控制与外部环境在物质、人力和信息等方面的资源交换关系，进而提升自身资源满足能力的过程。②潘尼比艾科对于政党自主性的界定，突出强调与外部环境的关系，因此与政党适应性有相近之处。兰德和萨维德也认为，政党自主性主要体现政党面对外部行动者时的相对独立性，特别是政党领导层的合法性和政党成员的忠诚目标不会由于接受其他社会团体的赞助支持而丧失决策的独立性。③巴斯图和斯特罗则拓展了政党自主性的内涵，不仅指相对于党外社会团体的相对独立性，还相对于党内个体的相对独立性。一个政党如果不能从党内有权势人物及党外利益集团中获得某种独立性，就很难实现价值输入。他们同时确立了四个测量指标：党内领导的变更数量，党内领导轮换后的选举支持变化，相对于个人和团体的决策自主性，特定党派的民意提升。④

中国情境下的政党自主性，也存在内外两个维度的区分：一是作为权力决策中心的执政党，如何有效控制外部环境和资源，实现对其他权力主体和社会力量的动员能力，具体体现为"东西南北中，党领导一切"的领导决策作用以及"总览全局、协调各方"的战略统筹能力。正是由于执政党所具有的组织动员和资源配置能

---

① 唐皇凤：《增强执政党调适性：中国政治发展的核心战略取向》，《浙江社会科学》2013 年第 2 期；唐爱军：《论中国共产党意识形态的自我调适》，《马克思主义与现实》2017 年第 3 期。

② Angelo Panebianco, *Political Parties：Organization and Power*, Cambridge：Cambridge University Press, 1988, p. 55.

③ Vicky Randall & Lars Svåsand, "Party Institutionalization in New Democracies", *Party Politics*, Vol. 8, No. 1, 2002, pp. 5 – 29.

④ Matthias Basedau & Alexander Stroh, *Measuring Party Institutionalization in Developing Countries：A New Research InstRument Applied to* 28 *African Political Parties*, GIGA Working Paper, 69, Hamburg：GIGA German Institute of Global and Area Studies, www. giga – hamburg. de/ workingpapers.

力，使"集中力量办大事"成为中国制度优势的集中体现。这一制度优势不仅体现在中国共产党在国家进行重大工程和重大项目攻关上的主导作用，还体现在扶贫开发、特区建设、抢险救灾等具体工作当中的核心领导作用。陈明明提出，中国共产党强大的组织动员能力集中体现在推动国家建设、民族建设、重组社会结构、推动国家发展战略以及扩大政治参与等层面。[1] 二是中国共产党推进党内改革的统筹驾驭和决断执行能力，以及治理自身沉疴旧疾的主动性和超脱性。中国共产党不仅掌握着政治权力和经济资源，领导改革开放和现代化的进程，而且自身也拥有庞大的组织体系和党员队伍，渗透于政治、经济、社会的各个领域。相对于外部环境的挑战而言，中国共产党应对内部危机而进行的革新任务更重。中国共产党在不同时期对于自身执政危机的认知，以及作出的相应政策调整，可以看作是政党自主性的集中体现。比如新中国成立前夕西柏坡会议上提出"两个务必"，建党90周年提出"四种危险"和"四大考验"，党的十九大重申"四大考验"的长期性和复杂性、"四种危险"的尖锐性和严峻性，以及长期执政能力建设的必要性，等等，都是中国共产党不断地在进行自我反思、自我诊断和自我革新的努力。正是从这一意义上看，解决中国问题的关键在党，解决党自身问题的关键也在党。

四 政党制度化

制度和制度化是比较政党研究的重要命题。政党制度化关注的是政党自身运行问题，包含结构与态度两个要素，体现为政党组织规范化和运行程序化的过程，增强政党的生存能力；体现为党内精英和普通党员对于党内规则、制度、程序、规范的普遍认同，通过价值注入提升政党的内聚力和一体性。[2] 政党制度化是一个相对宏

---

① 陈明明：《作为一种政治形态的政党——国家及其对中国国家建设的意义》，《江苏社会科学》2015 年第 2 期。

② Angelo Panebianco, *Political Parties: Organization and Power*, Cambridge: Cambridge University Press, 1988, pp. 49 – 53. Steven Levitsky, "Institutionalization and Peronism: The Concept, the Case and the Case for Unpacking the Concept", *Party Politics*, Vol. 4, No. 4, 1998, pp. 77 – 92.

大的理论体系，许多研究者直接将政党适应性和政党自主性纳入其中作为一个分析维度，比如亨廷顿就将制度化区分为适应性、复杂性、自主性和一体性四个元素；① 兰德和萨维德从系统性、决策自主性、价值输入和具体化四个维度解构制度化。② 此外，相对于比较政党研究的其他领域而言，理论界解构政党制度化的分析维度歧见鲜明，包括适应性、系统性、组织性、一体性、价值输入、具体化、规范化、自主性、根植社会等均被纳入其中；③ 但同时它们又具有新制度主义理论的共同特征，即超越了单纯的制度框架、法律规范、程序设定，将价值与态度的塑造、制度与环境的互动、制度主体与制度变迁等问题也纳入解释范畴。

　　制度对于执政党的重要性已经形成了政治共识和理论共识。不仅在于执政党拥有庞大的党员队伍和庞杂的组织体系，还在于有碍制度运行的党内潜规则屡禁不止和普遍存在现象，因此通过制度实现政党治理的程序化和规范化，对于中国共产党而言至关重要。④ 然而，政党制度化不仅具有组织结构层面的要求，还有价值态度层面的内涵。因此，中国情境下的政党制度化，需要解决两个突出的任务：一是在组织规范化层面防范"关键少数"即"一把手"的违规行为。在高度集中的组织体系当中确保制度的有效执行，首先是要防范党内"一把手"的权力任性，破坏程序规则，进而形成"破窗"效应。"要抓住领导干部这个'关键少数'，全方位扎紧制度笼子，更多用制度治党、管权、治吏。"⑤ 二是在价值态度层面确立遵

---

① ［美］塞缪尔·P. 亨廷顿：《变化社会中的政治秩序》，王冠华、刘为等译，上海人民出版社 2013 年版，第 10—19 页。

② Vicky Randall & Lars Svåsand, "Party Institutionalization in New Democracies", *Party Politics*, Vol. 8, No. 1, 2002, pp. 5 – 29.

③ Matthias Basedau & Alexander Stroh, *Measuring Party Institutionalization in Developing Countries: A New Research Instrument Applied to 28 African Political Parties*, GIGA Working Paper, 69, Hamburg: GIGA German Institute of Global and Area Studies, www. giga – hamburg. de/workingpapers.

④ 刘帅、赵佳佳：《中国共产党制度治党的生成逻辑与推进思路》，《东南学术》2018 年第 2 期；王华华：《中国共产党长期执政中"制度治党"的政治优势及实践路径》，《广西社会科学》2017 年第 3 期。

⑤ 《习近平总书记系列重要讲话读本》，学习出版社、人民出版社 2016 年版，第 116 页。

从制度和敬畏制度的政党文化。一段时间以来，党内对制度执行不认真，有令不行、有禁不止，上有政策、下有对策；制度被"写在纸上、挂在墙上，却不落实到行动上"；"严格立法，普遍违法，选择执法，谁也没法"等现象屡见不鲜。这就要求从中央到地方，从"一把手"到党员干部再到普通党员，都能够确立鲜明的制度规则意识；同时长期保持严格刚性的制度执行，特别是强化对违反制度的细微的严肃惩处，最终让制度规则深入人心，内化为党员干部的道德自律和日常规范。①

上述话语体系既可以在一般比较意义上使用，用以解构多数国家政党政治的现实状况，带有较少的价值偏向色彩；同时也可以在比较政党政治的理论脉络中找到位置，具有较强的概念通约性。更为重要的是，上述话语体系对于当前中国政党政治的运行具有较强的涵盖能力和解释能力，有助于从比较意义上重新审视中国政党政治的生成机理、现实挑战以及深层原因。

伴随中国综合实力的提升，中国特色哲学社会科学话语体系的建构也被提上日程。从中央提出的理论自信和文化自信，到强调哲学社会科学研究的中国特色，无不包含着对于中国问题研究话语体系建构的要求。中国政党研究话语体系的建构，不仅是中国哲学社会科学话语创新的具体体现，也是中国政党政治发展的现实需要。在领导中国进行现代化的进程当中，中国共产党治理大党与大国的经验、路径与模式都值得进行更为深入的理论解构和话语提炼。而仅仅停留在对执政党的政策话语和官方文件的简单阐释和重复解读，显然是不够的。

中国政党研究话语建构需要平衡好学科要求与中国情境的关系。中国政党研究要能够做到以学术供给服务于知识生产和政党需求。同时，中国共产党在中国政治结构当中处于核心主体地位。由此，中国情境中的政党话语建构一方面要基于知识生产的立场形成符合学科规范的学术概念，能够用于学术共同体的讨论和使用；另一方

①　陈家喜：《构建自主性与制度化的平衡：执政党治理改革的新议程》，《社会科学研究》2016年第1期。

面要基于中国政党政治的特殊性，从中国情境出发建构具有普遍解释力的话语体系。这一任务十分艰巨，要求不能简单搬用或者改造带有明显价值偏向和意识形态色彩的研究话语，而应当在比较政党研究的框架下选用价值中立性较强的研究话语，以及基于中国情境的原创性话语体系。

参考文献

一 政策文献

习近平：《决胜全面建成小康社会 夺取新时代中国特色社会主义伟大胜利——在中国共产党第十九次全国代表大会上的报告》，人民出版社 2017 年版。

国家行政学院政治学部：《中国共产党党内重要法规（修订版）》，人民出版社 2016 年版。

中央纪委办公厅、中央纪委研究室：《党的十四大以来中共中央纪律检查委员会历次全会工作报告汇编（修订版）》，中国方正出版社 2017 年版。

中共中央纪律检查委员会、中共中央文献研究室：《习近平关于严明党的纪律和规矩论述摘编》，中央文献出版社、中国方正出版社 2016 年版。

中共中央纪律检查委员会、中共中央文献研究室：《习近平关于党风廉政建设和反腐败斗争论述摘编》，中国方正出版社 2016 年版。

中共中央文献研究室编：《习近平关于全面从严治党论述摘编》，中央文献出版社 2016 年版。

中共中央宣传部：《习近平新时代中国特色社会主义思想学习纲要》，学习出版社、人民出版社 2019 年版。

中共中央宣传部：《习近平总书记系列重要讲话读本》，学习出版社、人民出版社 2016 年版。

《全面从严治党常用文件选编》编写组：《全面从严治党常用文件选编（根据党的十九大精神修订）》，党建读物出版社 2018 年版。

《全面从严治党常用文件选编》编写组：《全面从严治党常用文件选

编》，党建读物出版社 2016 年版。

《全面从严治党核心法规》编写组：《全面从严治党核心法规》，中
　　国方正出版社 2016 年版。

二　中文文献

（一）著作

崔耀中：《全面从严治党新要求、新特点、新部署》，人民出版社
　　2016 年版。

丁晓强：《党内民主：党的建设与工作的生命线》，人民出版社
　　2012 年版。

东方治：《新常态　新战略："四个全面"：民族复兴总布局》，国家
　　行政学院出版社 2015 年版。

董翊彤：《聚焦全面从严治党》，红旗出版社 2016 年版。

过勇：《中国国家廉政体系研究》，中国方正出版社 2007 年版。

胡小君：《执政党与当代中国选举发展：增强执政合法性的视角》，
　　广东人民出版社 2009 年版。

黄丽萍：《媒介化时代党的执政能力研究》，中央编译出版社 2014
　　年版。

黄伟力：《法律逻辑学新论》，上海交通大学出版社 2005 年版。

黄卫平、陈家喜：《制度建设与政党发展：政党体制的比较分析》，
　　社会科学文献出版社 2013 年版。

黄相怀：《互联网治理的中国经验：如何提高中共网络执政能力》，
　　中国人民大学出版社 2017 年版。

林尚立：《中国共产党与国家建设》，天津人民出版社 2009 年版。

林勋健：《西方政党是如何执政的》，中共中央党校出版社 2001
　　年版。

刘红凛：《新时代党的建设理论和实践创新研究》，人民出版社
　　2018 年版。

刘月、贾玉娥：《全面从严治党重大理论与实践》，人民日报出版社
　　2017 年版。

吕元礼：《新加坡为什么能》，江西人民出版社 2007 年版。

吕元礼：《新加坡政府与治理》，江西人民出版社2009年版。

齐卫平：《勇于全面从严治党时代担当/上海报告》，上海人民出版社2017年版。

石国亮：《全面从严治党的治本之策》，东方出版社2015年版。

宋林霖：《中国共产党执政能力建设研究》，天津人民出版社2016年版。

王世谊、周义程：《权力腐败与权力制约问题研究》，中国社会科学出版社2011年版。

王树荫：《马克思主义研究丛书：马克思主义中国化史·第二卷·1949—1976》，中国人民大学出版社2018年版。

王树荫：《中国思想政治教育史》，中国人民大学出版社2016年版。

肖金明：《法治行政的逻辑》，中国政法大学出版社2004年版。

姚桓：《新时期党建研究论集》，人民出版社2017年版。

姚桓：《党群和谐论》，同心出版社2012年版。

张恒山等：《依法执政：中国共产党执政方式研究》，法律出版社2012年版。

张明军、易承志、吴新叶：《当代政治发展论丛：和谐社会构建视野下党的基层执政转型研究》，北京大学出版社2012年版。

张世飞：《改革开放40年的执政党建设》，中共党史出版社2018年版。

张世飞：《中国共产党历史分期理论与实践研究》，经济科学出版社2014年版。

周淑真：《政党和政党制度比较研究》，人民出版社2009年版。

（二）期刊论文

王浦劬：《深化推进全面从严治党　创新中国特色治党机制》，《中国高等教育》2016年第22期。

杨光斌：《习近平的政治思想体系初探》，《学海》2017年第4期。

桑玉成、陈英波：《注意制度反腐中的一些倾向性问题》，《中国延安干部学院学报》2012年第4期。

房宁：《中国共产党的三大经验和三大挑战》，《人民论坛》2011年第19期。

房宁:《我国反腐倡廉的形势、特点与制度建设》,《科学社会主义》
　　2015 年第 1 期。

林尚立:《人民、政党与国家:人民民主发展的政治学分析》,《复
　　旦学报》2011 年第 5 期。

林尚立:《政党制度与中国民主:基于政治学的考察》,《武汉大学
　　学报》2010 年第 3 期。

林尚立:《从严治党战略的政治学思考》,《党政干部文摘》2000 年
　　第 8 期。

刘昀献:《中国共产党在当代面临的十大执政风险》,《中国浦东干
　　部学院学报》2012 年第 2 期。

燕继荣:《以党建引领地方治理现代化》,《人民论坛》2015 年第 25
　　期。

丁俊萍、李雅丽:《党的政治领导与政治建设之关联》,《思想理论
　　教育》2019 年第 7 期。

丁俊萍、廖义军:《中国共产党党内监督机构的发展历程及其启
　　示》,《同济大学学报》(社会科学版) 2018 年第 6 期。

丁俊萍、宋俭:《当代中国社会变迁与中国共产党执政基础的拓
　　展》,《政治学研究》2004 年第 4 期。

丁俊萍:《党的纪律建设的历史考察》,《武汉大学学报》(人文科
　　学版) 2016 年第 1 期。

吕惠东、丁俊萍:《以党的政治建设为统领的理论逻辑、历史逻辑
　　和实践逻辑》,《中共中央党校学报》2018 年第 1 期。

聂鲁资:《马克思主义时代理论的中国化》,《社会科学论坛》2001
　　年第 10 期。

聂鲁资:《从两次历史性飞跃看中国共产党人发展马克思主义的大
　　思路》,《毛泽东邓小平理论研究》2001 年第 3 期。

聂鲁资:《"三个代表":马克思主义建党学说的创新》,《淮阴师范
　　学院学报》(哲学社会科学版) 2001 年第 4 期。

齐卫平:《"四个伟大"与习近平新时代中国特色社会主义思想》,
　　《思想理论教育》2017 年第 11 期。

齐卫平:《全面从严治党的基本思想和主要特点》,《新疆师范大学

学报》（哲学社会科学版）2015 年第 5 期。

齐卫平：《论新时代党的自我革命与全面从严治党》，《思想理论教育》2019 年第 8 期。

王可园、齐卫平：《习近平党的政治建设思想论析》，《中国特色社会主义研究》2018 年第 1 期。

姚桓：《习近平党的建设新思想新观点》，《人民论坛》2013 年第 13 期。

姚桓：《自我革命是应对执政考验的战略举措》，《探索》2018 年第 4 期。

姚桓、黄峰：《论改革开放以来中国共产党的革命性锻造及其特点、意义》，《理论探讨》2018 年第 6 期。

姚桓：《加强党的全面领导和践行全面从严治党——理论逻辑与实践难点》，《华东师范大学学报》（哲学社会科学版）2018 年第 2 期。

张明军：《领导与执政：依法治国需要厘清的两个概念》，《政治学研究》2015 年第 5 期。

张明军：《新时期中国共产党国家治理模式的现代化选择》，《中国浦东干部学院学报》2014 年第 5 期。

张明军：《毛泽东关于中国共产党的执政能力建设思想及其当代启示》，《政治学研究》2013 年第 5 期。

王树荫：《习近平坚定共产党人理想信念的科学论述》，《马克思主义研究》2017 年第 11 期。

韩云霄、王树荫：《论习近平新时代党的纪律建设思想的科学内涵》，《马克思主义理论学科研究》2018 年第 3 期。

王树荫、韩云霄：《统筹推进新时代党的建设系统工程》，《思想教育研究》2018 年第 9 期。

王世谊、缪昌武：《思想建党和制度治党结合的内在逻辑、制约因素与实现路径》，《治理研究》2018 年第 4 期。

王世谊：《论改革开放以来党的政治建设》，《中共中央党校学报》2018 年第 6 期。

王世谊：《推动全面从严治党向基层延伸》，《理论参考》2018 年第

2 期。

王世谊、孟婷：《推动党风廉政建设和反腐败斗争向基层延伸的成功实践及其启示——以苏北某区为例》，《理论探讨》2017 年第 4 期。

王世谊：《增强全面从严治党的系统性、创造性、实效性》，《长白学刊》2017 年第 3 期。

徐敏宁、王世谊：《"为官不为，廉而不勤"的梯度分类剖析与长效治理机制》，《中国党政干部论坛》2016 年第 4 期。

黄伟力：《正确的政治方向是新时代党的政治建设的灵魂》，《马克思主义研究》2018 年第 8 期。

黄伟力：《认真解读人民群众的根本利益》，《上海交通大学学报》（哲学社会科学版）2004 年第 1 期。

黄伟力：《职业道德视野中的"官德"建设》，《上海交通大学学报》2001 年第 2 期。

邹强华、黄伟力：《当代中国马克思主义大众化研究综述》，《思想理论教育》2010 年第 15 期。

胡伟：《理论、制度与方法：党的建设科学化取向》，《南京师范大学学报》2012 年第 1 期。

胡伟：《现代政党发展规律探析：以党建科学化为视角》，《天津社会科学》2012 年第 1 期。

胡伟：《党的建设的科学化体系刍议》，《毛泽东邓小平理论研究》2011 年第 12 期。

张荣臣：《中国共产党如何应对执政考验》，《中国党政干部论坛》2012 年第 3 期。

张荣臣：《从建党、管党到治党：中国共产党党建理论的历史演进》，《湖湘论坛》2019 年第 1 期。

张荣臣：《关于全面从严治党内涵及对策的思考》，《人民论坛》2015 年第 21 期。

张荣臣、苟立伟：《毛泽东党建思想的党内政治文化维度分析及启示——兼论党内政治文化的研究方法》，《湖南社会科学》2019 年第 4 期。

张荣臣、蒋成会：《改革开放 40 年党的建设的历程和经验》，《理论视野》2019 年第 2 期。

张世飞、肖政军：《十九大以来关于坚持和加强党的全面领导研究述评》，《当代世界与社会主义》2019 年第 1 期。

张世飞、王立伟：《〈共产党宣言〉与全面从严治党》，《中共中央党校学报》2018 年第 4 期。

张世飞、齐永悦：《改革开放以来中国共产党加强纪律建设的历程与经验》，《北京党史》2018 年第 5 期。

张世飞、陈顺伟：《全面从严治党重要思想研究评述》，《中国特色社会主义研究》2015 年第 5 期。

肖金明、冯晓畅：《治理现代化视域下的党内法规定位——兼与"党内法规是软法"商榷》，《四川师范大学学报》（社会科学版）2019 年第 1 期。

肖金明：《论党内法治体系的基本构成》，《中共中央党校学报》2016 年第 6 期。

肖金明：《论通过党内法治推进党内治理——兼论党内法治与国家治理现代化的逻辑关联》，《山东大学学报》（哲学社会科学版）2014 年第 5 期。

肖金明：《关于党内法治概念的一般认识》，《山东社会科学》2016 年第 6 期。

杨正军、丁晓强：《习近平新时代全面从严治党战略思想探论》，《江西财经大学学报》2018 年第 3 期。

周鋆刚、丁晓强：《增强"四个意识"与全面从严治党》，《中共福建省委党校学报》2016 年第 8 期。

陈安杰、丁晓强：《全面从严治党与作风建设常态化机制建构》，《廉政文化研究》2016 年第 2 期。

朱正平、丁晓强：《"四个全面"的战略重点与理论意义》，《学术论坛》2016 年第 3 期。

宋家本、姚桓：《论培养忠诚干净担当的高素质干部的哲学逻辑》，《新视野》2019 年第 2 期。

姚桓、邹庆国：《论中国共产党执政忧患意识的生成逻辑》，《新视野》2010 年第 4 期。

邹庆国：《党内法治：管党治党的形态演进与重构》，《山东社会科学》2016 年第 6 期。

刘红凛：《改革开放 40 年党的建设根本经验与启示》，《理论探讨》2019 年第 2 期。

刘红凛：《全面从严治党的基本格局与系统规划——兼论习近平党建思想的基本内容与内在逻辑》，《马克思主义研究》2017 年第 1 期。

蔡清伟：《新时代党的政治建设：生成逻辑、战略架构与现实推进》，《领导科学》2019 年第 16 期。

蔡文华：《党的组织体系建设：时代要求与发展路向》，《探索》2019 年第 4 期。

蔡志强、李志：《新时代党的监督的理论与实践逻辑——学习习近平总书记关于党的监督重要论述》，《福建师范大学学报》（哲学社会科学版）2019 年第 4 期。

陈家喜：《地方官员政绩激励的制度分析》，《政治学研究》2018 年第 3 期。

陈家喜：《从风险网络到执政网络：信息化背景下的政党适应性》，《中共中央党校学报》2017 年第 2 期。

陈家喜：《提升回应性：从党建责任制到责任型政党》，《江汉论坛》2016 年第 4 期。

陈家喜：《党纪与国法：分化抑或协同》，《武汉大学学报》（人文科学版）2016 年第 1 期。

陈家喜：《论政党治理视域中的全面从严治党》，《社会主义研究》2016 年第 3 期。

陈兰芝：《论习近平全面从严治党的辩证思维向度》，《思想政治教育研究》2019 年第 3 期。

陈明明：《新时代的政党建设：战略目标与行动逻辑》，《治理研究》2018 年第 1 期。

程浩：《十七大以来党的制度建设的主要历程——成就与经验》，《理论与改革》2012 年第 6 期。

付子堂:《法治体系内的党内法规探析》,《中共中央党校学报》
　　2015年第3期。

高祖林、郑善文、辛玉玲:《新时代净化党内政治生态的问题导向
　　与实现路径》,《毛泽东邓小平理论研究》2018年第11期。

葛洪义:《法治:政治民主的底线与高度》,《吉林大学社会科学学
　　报》2016年第4期。

郭为桂:《"再组织化":全面从严治党的战略抉择及其制度化导
　　向》,《经济社会体制比较》2019年第1期。

过勇:《新时期中国共产党纪律检查委员会的改革历程》,《经济社
　　会体制比较》2012年第5期。

过勇:《当前我国腐败与反腐败的六个发展趋势》,《中国行政管理》
　　2013年第1期。

过勇:《中国纪检监察派驻制度研究》,《国家行政学院学报》2014
　　年第2期。

韩冰:《论坚持党对一切工作的领导》,《毛泽东邓小平理论研究》
　　2018年第11期。

韩振峰、陈国平:《党的政治建设的重要路径》,《中国特色社会主
　　义研究》2018年第2期。

黄卫平、涂谦:《国外长期执政政党的比较分析——执政方式、现
　　实困境与转型》,《人民论坛》2013年第11期。

姜明安:《论中国共产党党内法规的性质与作用》,《北京大学学报》
　　(哲学社会科学版)2012年第3期。

蒯正明:《习近平关于全面从严治党思想研究》,《中国特色社会主
　　义理论》2015年第2期。

李爱华:《改革开放40年来党的建设进程和基本经验》,《山东师范
　　大学学报》2019年第1期。

李红权:《全面从严治党的基本逻辑及理论解析》,《理论探讨》
　　2016年第2期。

李景治:《论改善党群干群关系的着力面和途径》,《中国延安干部
　　学院学报》2013年第4期。

李景治:《十八大后党建工作的新特点》,《学习论坛》2013年第

6 期。

李景治：《以法治精神统领管党治党》，《中国延安干部学院学报》
2015 年第 1 期。

李林：《依法治国与推进国家治理现代化》，《法学研究》2014 年第
5 期。

李鹏、任梦格：《正确把握习近平关于全面从严治党论述的五个着
力点》，《思想理论教育导刊》2018 年第 11 期。

刘靖北：《改革开放以来党的建设制度改革的历史成就》，《党的文
献》2018 年第 6 期。

刘伟：《习近平全面从严治党思想的战略深意与实践要求》，《社会
主义研究》2017 年第 1 期。

刘卫东、王建华：《党的纪律建设的制度创新经验——基于四版
〈中国共产党纪律处分条例〉的制定与完善》，《理论探索》2019
年第 4 期。

刘蕊：《新时代党的良好政治生态的生成机理探析》，《马克思主义
理论学科研究》2019 年第 3 期。

刘舒：《新时代党的纪律建设的内在逻辑与功能定位》，《学习与实
践》2018 年第 12 期。

柳宝军：《新中国成立 70 年来党的政治建设的历史进程、主要成就
与基本经验》，《求实》2019 年第 4 期。

莫纪宏：《建立和完善党内法规的监督机制》，《学习与探索》2015
年第 10 期。

牛安生：《党的制度建设科学化的基本思路和途径》，《中州学刊》
2010 年第 5 期。

彭立兵：《建立健全党的作风建设常态机制》，《共产党员》2014 年
第 15 期。

彭立兵：《深化党的建设制度改革的"动员令"》，《党员生活·学
习实践》2014 年第 6 期。

秦前红：《论党内法规与国家法律的协调衔接》，《学术前沿》2016
年第 6 期。

秦前红：《依法治党视野下党的领导立法工作的路径与逻辑》，《中

共中央党校学报》2017 年第 4 期。

任晓伟:《习近平关于新时代党的建设重要论述的原创性贡献》,
《陕西师范大学学报》(哲学社会科学版)2019 年第 4 期。

任晓伟:《论习近平关于推动全面从严治党向纵深发展的思想》,
《南京社会科学》2018 年第 2 期。

任晓伟:《新时代党的政治建设论析》,《中国特色社会主义研究》
2018 年第 2 期。

田长生:《"关键少数"在新时代政治生态精华中"关键作用"的
发挥》,《西南民族大学学报》(人文社会科学版)2019 年第
5 期。

田飞龙:《法治国家进程中的政党法制》,《法学论坛》2015 年第
3 期。

田改伟:《新形势下基层党建工作创新研究》,《中国特色社会主义
研究》2015 年第 1 期。

汪永成、黄卫平:《执政党党内民主发展的意义、路径与策略——基
于市场经济发达国家政党的启示》,《当代世界与社会主义》2004
年第 2 期。

汪永成:《一党长期执政条件下执政意识的演化趋势与强化策略》,
《江汉论坛》2011 年第 7 期。

汪永成:《执政意识的结构与功能分析——兼论当前执政意识建设
的重点》,《湖南社会科学》2011 年第 2 期。

王长江:《试谈新时期党的群众观点和群众路线的发展》,《石油政
工研究》2013 年第 5 期。

王立峰、潘博:《新时代党内政治文化建设:理论内涵、实效功能
与推进路径》,《河南社会科学》2018 年第 11 期。

王若磊:《依规治党与依法治国的关系》,《法学研究》2016 年第
6 期。

王旸:《党的制度建设的历史探索及主要特点》,《中共党史研究》
2011 年第 7 期。

王振民:《党内法规制度体系建设的基本理论问题》,《中国高校社
会科学》2013 年第 2 期。

魏晓文、徐广田：《论习近平全面从严治党思想的理论创新》，《理论学刊》2017 年第 1 期。

翁莹香：《认识政治建设是党的根本建设的三个维度》，《党政研究》2019 年第 4 期。

吴桂韩：《政党治理与全面从严治党思考》，《中国特色社会主义研究》2015 年第 2 期。

熊文钊：《建设法治政府的模式与政府法治论》，《法学杂志》2010 年第 11 期。

徐国民：《全面从严治党视域下加强意识形态建设探析》，《思想理论研究》2017 年第 12 期。

杨德山：《试论"全面从严治党"的理论价值》，《马克思主义研究》2017 年第 10 期。

杨晓军、宁国良：《改革开放中的党风廉政建设：理论发展、实践路径、基本经验》，《湘潭大学学报》（哲学社会科学版）2018 年第 6 期。

杨洋：《全面从严治党的意识形态意蕴、功能与指向》，《湖湘论坛》2018 年第 5 期。

杨永庚、常利娟：《我国党纪与国法的衔接方式、现实选择和优化路径》，《陕西师范大学学报》（哲学社会科学版）2019 年第 4 期。

郁建兴、李琳：《论群众路线与民主治理的一致性》，《中国高等教育》2014 年第 Z3 期。

虞云耀：《党要管党 从严治党——十八大以来全面加强党的建设回顾》，《理论研究》2014 年第 7 期。

朱宪臣、陈宏：《习近平党建思想的理论渊源、生成逻辑与实践价值》，《中国井冈山干部学院学报》2019 年第 4 期。

臧乃康：《党的群众路线在国家治理中的作用机制与实现路径》，《北京行政学院学报》2014 年第 5 期。

曾峻：《质量强党：意义、原则与实践要求》，《中央党校（国家行政学院）学报》2019 年第 2 期。

张玮、刘西山：《习近平关于全面从严治党重要论述的五重辩证逻辑》,《广西社会科学》2018 年第 12 期。

张忠跃、穆艳杰:《全面从严治党背景下中国化的马克思主义党建理论再生产》,《北方论丛》2017 年第 5 期。

赵付科、季正聚:《习近平全面从严治党思想的辩证统一性》,《中国特色社会主义研究》2015 年第 4 期。

赵凌云、李景友:《习近平全面从严治党思想的基本观点与时代意义》,《湖北社会科学》2015 年第 9 期。

周金堂、廖进球、舒前毅:《习近平全面从严治党思想形成的时代背景的“三个考量”》,《江西财经大学学报》2016 年第 1 期。

周叶中:《关于中国共产党党内法规建设的思考》,《法学论坛》2011 年第 4 期。

祝志男、崔松鹤、刘萍:《深刻认识和准确把握全面从严治党的科学内涵——兼论习近平同志关于全面从严治党的论述》,《思想理论教育导刊》2016 年第 12 期。

北京市党建研究会课题组:《推动党内生活规范化、制度化和常态化研究》,《中国井冈山干部学院学报》2015 年第 4 期。

山东省习近平总书记系列重要讲话精神学习研究课题组:《十八大以来党的作风建设的新发展》,《理论学刊》2015 年第 4 期。

中共中央组织部党建研究所:《深化党的建设制度改革与推进国家治理现代化》,《求是》2015 年第 2 期。

中共中央文献研究室《中国共产党自身建设道路》课题组:《十八大以来党中央关于全面从严治党的理论与实践》,《党的文献》2015 年第 6 期。

中央组织部党建研究所课题组:《提高选人用人公信度问题研究》,《当代世界与社会主义》2014 年第 4 期。

（三）报纸文章

戴焰军:《深化党的建设制度改革的基本要求》,《光明日报》2013 年 11 月 27 日。

胡伟:《全面从严治党要补齐制度短板》,《文汇报》2016 年 4 月 15 日。

林学启:《党的建设制度改革的着力点》,《学习时报》2013 年 12

月 23 日。

李君如：《在"四个全面"战略布局下全面从严治党》，《解放日报》2015 年 7 月 14 日。

桑玉成：《推进全面从严治党的制度化进程》，《新华日报》2017 年 11 月 15 日。

桑玉成：《全面从严治党与党的形象塑造》，《中国社会科学报》2016 年 12 月 9 日。

桑玉成：《努力培育价值制度行为相统一的党内政治文化》，《学习时报》2017 年 7 月 21 日。

王浦劬：《全面从严治党的实现机制》，《中国社会科学报》2017 年 2 月 15 日。

王浦劬：《深化推进全面从严治党的重要性和必然性》，《中国教育报》2016 年 11 月 17 日。

肖金明：《加强党内法规制度建设　推动全面从严治党向纵深发展》，《伊春日报》2019 年 2 月 11 日。

周敬青：《中共党内潜规则的由来及其治理对策》，《学习时报》2011 年 9 月 21 日。

三　外文文献

（一）著作

Ostrogorski, M. I. , *Democracy and the Organization of Political Parties*, London：Macmillan，1902.

Duverger, Maurice, *Political Parties*：*Their Organization and Activities in the Modern State*, London：Methuen，1954.

Seymour Martin Lipset and Stein Rokken eds. , *Party Systems and Voter Alignments*：*Cross-National Perspectives*, New York：The Free Press，1960.

Duverger, Maurice, *Political Parties*：*Their Organization and Activity in the Modern State*, New York：Wiley，1963.

Mary, B. Welfing, *Political Institutionalization*：*Comparative Analysis of African Party System*, Beverly Hills, CA：Sage，1973.

Anglo Panebianco, *Political Party: Organization and Power*, Cambridge University Press, 1988.

Katz, Richard S. and Mair, Peter, eds. , *Party Organizations: A Data Handbook on Party Organizations in Western Democracies*, London: Sage, 1992.

Lane, Jan-Erik & Ersson, S. O. , *Politics and Society in Western Europe*, London: Sage, 1994.

Richard S. Katz & Peter Mair, *How Parties Organize: Change and Adaptation in Party Organizations in Western Democracies*, London: Sage, 1994.

Aldrich, John Herbert, *Why Parties? The Origin and Transformation of Political Parties in America*, Chicago, IL: The University of Chicago Press, 1995.

Biezen, Ingrid van, *Political Parties in New Democracies: Party Organization in Southern and East-Central Europe*, New York: Palgrave Macmillan, 2003.

Cox, Gary, *Making Votes Count: Strategic Coordination in the World's Electoral Systems*, New York: Cambridge University Press, 1997.

Richard Gunther, Jose Ramon Montero, and Linz, eds. , *Political Parties: Old Concepts and New Challenges*, Oxford University Press, 2002.

Mair, Peter, Wolfgang Mueller, Fritz Plasser, eds. , *Political Parties and Electoral Change*, London: Sage, 2004.

Alan Ware, *Political Parties and Party System*, Oxford: Oxford University Press, 1996.

Li Cheng, ed. , *China's Changing Political Landscape*, Washington, D. C. : Brookings Institution Press, 2008.

Kevin J. O'Brien, *Reform Without Liberalization: China's National People's Congress and the Politics of Institutional Change*, Cambridge: Cambridge University Press, 2008.

Minxin Pei, *China's Trapped Transition: The Limits of Developmental*

Autocracy, Harvard University Press, 2006.

Kjeld Erikbrødsgaard & Zheng Yongnian, eds. , "Bring the Party Back", in *How China is Governed?*, Singapore: Eastern Universities Press, 2004.

Zheng Yongnian, *The Chinese Communist Party as Organizational Emperor: Culture, Reproduction and Transformation*, New York: Routedge, 2010.

David Shambaugh, *China's Communist Party: Atrophy and Adaptation*, Berkeley: University of California Press, 2008.

Thomas Heberer and Gunter Schubert, eds. , *Regime Legitimacy in Contemporary China: Institutional Change and Stability*, New York: Routledge, 2009.

André Laliberté and Marc Lanteigne eds. , *The Chinese Party-State in the 21st Century: Adaptation and Reinvention of Legitimacy*, New York: Routledge, 2008.

Barry J. Naughton and Dali L. Yang, eds. , *Holding China Together: Diversity and National Integration in the Post-Deng Era*, New York: Cambridge University Press, 2004.

Fewsmith, J. , *The Logic and Limits of Political Reform in China*, Cambridge University Press, 2013.

（二）期刊论文

Kirchheimer, Otto, "The Transformation of West European Party Systems", in Joseph La Palombara and Myron Weiner, eds. , *Political Parties and Political Development*, Princeton, NJ: Princeton University Press, 1966.

Coppedge, M. , "The Dynamic Diversity of Latin American Party Systems", *Party Politics*, Vol. 4, No. 4, 1998.

Stathis N. Kalyvas, "The Decay and Breakdown of Communist One-Party Systems", *Annual Review of Politics Science*, Vol. 2, 1999.

Koole, Ruud, "Cadre, Catch-All or Cartel? A Comment on the Notion of the Cartel Party", *Party Politics*, Vol. 2, No. 4, 1996.

Katz, Richard S. and Peter Mair, "Changing Models of Party Organization and Party Democracy: The Emergence of the Cartel Party", *Party Politics*, Vol. 1, Issue 1, 1995.

Webb, Paul, "Conclusion: Political Parties and Democratic Control in Advanced Industrial Societies", in Paul Webb, David Farrell, and Ian Holliday, *Political Parties in Advanced Industrial Democracies*, Oxford, UK: Oxford University Press, 2002.

Wolinetz, Steven B. , "Beyond the Catch-All Party: Approaches to the Study of Parties and Party Organization in Contemporary Democracies", in edited by Richard Gunther, Jose Ramon-Montero, and Juan J. Linz, *Political Parties: Old Concepts and New Challenges*, Oxford, UK: Oxford University Press, 2002.

Zielinski, Jakub, "Translating Social Cleavages into Party Systems: The Significance of New Democracies", *World Politics*, Vol. 54, No. 2, 2002.

Li Cheng, "Intra-Party Democracy in China: Should We Take It Seriously?", *China Leadership Monitor*, No. 30, 2009.

Steve Tsang, "Consultative Leninism: China's New Political Framework", *Journal of Contemporary China*, 2009.

David Shambaugh, "Traning China's Political Elite: The Party School System", *China Quarterly*, No. 196, 2008.

Cui, H. , "The Origin of Mao Zedong's Idea of Cadre Selection and its Practical Significance", *Data of Culture and Education*, No. 30, 2013.

Dickson, B. J. , "Conflict and Non-compliance in Chinese Politics: Party Rectification, 1983 – 87", *Pacific Affairs*, No. 4, 1990.

Gong, T. , "Managing Government Integrity under Hierarchy: Anti-corruption Efforts in Local China", *Journal of Contemporary China*, Vol. 24, No. 94, 2015.

He, B. , "Intra-party Democracy: A Revisionist Perspective from Below", in E. B. Kjeld, Zheng, Yongnian Ed. , *The Chinese Communist*

Party in Reform, London: Routledge, 2006.

Ortmann, S. , "Singapore: Authoritarian but Newly Competitive", *Journal of Democracy*, Vol. 22, No. 4, 2011.

Sun, Y. , "Cadre Recruitment and Corruption: What goes Wrong?" *Crime, Law and Social Change*, Vol. 49, No. 1, 2008.

后　记

　　本书可以看成是近年来本人关于中国政党政治研究的阶段性总结。作为中国最为重要的政治主体，中国共产党不仅不断进行自身的建设、适应与革命，也在推动着国家治理体系的变革。上述变化也成为我一直关注的研究主题。从 2005 年开始关注乡镇党委选举，到党内公推直选，再到干部选拔以及全面从严治党，我的学术关注点一直未曾离开中国政党政治的变迁，特别是中国共产党的建设、治理与适应。

　　本书的 12 个章节，是在我近年来关于中国政党政治问题文章汇编和扩充基础上完成。相关成果先后发表于《国外社会科学》《中共中央党校学报》《江汉论坛》《社会科学研究》《社会主义研究》《中州学刊》《中国党政干部论坛》《长白学刊》《特区实践与理论》《社会治理》等学术刊物；相关章节的合作者包括深圳大学城市治理研究院聂伟博士、谷志军博士，我的研究生左瑞婷、黄惠丹、李宇辉、李辉勇。研究生徐艺芳同学也协助收集了部分章节的数据和资料。深圳市南山区政府林电锋先生、罗湖区东晓街道肖嘉睿先生也在提供案例素材的同时提供了相关研究帮助。具体而言，各章已发表情况如下：

　　第一章　政党治理的理论建构与中国情境（陈家喜、黄惠丹：《论政党治理视域中的全面从严治党》，《社会主义研究》2016 年第 3 期）；

　　第二章　自主性与制度化：政党治理改革的新议程（陈家喜：《构建自主性与制度化的平衡：执政党治理改革的新议程》，《社会科学研究》2016 年第 1 期；陈家喜、黄慧丹：《制度治党的概念缘起与实施路径》，《特区实践与理论》2015 年第 3 期）；

　　第三章　增强回应性：从党建责任制到责任型政党（陈家喜：《提升回应性：从党建责任制到责任型政党》，《江汉论坛》2016 年第 4 期）；

第四章　强化渗透性：社会组织党建的困境及方向（陈家喜：《我国新社会组织党建：模式、困境与方向》，《中共中央党校学报》2012 年第 2 期；陈家喜、左瑞婷：《强化组织渗透性：社会组织党建的发展方向》，《中国党政干部论坛》2015 年第 10 期）；

第五章　提升适应性：信息化背景下执政党在线能力建设（陈家喜：《从风险网络到执政网络：信息化背景下的政党适应性》，《中共中央党校学报》2017 年第 2 期）；

第六章　政党适应性与在线党务服务的中国实践（陈家喜、李宇辉：《互联网＋党务服务的中国实践——基于全国 334 个地级市党务部门网站的统计分析》，《江汉论坛》2018 年第 6 期）；

第七章　扎根社会与社区党委书记队伍建设（聂伟、陈家喜、谷志军：《城市社区党委书记队伍建设的现状、问题与对策——基于 S 市 637 个社区的实证研究》，《中州学刊》2018 年第 3 期）；

第八章　权力监督制度化与"一把手"体制的重塑（陈家喜、李辉勇：《"一把手"体制与权力监督体系的重塑——基于 S 市腐败案例的经验研究》，《长白学刊》2016 年第 4 期）；

第九章　政党引领与社区协商体系的建构（陈家喜、林电锋：《城市社区协商治理模式的实践探索与理论反思——深圳南山区"一核多元"社区治理创新观察》，《社会治理》2015 年第 1 期）；

第十章　基层党建引领社会治理的案例解构（陈家喜、肖嘉睿：《探索党建引领社会治理的新路径——深圳东晓街道党建嵌入棚改工作的个案研究》，《社会治理》2018 年第 7 期）；

结论　中国情境下政党研究的话语建构（陈家喜：《中国情境下政党研究的话语建构》，《国外社会科学》2019 年第 5 期）。

本书完成过程中还得到了深圳大学城市治理研究院陈硕博士、陈科霖博士的帮助，他们在全书的校对和勘误方面付出较多心血。最后我要感谢我的妻子李立荣和爱女陈澄，她们的默默支持是我学术成长的重要动力。

陈家喜

2020 年 2 月 29 日于深圳大学粤海校区汇元楼